THE BEST AMERICAN MAGAZINE WRITING 2012

美国最佳杂志写作 1

美国国家杂志奖获奖作品

美国杂志编辑协会／主编

【美】卢克·迪特里奇等／著　胡雪娇等／译

南方日报出版社
NANFANG DAILY PRESS
中国·广州

图书在版编目（C I P）数据

美国最佳杂志写作 1——美国国家杂志获奖作品. /美国杂志编辑协会主编；卢克·迪特里奇等著；胡雪娇等译. -- 广州 : 南方日报出版社，2017.9
ISBN 978-7-5491-1640-9

Ⅰ. ①美… Ⅱ. ①美… ②胡… Ⅲ. ①文摘－美国 Ⅳ. ①Z89

中国版本图书馆 CIP 数据核字(2017)第 183227 号

MEIGUO ZUIJIA ZAZHI XIEZUO 1
美国最佳杂志写作 1—— 美国国家杂志获奖作品

主　　编：美国杂志编辑协会
著　　者：〔美〕卢克·迪特里奇 等
译　　者：胡雪娇 等
出版发行：南方日报出版社
地　　址：广州市广州大道中 289 号
出 版 人：周洪威
责任编辑：刘志一 陈　静
责任校对：阮昌汉
封面设计：肖晓文
经　　销：全国新华书店
印　　刷：广州市尚铭印刷有限公司
开　　本：787mm×1092mm　1/16
印　　张：18.25
字　　数：200 千字
版　　次：2017 年 9 月第 1 版
印　　次：2017 年 9 月第 1 次印刷
定　　价：58.00 元

投稿热线：（020）87373998-8503　**读者热线：**（020）87373998-8502

网址： http://www.nanfangdaily.com.cn/press　http://www.southcn.com/ebook

《南方周末》非虚构作品译介项目
编辑委员会

序

所有点子都是受欢迎的，只要作者最终足够巧妙，能成功地将之付诸实行。

——哈罗德·海斯《笑对巨变：20世纪60年代〈时尚先生〉杂志历史》[①]

20世纪60年代，哈罗德·海斯（Harold Hayes）担任美国《时尚先生》（*Esquire*）杂志编辑，他才华非凡、热忱无限、锐气十足，俨然是一个文化领域的魔法师。他常说一本杂志就是一个承诺，“有时兑现了，有时没有”。“兑现了”是因为那些有力的报道，出色的文字，而“有时没有”则一定是编辑的过错。

每个维基百科的贡献者都被称作“编辑”，但我此处所指的并非他们。本书中因其杂志作品而被尊称为编辑的人，他们的工作要麻烦得多。这些编辑辩口利辞、衡量决断，甚至四处游荡。随着出版平台的扩张和增长，杂志写作变得日益专业化。编辑杂志也是一样。杂志的编辑们都有各自的职责和分管领域，但他们对于自己的工作都持同样开放的态度。他们中大多数都积极进取。

---

① *Smiling Through the Apocalypse: Esquire's History of the Sixties.*——译者注。

5月初，在2012年的美国"国家杂志奖（National Magazine Awards）"[1]颁奖晚会前一天的美国杂志编辑协会（American Society of Magazine Editors，简称ASME）午宴上，我面对百来名编辑做了一场演讲。我的任务是谈谈编辑这一行业。我从编辑鲍伯·谢里尔（Bob Sherrill）开始说起，在我看来，他本人大致定义了20世纪70年代末编辑的工作，而这些，如今的编辑们依然在做。我仍非常清晰地记得，那个下午，我们沿太平洋海岸公路开车前往曼哈顿海滩的路上，他坐在前排，两膝间夹着一瓶墨西哥啤酒的样子。鲍伯当时穿着他的白色高帮匡威Chuck Taylor款运动鞋，艳红的鞋带散开着，宽松的蓝白泡泡纱西服配一件黑色T恤，绕在脖子上的粉绿丝巾，黑色守望者团贝雷帽戴在蓬乱而略带红色的金发上。（当然）还有那副雷朋眼镜。

鲍伯色彩缤纷的，像是那种神经错乱了的冰淇淋小贩，但又很英俊，女人们都喜欢他。我呢，当时是他手下的记者，在一份刚刚起步的叫作*LA*的周刊工作，"洛杉矶独一无二的'乡村之声'"，那时我们差不多就是这样描述这份刊物的。鲍伯因一时的"编者奇想"（用他自己的话）来到美国西岸。之前，他在《时尚先生》那个大名鼎鼎的哈罗德·海斯（见上）手下，在激荡变动中干了几年。在那里，他是个狡猾的包装人，"接生"（还是他自个儿的话）了不计其数的新闻革新，从"可疑成就（Dubious Achievements）"[2]到那一连串打破类别之分后来被称为"新新闻"的文章。汤姆·沃尔夫（Tom Wolfe）、盖伊·塔利斯（Gay Talese）、诺曼·梅勒（Norman Mailer）……这些人物你都知道的。

他说他"觉得"我是以一个编辑的方式在"思考"，并且应该考虑一下（当编辑），我听后受宠若惊。考虑成为一名编辑，考虑做编辑工作。"考虑一下让猴子跳出盒子"，这是他的原话。我之前还没有听人说过。"而且，"又喝了一大口Tecate啤酒之后，他说，"真正好的编辑从不需要自己开车。"

他提供给我的不仅是一份新的工作，而且是一种看待事物的新方式。从那时

---

① National Magazine Awards，美国杂志界最高荣誉，地位等同于美国电影界的奥斯卡。——译者注。

② 自1962年起，《时尚先生》在每年年末都会搜集一整年中出现在杂志上的全球各种愚蠢、可笑、错误和出洋相之事，将之称作"可疑成就"。——译者注。

起我就成为了一名编辑，或者至少我是这么看待自己的。随着我做编辑的资历增长，我对人说，一个好编辑的定义就是一个没有朋友的人。你知道，我说的正是和作者打交道这事儿，要以一双刚劲有力的手和令人丧胆的简洁来编辑他们的书稿。引用马克·吐温的话："只要一抓到形容词，就杀了它。"然而，这仅仅是强逞男子气的装腔作势，因为事实上，一个好的编辑需要许多朋友，或者至少是一些足够喜欢你的人，这样你才可以哄他们做你想要他们做的事。

刚开始时，这花费了我很多心思。我发现假如你想依靠奉承来使人们为你工作，你只会激怒他们。我与许多作者间都有过这个问题，因为我太爱他们的作品了，尤其是，对溜须拍马不怎么看得上的琼·迪迪翁（Joan Didion）。关键在于，编辑和作者间的关系应当建立在智慧及优秀新闻的标准之上。而本书中的各位编辑，他们自认的共通性便是他们都是新闻工作者，这一点，他们自己会告诉你。他们还会告诉你的是，编辑——这真是项吊诡的工作。

尽管有时也会丧失勇气，甚至出现概念上的失误，但理论上，只要编辑做出了正确的任务分派，将作者和主题准确地配对，那他们接下来所要做的就仅仅是将不同文章段落连接起来。这种情况的确存在。克里斯托弗·希钦斯（Christopher Hitchens）为《名利场》撰写的文章在2007年、2011年，以及他身后的2012年都赢得了美国"国家杂志奖"之"最佳专栏与评论奖"。"他是我所见过的最勇敢的人之一"，《名利场》编辑格雷顿·卡特（Graydon Carter）在接受ASME颁奖时如此评价。他说希钦斯"写作又快又准确"，一辈子如此，并且他是那种并不真正需要编辑的作者。这正是事情开始变得正确的地方。

卡特一如往常，言辞精妙，描述逝者生平之细节，令人动容，现场听众无不感受到他与希钦斯曾有过的深切友谊。无可厚非，希钦斯的每篇文章都"令人不安的精彩"（他自己爱用的词），但其中最令人不安的是《未尽的真相》这一篇——文章从他因癌症而失去声音一事展开大胆思考，癌症最终也夺去了他的生命。他当时还在为《名利场》写作：

写作课教到后来，我干脆这样做开场白，我说任何能开口说话的人都能写作。这是先放根容易够得着的绳子拉他们一把，让他们振奋一下，后面却埋伏了一条令人憎恶的巨蛇："说说吧，这个班上有多少人敢说自己会说话？我的意思是，真正会说话？"如我所料这句话让他们垂头丧气。我告诉他们大声朗读自己的每一篇作品，最好是读给自己信赖的朋友听。要求都差不多：避免老掉牙的辞藻——如威廉·萨菲尔（William Safire）曾说的，就像躲瘟疫一样，别重复。别造这样的句子：还是个小男孩的时候祖母常给你念故事。除非她那时候千真万确是个小男孩。要真是这样的话，你可能已经扔掉了一个更令人震撼的开头。值得听，听得下去的东西往往也值得一读。总之一句话：找准自己的声音。

这一段如此细致精准，我反复地读了一遍又一遍。声音不仅是写作的灵魂，还应当是整本杂志及其作者们的声音。这才是杂志编辑们应该具备的思维方式。显然，在卡特担任《名利场》编辑的20多年中，他手中的每一字、每一句都遵循着这条原则，不折不扣地贯彻着海斯的准则。

* * *

对于所有顶尖的编辑而言，有许多私密而崇高的兴奋感是别人无法夺走的。比如，打开一篇心爱作家所写的新文章。双击文档，然后瞬间便明白了，只要读个框架大概，你就知道这一定是一味好调料，能为整本杂志带来那种自己孜孜以求的言外回响。这说法我最初是从《纽约书评》（*New York Review of Books*）的罗伯特·西尔弗斯（Robert Silvers）那儿听到的，当时他正在解释编辑扎迪·史密斯（Zadie Smith）[1]的文章时的快乐。毫无疑问，格雷顿·卡特打开希钦斯的文章时也是快乐的感受。而对我来说，这份名单很长，尤其是我如今在《体育画报》（*Sport Illustrated*）工作，今年这份杂志凭借高级记者克里斯·巴拉德（Chris Ballard）对德韦恩·戴德蒙（Dewayne Dedmon）的人物特写而获奖。后者是个有天分的篮球运动员，就快长到7英尺高了。

就像这本集子里的每篇文章，《德韦恩·戴德蒙：跃动的信念》一文的发表不无故事。读者可从这方面加深对本文作者及杂志工作的了解。如许多其他文

① 当代英国最具影响力的作家之一。——译者注。

章一样，戴德蒙一文的灵感来自新闻的边角料。巴拉德读到了一则可能只有100字左右的小短篇，了解到有个来自洛杉矶东北部安蒂洛普山谷的17岁少年与南加利福尼亚大学签订了篮球合约，但他在高中“因宗教原因”根本没打过篮球。Bingo，就要这题材了。

再往下读一点儿便发现戴德蒙是个耶和华见证人，而阻止他打篮球的正是他母亲。这则小报道到此结束了，而巴拉德的故事却由此开始了。当他把这篇报道丢给他在纽约的编辑们时，关于应该从哪个角度叙述以及戴德蒙这个人物本身是否够分量的问题产生了。编辑始终抱着怀疑的态度，直到巴拉德从自己的住地伯克利飞到洛杉矶与戴德蒙会面，和他做了交谈，更重要的是，听他倾诉后。“我开始明白，这则故事有它自己的灵魂，”巴拉德说，“戴德蒙的确是个潜在的故事主角，但更重要的是，他始终很矛盾——在他自己想要的与他对母亲的爱之间进退维谷。”

从那儿开始，巴拉德一块砖一块砖地为他的故事铺路，细致地追溯了戴德蒙从一个天真无邪的男孩成长为年轻的超级巨星的过程。当戴德蒙在18岁反抗他母亲时，这又变成了一个有关信仰的故事——不论是对于上帝还是对于自我转型。“我自己也是一个父亲，”巴拉德说，“那些由宗教、权威、家庭束缚及跟从自己热情所引发的问题都令我着迷。”

这篇投入18个月之久的文章说明了作者拥有进取心、编辑拥有耐心的重要性，本书中许多其他文章也阐明了这一点。

真相永远是真相，这也是本书所有文章的立足之基。通过一年多的报道，《纽约客》在“公共利益”类别的获奖作品《看不见的军队》，揭露了美军驻伊拉克及阿富汗军事基地中劳动力供给体系的腐败，美军与数以千万计的外国工人签订了奴役契约；《男士健康》（*Men's Health*）杂志特约编辑鲍伯·特鲁利（Bob Drury），以惊人的细节详述了伊拉克和阿富汗战场上简易爆炸装置对军人的生殖器造成的伤害，他的报道引发了军事政策的巨大变革；《魅力》（*Glamour*）杂志在“个人服务”类别的获奖作品《有个秘密，一天杀死四位女性》记录了2012年1400名女性如何被她们曾爱过的人杀害；苏珊·因斯（Susan Ince）刊于《好管家》杂志的《断裂》揭示了骨质疏松症的传统治疗法如何出错，而这一疾病常被误诊误治。所有这些文章都是冷静的报道，即使是凯伦·罗素（Karen Russell）为《西洋镜：小说纵览》（*Zoetrope*：*All-story*）杂志赢得“小说”类别奖项的《霍河之窗》，以寓言形式展现的真实，也绝不亚于任何有关美国西进拓荒运动的报道。

浏览本书目录，你会发现尽管本书为美国最佳杂志年度集锦，但其内容其实远不止于此，因为它代表了新闻杂志领域内所有类别的最佳写作。从最详尽的人物特写到调查性报道，再到以简洁的语言、冷静的笔触描摹我们复杂生活的服务类文章。比如，《纽约》（*New York*）杂志赢得最佳特定事件报道奖的《“9·11”百科全书》，以过去难以想象的细节和几乎难以承受的简洁促成了其包罗万象的特质。

本书收入获奖及入围的作品，共10个奖项17篇（从32篇作品中选出），分属16份不同杂志。不过，“国家杂志奖”颁出的奖项类别实则更为丰富。《纽约》《纽约客》以及《滚石》（*Rolling Stone*）杂志各获得两次提名。我提这点是因为，所有这16本杂志编辑的名字应当被提及，他们应当受到褒扬，但是若一一列出来名单会很长，所以我不打算这么做，这些文章初版时他们的名字并没有同文章一起出现。他们是编辑，他们的名字出现在刊头，如他们所喜欢的那样。当然，除了没有刊头的《纽约客》，还有《D杂志》（*D Magazine*）编辑出身并以《匿名者》赢得了最佳人物特写奖的蒂姆·罗杰斯（Tim Roger)。

除了“让猴子跳出盒子”这样的论述，鲍伯·谢里尔还曾谈到编辑们应该怎样试着“以另一种语言演绎广为人知的歌曲”。那是他的另一句妙语，或许这是他偷来的说法，因为这就是编辑们做的事。但我直觉所有编辑都相信文化的轨迹一路留下的记忆，而身处这一文化中的我们，通过告知彼此各自的生活方式而明白我们究竟是谁。我们所写下的这些报道就是其中最重要的部分。

这本书记录了纷繁复杂的一年，我们如何度过它，我们如何看待它，一系列清楚而直接的描述告诉我们，在开始和结束这一年时自己分别是什么样子。最后，这本书最关注的是人类无限的共有记忆和不同经历，而这复杂又冲突的两点是所有优秀的编辑一致铭记于心的。这就是编辑所做的事，帮助所有那些猴子以不同的语言歌唱广为人知的歌曲。

特瑞·迈克多诺（Terry McDonell）

（华超超　译）

目录

Contents

风袭乔普林[1]

卢克·迪特里奇（Luke Dittrich）

《时尚先生》

最佳特稿写作奖

“5月22日，”当这篇文章在《时尚先生》杂志2011年10月刊发表时，该刊编辑写道，“直径达3/4英里的龙卷风在密苏里州乔普林市肆虐狂飙6英里，160人遇难。因为无从逃离，23个陌生人躲进了一个加油站的冷库，才得以死里逃生。冷库周遭的所有建筑、汽车与生物尽遭毁灭。本篇报道讲述的是他们的故事。”卢克·迪特里奇是《时尚先生》杂志的特约编辑，他的作品《风袭乔普林》——美国“国家杂志奖”评委称其“绝妙重现绝望与勇气，收放有度”——为《时尚先生》杂志在10年内第三次赢得了最佳特稿写作奖。

① 乔普林（Joplin），美国密苏里州西南部人口5万左右的小城。2011年5月22日晚6时左右，一次EF5级的龙卷风袭击了乔普林，造成158人死亡，超过1150人受伤，包括民宅、学校、教堂在内的数以千计的建筑遭到摧毁，灾情严重，被认为是美国国家气象局有记录以来单次致死人数最多的龙卷风袭击。——译者注。

鲁本

从店后方冲去店前头的时候，鲁本·卡特的左手撑着半月形收银台，借力把身体推了出去。本来这点距离鲁本不靠支撑也没问题，只不过动作慢点、僵点，因为他患过脑瘫，大脑掌控协调与平衡的部位受了损。但此刻耗不起时间。鲁本到了门口，开锁，推门。由于他的手臂肌肉不怎么听大脑指挥，所以和开其他的门一样，鲁本得把整个身体的重量和力量都压在门上。外边的疾风朝里推门，但鲁本赢了，顶开了去。推开的门口跌跌撞撞进来一位父亲和三个孩子，脚下打着滑差点摔倒在湿地砖上。鲁本一松开身，门就砰地弹回。

室内很暗，只有手机屏闪出的黯淡的光线，还有间或透进来的道道闪电。几分钟前停电了。虽是白天，风暴却遮天蔽日。鲁本叫新来的人和其他人一样靠着后墙，他说的话换个情景倒像迪斯科舞曲的歌词。

“退退退，退退退，全部后退！”他说道，“全部趴下，趴地！”

鲁本穿的是快旅（Fastrip）便利店员工要穿的黑鞋、卡其裤和绿色网球衫，衣服前别着一张名卡。裤子和鞋子是他自己的，网球衫则属于快旅连锁店的母公司——格雷斯能源公司（Grace Energy）。就为这件衣服，每个礼拜鲁本的工资里都要扣去1.25美元的制服费。他曾经算过一笔账，他那在这工作了13个年头的上级为这件“高级”衣服付的钱已不止800美元。鲁本在快旅才工作了7个月，不少烦心事却已让他觉得7个月太长，其中一件就是制服费。

就在去年，他还住在千里之外的盐湖城，在犹他州打着一份稳定的政府工。他的工作是寄养案例管理，帮助孩子找回亲生父母，或者帮着养不起孩子的亲生父母给孩子找养父母。鲁本大学修的是心理学，咨询硕士学位也修了一半了。尽管这不是份轻松的工作，劳心劳力，许多人应付不来，可鲁本却很擅长，他做这份工作6年了。可一天早上他收到了一张超速罚单，在25码的限速区以75码的速度行驶。要找借口是真没有，鲁本有时就是喜欢开快车。要400美元的罚金，他交不起，于是机动车辆管理局就暂停了他的驾照，他也因此被政府自动开除。丢了工作，鲁本打了一份又一份零工，却还是付不起房租。于是去年7月他离开了犹他州，回到了出生地密苏里州。之后他广撒网，从音像店到儿童保健服务，投了几十个工作，而快旅是唯一给他回应的一家。

情况就是这样：鲁本今年35岁，与父母住一起，在一个加油站的便利店工作。本来他倒真不是那种会自怜的人，可说他大材小用却一点不错。他有时也自问到底在这个地方搞什么玩意儿。情绪低落的时候，自怜情绪使他暴躁易怒，什么事、什么人都能让他不爽——比如，一个顾客在加油泵前抱怨付不了钱，鲁本必须走去外面告诉他信用卡是在读卡器上拉的，不是插到收条打印机里的；再比方，就刚刚一刻钟前，他的一个常客急冲过来要买万宝路香烟囤着，鲁本也抽烟，理解烟鬼的瘾头，可还是忍不住：至于嘛老兄，不过是个龙卷风预警！和大部分在镇上住过的人一样，鲁本知道这些警报多数都用不着当真，他觉得这次也不例外。但他也清楚，在乔普林随随便便一场厉害点的雷雨也能刮起危险的狂风，那种能刮碎窗玻璃的狂风。每个人都应该清楚这点。可就在几分钟前，外头狂风暴雨大作之时，鲁本还得叫其中几个来店里避难的从那扇大玻璃窗旁边移开。玻璃窗对着外头的停车场，在那里雨几乎已经是横着来了，油泵上高强钢筋材质的顶棚轻微起伏震动着，仿佛巨翅一般。

鲁本·卡特到底在这鬼地方搞什么玩意儿，穿着件要付租金的网球衫，干着份没前途的活，还要时不时狂喷一些没营养的基本常识？

此刻这个问题不再重要。

鲁本站在黑暗之中，面对着两打靠着墙挤在一起的人，墙上挂着廉价的糖果包。鲁本希望这堵墙可以离窗远点，远到能保护他们免受风暴之袭。此时的背景音是一个奇怪的声音，一种尖锐的呼啸，已经持续一阵子了，而且好像越来越响，越来越近了。

“那个是龙卷风发出的吗？”一个女人问道，“那个呼啸声？”

这问题也不重要。因为几分钟后，答案将不言自明，骇人耳目。

重要的，是鲁本接下来要做什么。

瑞克、乔纳、艾比和汉娜

“粉色表示很严重吗？”汉娜·瓦德发短信问她的朋友辛迪，辛迪算半个气象迷。这是礼拜天的傍晚，汉娜的爸爸瑞克在他那舒服的椅子上打瞌睡，电视播着高尔夫球赛，他最中意的催眠药。电视屏幕底部有一个新闻滚动条，是龙卷风警报，屏幕左下角是密苏里州西南部的多普勒雷达[①]图。雷达图上有一不规则的

---

① 多普勒雷达，是利用多普勒效应进行定位、测速、测距等工作的雷达。在气象服务中，多普勒天气雷达能够测量云雨区域的流场结构，是强风暴警戒的有力工具，对监测龙卷风、冰雹等灾害性天气很有用处。——译者注。

彩色团状物自西向东缓慢地移动着。这个团状物的颜色大部分是蓝、绿、橙和红，可中间或能看见几道艳粉色，而中间这块似乎正朝乔普林方向移动。

汉娜的手机震动了，她低头去看辛迪的回复。

短信是："是的，粉色是很严重。"

汉娜16岁。她和弟弟妹妹——15岁的乔纳和9岁的艾比，是三天前那个礼拜四到的乔普林。他们计划在爸爸这里住一个月，然后回家，回堪萨斯州的威灵顿——妈妈那里。爸妈离婚后的头六年，他们主要是住爸爸这儿的。但如今他们的爸爸又重返校园了，在密苏里州立大学学设计，于是他们的新安排是夏天来和爸爸住一个月，开学后的每个月只有一个周末来和爸爸过。这三天他们过得相当愉快，一起玩桌游卡坦岛，看了长达3小时15分钟的DVD版电影《绿色奇迹》，教艾比玩数独，还有大吃特吃爸爸瑞克拿手的炖牛肉……

汉娜从这二楼公寓的窗往外一看，外头晴朗无云，和平日没什么不同。乔纳在隔壁陪艾比，想哄她睡个午觉。

父母离异的孩子，在成长中要来回适应两个不同的家庭环境，居于两个不同的家长权威之间。这些孩子有时会变得很自负，行事早熟，他们相信自己的直觉，处理问题亦自有一套。

汉娜又看了一眼屏幕上那团闪着粉光的东西。

"爸爸，"汉娜叫道，大声且坚定，把被高尔夫催眠的父亲从昏睡中喊醒，"我们必须要走了。"

于是他们上路了。天开始下起小雨的时候，父子几个挤进瑞克车里——1998年款的庞蒂亚克格兰瑞斯，向东驶离汉普郡排屋公寓群，一路沿着二十号大街前往镇外的戴维叔叔家——戴维叔叔家有地下室。

10分钟后他们被风暴赶超，不得不即刻就近找个地方——任何地方——躲避。此刻正行至二十号大街与杜肯城相交处，角落里就是家快旅便利店，他们在停车场泊好车，奋力穿越肆虐的狂风，猛捶便利店的玻璃门。等待开门的时间是那样漫长可怕。终于，鲁本·卡特出现在玻璃门另一头的一片黑暗之中，开门，几父子冲进室内，冲上滑溜溜的地砖，得以和其他避难者一起靠墙蹲好。一阵折腾后，汉娜发现手机不见了，到底还是个16岁的小姑娘，她突然感到一阵巨大的失落绞紧了肠子，仿佛和世界断了联系。她想会不会是落在爸爸公寓里了。

可她又在瞬间意识到，爸爸的公寓已不复存在了。

卡尔、詹妮弗、特雷斯与科里

快旅便利店就和汉宁家在同一条街上，所以对他们来说真的很便利。不过吸引这家子每天光顾好几趟便利店的真正原因是店里的苏打水——这里的苏打水是镇上最便宜的，75美分就能续杯。如果杯子自带，那么即使是当天第一杯也按续杯的价格算，且杯子大小不限。卡尔用的是个64盎司的超大隔热杯，杯子他是在来去便利店——快旅便利店在当地的最大竞争对手——买的，那家的苏打水续杯要1.29美元！卡尔的太太詹妮弗也有一个类似的杯子，但大小是卡尔那个的一半，她喝可乐，卡尔喝激浪。孩子们呢？15岁的科里独爱芬达，11岁的特雷斯最近喜欢胡椒博士。

对这一家，店里的员工没一个不认识。上早班的杰克，呆呆的，人却憨厚；经理戴安，像个弹簧似的活力无限，她也上早班，不过多数时间在店后面的办公室里；这家人和鲁本最熟，甚至还在脸谱网站（Facebook）上互加好友。鲁本是个很棒的听众，对他们的故事总是很感兴趣。也就是说鲁本花很多时间听他们讲少年棒球联盟[①]的事，最近这段时间更是如此。两个孩子是棒球狂热爱好者，卡尔和詹妮弗说不定比孩子们还疯狂。他俩都是南乔普林少年棒球联盟董事会成员，所以除了比赛他们还须处理许多相关事务。近来每周比赛都多达10场甚至11场。这意味着要做很多工作，开很多车，洗很多衣服，但也有很多乐趣。

这天早些时候俩孩子都打了比赛。特雷斯参加的乔普林滑雪者队对阵拉马老虎队，一输一赢；科里的乔普林矿工队只打了一场，输给了黑袜子队。天气晴朗，却伴着大风，因此比赛时击球、接球都很困难。明明笔直击球，可球却拉出一条像圣路易斯拱门[②]那样的弧线。

等特雷斯打完第二场比赛后，汉宁一家打道回府。回家后不久，一家子全站到了客厅盯住电视看，电视调到十六频道，是KSNF电台的本地新闻。正在直播

---

① 少年棒球联盟（Little League Baseball），是由卡尔·司脱兹于1939年创立于美国宾夕法尼亚州威廉波特的一家非营利性组织，致力于发展美国的儿童棒球、垒球运动并向世界各国推广。——译者注。

② 圣路易斯拱门，别称“西进之门”，位于美国密苏里州圣路易斯市，是美国的标志性建筑之一。英国殖民时期，圣路易斯是西部拓荒者西进的必由之路，被称为“通向西部之门”，竣工于1965年、高达192米的圣路易斯拱门即为纪念美国西进移民而建。拱门系钢板制成的抛物线形建筑物，有如一道长虹凌于大地之上，壮观雄伟。——译者注。

的是电视塔摄像机所拍摄的实景画面，一个黑灰色物体自西边向乔普林逼近，画面模糊，镜头上沾满了雨点。该黑灰色物体目测宽约一英里，边缘部位间或迸发出明晃晃的电光。起初新闻主播认为电光可能是闪电，或许只是一场来势汹汹的雷雨。可电光频频，一个接一个，像是跟着某个固定的节奏似的。最终几个主播明白了，是狂风折断高压线，导致电光不断。于是主播们不再像平时那么专业，一个个情绪失控，好像并不是在做电视直播，而是直接面对面地在同亲友、熟人交流。

“找地方避避！”一个说。

“对，快！”另一个叫道。

“快快快！”

“立刻！马上去！”

“我说！快找地方躲避！”

“躲避去！”

“即刻马上！”

汉宁家的房子是A字形结构，有许多玻璃窗，但没有地下室。

他们一家在这已住了6年。同居前4年，詹妮弗与卡尔就已经开始约会。那时，詹妮弗是卡尔的上司，两人同在当地沃尔玛超市里的一家麦当劳工作。如今詹妮弗36岁，卡尔27岁，孩子是詹妮弗与前夫生的。尽管夫妻两个早就不在一起工作了——卡尔成了叉车工，詹妮弗做起了医疗助理——可有时，到了该做决定之时，两人的上下属关系又会瞬间重现。不过当时，站在客厅看着巨怪逼来，新闻主播情绪失控，夫妇两人共同做出了决定。鲁本总和他们说如果附近有什么险情一定要来快旅便利店避难，快旅的房子比他们家的A字形结构结实多了；他还告诉卡尔一家，要真有什么大事发生，店里还有个藏啤酒的冷库可以躲躲。

快旅便利店就在这条路上，过5个街区就到，开他们那辆福特野马车一分钟内就能赶到。开车的是詹妮弗。

此刻他们就在店里，和其他来避难的靠着后墙挤在一块。特雷斯还穿着比赛时的棒球衣，上面沾满了汗渍。突然后墙动了，墙面凸出来又凹进去，然后再凸出来。玻璃瓶子碰撞在一起，发出尖细的撞击声，叮咚咔啦一个个碎裂开来。

“鲁本，”詹妮弗说，“后面的东西碰破了。”

“嗯，我知道，知道的。”他回道。

“我们要进冷库去吗？”

“啊。”鲁本说，可还没等他思考好就听见了尖锐的声响，然后看到店前方的大窗玻璃裂了开来。

紧接着玻璃窗爆裂了。

多娜·巴恩斯

她是五旬节派[①]的教徒。

她相信低脂牛奶冲混合谷物圈做早餐更健康，没理由不每天早上都吃这个。

她相信复活节后7个礼拜圣灵就会降临到使徒身上，并且就和《圣经》在《使徒行传》第二章里描绘的一样：忽然，有响声从天上下来，好像一阵大风吹过，充满了他们所坐的屋子。

她相信切片香蕉可有可无。

她相信从五旬节那天开始，对于他们——那些像她这样的受洗为五旬节派的教徒，圣灵就是真的降临到了他们身上。

她相信那份家居清洁工的工作对自己的退行性脊柱关节炎是有好处的，因为这份工作要动来动去，脊柱就能因此保持柔软灵活。

她相信有时当圣灵充满身体的时候，人们所用的语言连自己也无法理解，那和天使用的是同一种语言。

她相信她在快旅便利店买的1美元一盒的小黛比蛋糕是镇上最划算的，一般礼拜天她都会去买。

她相信乔普林纯福音教堂和她那独居了30年的房车一样，都算她的家，可那教堂就在大约两分钟前从世间消失了。

她相信快旅便利店窗玻璃爆碎时发出的声音，是她60年人生里听过的最可怕的声音之一，这轰鸣声充斥了整个便利店。

她相信她身边两个小男孩的尖叫声更加可怕。

她相信鲁本正指挥大伙通过薯片货架旁边的银色门道，尽管一片尖叫轰鸣声

① 五旬节派，亦称“圣灵降临派”，是基督教新教派别之一，主张像第一批基督徒在五旬节（《使徒行传》2:1—4）一样领受同样的经验和各地灵洗，故名。在因信称义教义基础上，强调“成圣”，相信灵洗、讲方言、灵疗。19世纪晚期发起于美国，后遍及全世界和基督教各宗派。——译者注。

中，鲁本的喊声她听得不那么清楚。

她相信上帝在每个人出生前就定好了他将在何时何地死去。

多娜·巴恩斯，是爬着进冷库的。

克里斯、蕾茜、纳桑与杰瑞特

蕾茜·利窦曾与龙卷风擦肩而过。那是她上幼儿园时候的事儿。警报拉响，幼儿园所有人都躲到了桌子下。蕾茜记得，当时日光昏暗朦胧，甚至是绿色的。蕾茜记得当时听到的风声，还有随后救护车的声音。那时候蕾茜的妈妈在家里办了个日托班，蕾茜还记得当时的自己很担心妈妈照顾的小朋友，希望他们能够平安度过。

那次是蕾茜距离龙卷风最近的一次。但她经历过无数次龙卷风警报，也经历过无数次不住在这一带的人眼里那些千钧一发的危急情况。有时候蕾茜和外地人聊天，他们总问为什么她或者为什么会有人愿意在这块大平原上繁衍生息。这一带，从堪萨斯州绵延到俄克拉荷马州再到密苏里州，是龙卷风肆虐的地方。每当此时，蕾茜就会反问为什么有人愿意住在有飓风的沿海或是有暴风雪的北方。

天下哪有十全十美的地方。

蕾茜是一名移动抽血技师，在博伊斯&拜纳姆病理实验室公司工作。她的大部分工作在疗养院进行。蕾茜过去，然后抽血，抽完血离开，就这么简单。他们偶尔打趣她是吸血鬼。几年前，蕾茜就和纳桑与杰瑞特的父亲分手了，但他还是家里的一员。他是音乐家，常常要巡回演出。蕾茜的现任男友叫克里斯·卡莫，很实在的一个人，工作也很实在。克里斯每天早上4点起床去工作，他在艾博制造公司做事，管理一个20人的油漆工团队。这天上午，克里斯和蕾茜的前任一同参加了纳桑的洗礼。纳桑今年7岁，由他的舅舅施洗，几年前为杰瑞特施洗的人也是舅舅。洗礼结束后，蕾茜、克里斯、杰瑞特和纳桑四个人到麦当劳吃了一顿庆祝午餐，随后在棒球场玩了一会。之后他们还去了宠物家园给大嘴——家里养的斗牛獒——买了些东西。

就在从宠物家园开车回家的路上，他们听到了车上收音机的广播在播龙卷风警报，于是他们拐入二十号大街，想到家得宝超市避险。不过后来这一家四口并没停在家得宝，因为他们的直觉排斥这个主意。于是继续行车向前。等开到快旅便利店的时候，他们觉得如果再往前开就无异于自杀了。

4人一进店，克里斯就当起了鲁本的副手。克里斯就是这样的人。鲁本到店前面给瑞克·瓦德父子开门的时候，克里斯跟在后面用手机上的手电筒软件给他照明。

克里斯是个好人。

可因为克里斯站在避难人群外协助鲁本控制场面，蕾茜就只好自己一人管两个孩子。两个孩子都在大哭，他们没到便利店前就已经开始哭了，因为听到了收音机里传来的话语。对小孩来说，最可怕的莫过于惊慌失措的大人。纳桑，刚刚受洗的纳桑是弟弟，蕾茜的注意力大部分在他的身上。后墙开始大幅度弹出凹进，咆哮声愈来愈骇人，人们在冥冥中预感到灾难就要降临，就在这时纳桑开始边哭边说他不想死。你根本无法想象当一个母亲听到她7岁的儿子说自己不想死的时候是什么感觉。蕾茜抱住纳桑的同时自己还得竭力撑住不能崩溃，她很感激身边的那个女人。那个女人紧紧握着杰瑞特的手告诉杰瑞特他们会平安度过这一切，和学校里的龙卷风演习一样，他们只要贴近地面、保护好头部就行。那个女人有一台很棒的相机，相机的镜头很长。蕾茜怀疑她可能是个专门拍摄风暴的风暴追逐者。

玻璃窗开裂了。玻璃窗爆破了。

蕾茜的两个孩子开始尖叫了。

这是个可怕的声音。

史黛西、亚伦和艾莉

这份工作要做的就是给每个毕业生拍好两张照片。一张是在他们走向讲台前拍，毕业生要穿过舞台走向校长站着的那张小讲台；另一张则是在他们双手捧着毕业证书的时候拍。请史黛西·拉巴吉给这场毕业典礼拍照的那家公司——名为“毕业摄影”——也请了另一位摄影师，他们两人分工合作。史黛西负责拍毕业生手持证书的照片，她的拍摄位置就在舞台下，离讲台大概6英尺的位置，设备是一台尼康D3000型号的相机，镜头则是尼克尔牌的，焦距为18—105毫米。

19年前史黛西从高中毕业的时候，她只知道自己想做一名摄影师。她曾经幻想自己漂泊在北美的沙漠旷野，用镜头记录真实的人、真实的故事，展现寻常生活中未经雕琢的粗犷之美。她钟爱多罗西亚·兰格[①]的摄影作品，有时甚至渴望自己也能生活在大萧条时期。当时政府出钱请兰格这样的摄影师深入贫困社区，她要做的只是举着相机咔嚓——咔嚓——咔嚓。史黛西如今从事的摄影并不是那样的，她靠摄影赚钱谋生。她拍毕业典礼、婚礼、新生宝宝。她有3个孩子。今年已经是她连续第4年从堪萨斯城开三四小时车过来乔普林高中拍毕业典礼了。

史黛西左眼对着取景器，眯着右眼。一共429个毕业生，这是场持久战，过了不久一个个各具特色的摄影对象在史黛西眼中已没什么不同，她关注的只是他们拍照时有没有微笑，有没有闭眼。今天下午这批参加毕业典礼的孩子，有的穿着高跟鞋在努力保持平衡，有的时不时扯着脖颈上过紧的领结（那是父亲帮忙打的），他们的人生前途光明，但究竟是怎样的前途史黛西的镜头却无法捕捉。照片的魅力与局限都在于它只能展示当下，却无法交代来龙去脉。所以当毕业生亚伦·弗罗斯特微笑着与校长热情握手的时候，史黛西镜头捕捉到的只是一个金发高个的帅气小伙，捕捉不到他是乔普林高中的明星四分卫，获得了南密苏里大学的橄榄球奖学金并且心怀加入全美职业橄榄球联盟的梦想，也捕捉不到他有一个漂亮的女朋友，就是穿着黑色抹胸裙坐在听众席中的艾莉·彼得森，正全心为男友鼓掌。同样，当威尔·诺顿上台领毕业证书——这张进入人生新阶段的门票——的时候，镜头里出现的也只是一个蓬蓬头的可爱男生，无从展示他背后的故事。威尔是初露头角的网络红人，YouTube网站个人主页订阅数达5000人之多，他在上面用快剪的小短片记录着青春期的点点滴滴。

至于这些毕业生从哪里来又要去向哪里，史黛西的镜头自然也无法表现。

镜头记录不到威尔在毕业典礼结束后开车回家的情景，记录不到旋风赶超他的车，撕毁安全带后将他从车子天窗扯出卷入龙卷风的大旋涡中，年轻生命的希望之光转瞬湮灭。

镜头也没能记录亚伦和他的女朋友艾莉，几乎就是在威尔遇难的同一时刻，他们爬进了正在四分五裂的快旅便利店的冷库里。在他们前面爬进去的是史黛西。他们3人来快旅便利店避难，却很快发现他们所找的避难所已无法避难了。

---

① 多罗西亚·兰格（Dorothea Lange，1895—1965），女，20世纪美国杰出的纪实摄影家，她因为为美国联邦农业安全管理局（Farm Security Administhation，简称FSA）拍摄的大萧条时期的作品而出名。兰格的照片记录了大萧条对百姓造成的后果并且影响了纪实摄影的发展。代表作品有《移居的母亲》《等待救济的人》等。——译者注。

姗迪、迈特和麦琪拉

姗迪·莱蒂莫向来特别惧怕雷雨。甚至不需要电闪雷鸣、狂风暴雨，一点点小雨夹杂少许闪电，半夜里稍稍轰隆几下，就能吓得她从床上爬下来，走去客厅中央的地毯上坐好。尽管她很清楚客厅地毯也不会安全到哪里去，可不知什么缘故，她就是觉得坐在这里比较安心。姗迪今年54岁，这种恐惧症差不多跟了她一辈子。姗迪的妈妈觉得就像病毒会传染一样，姗迪的恐惧症是被那个害怕暴风雨的表亲传染的，因为两人小时候总在一起玩。不过姗迪自己觉得她的恐惧是与生俱来的，是她生命的一部分。

所以，甚至早在姗迪开车到快旅便利店前，早在停电之前，早在她和其他避难者蜷缩在一起前，她就已经恐慌得手足无措了。

姗迪觉得她倚靠着的那堵墙在动，弹出来又凹进去，仿佛在呼吸似的，就好像她躲在一个庞然大物的胸膛上，而这庞然大物正苏醒过来。这种感觉让她的害怕程度又上了一层楼。

玻璃窗爆破之时，姗迪的恐慌完全白热化了。

她惊恐得失声了。当姗迪试着站起来的时候，她发现自己根本做不到，直接就摔倒在地；于是她就爬，爬向冷库的门。冷库的门被谁拉开了，所有人都冲向这扇生命之门。可是姗迪不行，好像她的身体已经抛弃了她，不愿意按照她的意志行事。她的身体像此刻的空气一般黏稠滞重，空气中飞扬的玻璃碎片仿佛流沙，又像噩梦里那种厚重压抑的空气。我们常常听说踩踏事件，有人摔倒后被人群踩踏，这类事件背后多是一些最愚蠢的起因：比如沃尔玛黑色星期五大促销，追逐哄抢的不过是一台打折的电视机。而此时此地却事关人命。排在姗迪后面的人至少还有一打，没有哪个不是急着进冷库的。而姗迪却横躺在他们前面，像一条在湿船板上无望扑腾的鱼。

麦琪拉·斯勒和迈特·多尔正排在姗迪后面。他俩都是南密苏里大学的大三学生，不过从高二起两人就是情侣了。他们来自南达科他州的扬克顿，比起他们的家乡，乔普林能称上大都市了。迈特的专业是会计，麦琪拉学的则是早教。麦琪拉还牵着她的狗，一条六岁大的达克斯猎犬，名叫小叮当。迈特拎着麦琪拉的包。他们并不认识姗迪，而此刻姗迪堵在他们前面，她挡住的是他们生存下去的希望，哪怕生存也许只是意味着再多活一分钟。跨过她，绕过她，踩过她进冷库都不过一步之遥，容易得很。谁也不想死。

风声咆哮呼号，孩子的尖叫，大人的惊呼，一片混乱声中还有一个声音，那是鲁本·卡特的嗓音。鲁本在重复一句话，一遍又一遍，这句话对大家来说既熟悉又陌生，因为它是电影电视里常见的台词，可现实生活中却从没听人说过。

“妇孺优先！”鲁本说，“妇孺优先！”

鲁本站在门边，迈特和麦琪拉清楚他本可以第一个进去，可他却和他们一起站在外面，站在这肆虐飞扬的碎玻璃雨里，一遍遍喊着那句话，声音坚定又沉着。

迈特弯下腰把姗迪稍稍抬起来一点；麦琪拉也俯下去帮忙，一手抓住姗迪一手牵着小叮当。迈特和麦琪拉两人半推半带把姗迪送了进去，送进冷库冰冷的黑暗中。

艾萨克、科里与布莱能

艾萨克·邓肯有一个YouTube账号，不过他不怎么打理它。和别人一样，他的手机也带摄像功能，不过到目前为止他拍的东西里没什么值得传上YouTube网站的，除了4个月前拍的那段小短片——一个醉酒的姑娘在酒吧外面踢掉了警车的侧视镜。尽管如此，只要有一星半点有趣的事情在他身边发生，艾萨克还是会试着用手机摄像记录下来。所以今天，大概5点40左右，艾萨克拿出手机对着他哥们布莱能·斯戴宾的汽车挡风玻璃开拍，想把因为红灯而停在他们前面的那些车子的尾灯拍下来，这些车子的尾灯被雨水冲得脏兮兮。

“哎哟，得了吧。”布莱能嘟囔道。

艾萨克坐在前排，布莱能开车，他们的朋友科里·沃特曼坐在后座。3个人整个下午都在车上，漫无目的地兜着风，听着收音机里报道的棒球比赛。这周末正好是70号州际公路大战[①]，圣路易斯红雀对阵堪萨斯市皇家。他们3个都喜欢棒球，但这个下午主题并不是棒球，主要还是好朋友在一起聚聚。3人是铁哥们，都是20出头的年纪，今年夏天可能是他们仨一起度过的最后一个夏天了。艾萨克也许很快就搬去奥斯汀，去那里追寻自己的音乐梦。布莱能就在这个月早些时候从南密苏里大学毕业了，在校时他是校报编辑，毕业了想进新闻行业，已经开

① 70号州际公路大战，美国职业棒球大联盟的堪萨斯市皇家队对阵圣路易斯红雀队。因堪萨斯市与圣路易斯均位于密苏里州，以70号州际公路相连，故名。——译者注。

始在全国范围投简历找工作了。至于科里，他想念电影学院，不过去哪所还不确定。

球赛打到第五局，电台插播起了天气警报。一开始3人都满不在乎。在这龙卷风带的夏天，警报是常客。可是气象预警连续不停地插入，最后他们终于转台了。从直播球赛的堪萨斯电台转到了本地调频新闻台，转过去的时候这个台正播到一条警报的末尾部分，警报内容越报越紧急了。当艾萨克拿出手机拍摄的时候，广播播报员的声音听上去有些无助。广播站已经停电，尽管紧急备用发电机还能维持广播报道，可是因为无法使用雷达和电脑，他们跟踪风暴的手段已经退回比较原始的状态。

"现在的KZRG电台24小时风暴中心，已经什么都看不清了。"一个记者说道。

"云层很厚，"另一个说，"窗外什么也看不见。"

"我们快他妈逃吧！"科里说。

红灯转绿，他们一路朝南开在杜肯路上。可就在他们开到二十号大街前时，3人中有1人注意到了极其美丽却可怕的现象：路边行道树上方的薄云，一缕缕旋转着凝在一起，仿佛是慢镜头下棉花糖机器拉出来的糖丝。他们当即决定马上停车躲避。快旅便利店就在前方。车子停到店前面，3人全速穿过雨幕来到门口，雨越下越急了。鲁本接他们进来，领到后墙，其他先到的人已经蹲在那里了，3人也照做。艾萨克把手机镜头对准店前对着停车场的大窗玻璃，几秒钟内外边已经从黄昏时的昏暗转成了午夜般的暗黑。油泵的金属顶棚开始震动。很快最后的避难者——瑞克和他的3个孩子将会到达便利店门口，捶门，鲁本会冲过去开锁，顶着狂风把门推开。到那时，里外将变得一片漆黑，黑到艾萨克的手机几乎什么都拍不到了。

"我的天，"艾萨克说道，"来真的了。"

接下来5分零7秒的时间，艾萨克的手机还在继续拍摄，尽管2分23秒过后，艾萨克就已经没有把它对准任何拍摄对象了，因为他和其他人一样都挣扎着要进到冷库里去，事实上当时的他根本忘了手机摄像模式还开着。

鲁本

等差不多所有人都进冷库了，鲁本朝右看了眼便利店前门。

他看到店里的存货——报纸、薄荷糖、巧克力棒、廉价太阳眼镜和许多12听装的可乐——一齐飞出了大张着口的窗框，消失在黑暗中。接着他又看到整个便利店的前部——不只是墙上的窗框和前门而是整堵墙——被猛拉向前，脱离了地基，就好像房子的四角被铁链系到了一辆巨型卡车上，然后瞬间有谁一脚踩实了这巨型卡车的油门。

协助鲁本一齐把大家弄进冷库去的克里斯就在鲁本前面。鲁本看到空中各种碎片残物击打着克里斯的背部，他推了克里斯一把，克里斯整个进入了冷库。鲁本自己紧随其后进门，然后转身，抓住库门边缘往里死命一拉。库门内侧没有门闩、把手，为免人被反锁其中。鲁本竭力关牢门，准备转身走开之时他从门缝里看到了这样一幕。

他看到脱离了地基的店前部，瞬间火箭般朝天空发射出去。

然后一股风或是别的什么飞行物从库门外侧作用，把门关实了。

＊＊＊

冷库长25英尺，高7英尺。因为顶部安装了悬挂式空调，所以冷库内部实际高度比建筑高度要低两英尺。宽度将近8英尺，但空间大部分被沉重的钢货架占去，中间只空出大约3英尺的距离。钢货架上摆放的是各大品牌啤酒，米勒淡啤、百威、布希淡啤等等。格雷斯能源在该地区运营的11家快旅便利店中，这家开得最早，它的冷库也最大。

外头狂风的呼号不断升级，夹杂着各种声音，金属变形声，木头爆裂声。冷库摇晃起来。各式物体飞来撞到冷库外壁上。

冷库里的人们，或惊声尖叫，或号啕大哭，还有的则沉默不语。里面空间拥挤，温度很低。可没有一个人注意到这些细节。有蹲着的，也有趴着的。有人大声呼喊着同来避难的伙伴，因为不知道对方有没有进冷库。11岁的杰瑞特·利窦心想他们是不是飞起来了，是不是被装到车里要运去一个新地方，就像多萝西那个房子一样[①]。达克斯猎犬小町当则不停呜咽低唤着。

几秒钟后一切安静下来，风声停歇了，冷库钢架晃动得也没那么剧烈了，外壁上的撞击也不那么急了。

---

① 多萝西是美国童话《绿野仙踪》的主人公，故事中多萝西的整座房屋被龙卷风卷走，落到了奥兹仙境。——译者注。

“老兄，”艾萨克说，他的嗓音里透出来的轻松感如同蜂蜜一般浓稠甜蜜，“没事了。安全了。没事了!”

可随后，龙卷风（暴风雨只是它的先遣部队）强力登顶，展开正面袭击。

* * *

库顶崩塌下来时，击中了克里斯·卡莫的头部，克里斯跪倒在地。而此刻库墙连同摆满啤酒的钢架又一齐朝他倾倒下来，克里斯上方的库顶张裂开了，发出的声音仿佛魔鬼般在他耳边刺耳大笑，他感到双腿正被吸进一个裂洞里去。克里斯知道瑞克·瓦德就蹲在他旁边，于是他一手抓住瑞克的腰带，另一手抵住倒下来的钢架，然后把头脸埋进瑞克柔软的背部。克里斯告诉自己，即便他逃脱不了命运，也要能撑多久是多久，因为积极应对是最好的选择。

* * *

小叮当在麦琪拉的臂弯里不安地扭动，不住地要去看冷库顶上的洞，那些洞在不断张大。先前雷雨云层层叠叠，厚重地遮蔽住龙卷风的踪影，现在龙卷风来了。它不同于雷雨云，不是黑乎乎厚实的一片。它是昏暗的，绿色的，带着水光的，就像浮潜看到的水下景象。尽管冷库在巨大的风力中面临着四分五裂的命运，冷库内部却因为龙卷风的到来而明亮了几分。

龙卷风在天上延伸了有2万英尺长，3/4英里宽。而且它并不是中空的。

它裹挟着木头、板墙和汽车。

它裹挟着棒球球员卡、手提电脑和家庭影集。

它裹挟着人，赤身裸体的人，一个个仿佛新生儿，狂风像撕纸巾似的撕毁了他们的衣服。

它还裹挟着沃尔玛超市的零零碎碎，曾经卡尔与詹妮弗就在那里相遇；它还裹挟着教堂和疗养院的碎片残骸，教堂是多娜做礼拜的那个教堂，疗养院则是蕾茜去抽血的几个疗养院中的3个。

它在这个城市里已经跋涉了6英里，所过之处一砖一瓦无不卷入其中，随风而走。

麦琪拉摁下小叮当的头，可她能感觉到小叮当扭动的小脖颈抵冲着她的手掌，它想抬头，它想看。

＊ ＊ ＊

她是五旬节派的教徒。

她确信《圣经》在《使徒行传》第二章里所描绘的是真实发生的事情，她也确信同一章节里对世界末日的描述是真实可信的：日要转黑，月会成血，就在那主显得崇高伟大的那天前。到那时候，凡求告主名的，就必得救。

她不知道谁压在她身上，也不知道她自己又压在谁的身上。

她知道龙卷风的势力已挺进冷库内部了。

她听到那无所不能的风，感到自己要被那风卷走。

“天父啊！”多娜呼喊道，“耶稣！耶稣！耶稣！耶稣！耶稣！耶稣！耶稣！耶稣！耶稣！耶稣！耶稣！耶稣！耶稣！耶稣！”

＊ ＊ ＊

科里·沃特曼撑开四肢把詹妮弗·汉宁和她最小的儿子特雷斯包围在自己的身躯下。詹妮弗的丈夫卡尔在冷库的另一头，距离遥远。科里不认识詹妮弗和特雷斯。不过在詹妮弗看来，科里是故意这么做的，用自己的身体作他们母子的遮蔽物。科里倒不确定：他觉得自己可能是被翻倒下来的冷库壁正好撞到这个位置的。库顶上开了口，各种碎片像子弹般打在他背上。科里清楚掉下来的碎片会越来越大，越来越重。冷库里一片混乱，人们的身体交叠纠缠在了一起，可尽管混乱，每个个体倒还是完好健全的。在这风涡灰绿色的水光之中，科里看到几英尺之外乔普林高中的四分卫亚伦·弗罗斯特正和女友艾莉拥抱在一起。

科里多么希望在他生命的最后时刻也能有个爱人将自己紧紧拥抱。

但是他没有爱人。所以他抱住了这些陌生人。裂口越张越大。科里能感受到风，他知道那就是龙卷风。

科里的老友艾萨克也被抛了出去，抛到了某个詹妮弗和特雷斯边上的人的腿上。于是科里把手伸到艾萨克肩上，紧紧抓住。

艾萨克看看科里。一块碎片掉到了艾萨克喉咙里，他呛了呛把它吐了出来。

“我爱你。”艾萨克说。

“我爱你，哥们。”科里回。

“我知道。”艾萨克说完转过目光，然后迎着风大喊道，“我爱每一个人。真的，爱每个人。”

* * *

话音随风传散开去。

虽传开不过几英尺远便在呼呼风声里消隐无踪，但到底还是传到了冷库这头几个人的耳里。迈特和麦琪拉也听到了，他俩和其他人挤成了一团，但两人并没有分开，还是蹲在一起。迈特抱着麦琪拉，麦琪拉抱着小叮当。他们在无声地祷告，做好临死的准备。

听到传来的话音两人抬起了头。

“我爱你们！”迈特喊道。

“我爱大家！”麦琪拉喊道。

于是迈特和麦琪拉周围的人也听到了，他们随之呼喊起同样的话，就这样这些话语从冷库的一头传向另一头。有的人虽然没有跟着喊，但他们也都听见了。

最终这声音传到了冷库最那头，传到了鲁本·卡特的耳朵里。靠近入口处的库顶已经坍塌。它几乎是垂直着掉下来的，但并没有砸到鲁本，只是向前推了推他的身体，就像牙膏管底部的牙膏推动上面的牙膏。鲁本不知道这话是谁说的。在这风声里，甚至连男声女声都是辨不清的，唯一分明的是声音里的情绪。

鲁本抬头。

“我爱你们每一个人！”他朝人群喊回去。

然后他又低下头闭上眼，等待未知的命运。

* * *

特雷斯，八岁大的特雷斯，剃着个小平头，棒球服上沾满了污渍。他抬起头来看科里，朝着他微笑，还把攥在手里的东西给他看。

他手里是一块高尔夫球大小的冰雹。

风仍在咆哮，冷库还在摇晃，大大小小的残渣碎片也还是不停地砸到科里的背上，科里心想这孩子是不是惊吓过度了。

可特雷斯呢，他过去曾对龙卷风着迷，整个五年级一年，他的图书馆借书卡都用来借阅相关书籍，关于龙卷风能了解到的一切他都了解了一遍。所以特雷斯知道，冰雹是龙卷风即将结束的标志。也就是说，如果你遭遇了龙卷风，下冰雹表示最可怕的部分就要过去了。于是特雷斯继续对着科里微笑，炫耀手里那块正在融化的宝石。

此刻冰雹越下越大，冰雹块飞弹跳跃着，“叮咚噼啪”欢悦声一片。

* * *

“在我下边的人都没事吗?”

“我没事!”

“我尽量不压到别人。”

“有人压在我背上。”

“我弄疼谁了吗?”

“谁被我压着?”

“有人被我压到了吗?”

“大家冷静。已经过去了。”

“你在那边没事吧?你没事吧?”

“哦,不好意思。”

“小心,你背上有碎玻璃。”

“你还好吧?”

“好极了!”

“妈妈,我爱你。”

“我也爱你。我爱你。”

“夫人,你还好吗?”

“我没事。”

“在我下面的就是你吗?”

“是呀。”

“不是别人?”

“就是我。”

空气里一股浓郁的泥土味儿,就像是新耕的田里的气味。还有溢出的啤酒散发的酵母味儿,浓重的湿石灰味儿和断裂木头的刺激性气味,另外还淡淡地有一股东西燃烧的气味,以及浓烈的汽油味。

冷库顶上有许多窟窿,最大那个在最边上靠近入口处的地方。这边的冷库壁倾斜出一个很陡的角度,本来和库顶衔接的壁顶现在成了锯齿状的裂口。科里喜欢去乔普林南部的峭壁攀岩,这时他爬上这块光滑的铝制斜坡,从顶部的裂口看出去。他看到了外面的景象,可他转回头后并没有向库中的人们告知外面的情况,因为外面真的什么也没有。于是科里只对大家说了当下最紧要的事:

“现在可以出去了。”

* * *

卡尔在倾斜的冷库壁边用米勒啤酒箱搭建了一个金字塔垫脚物，麦琪拉把小叮当交给别人抱着，自己站了上去。科里和艾萨克在壁顶处接着，搭手把麦琪拉拉上去。

麦琪拉四下环顾。

天空上云层仍旧很厚，不过不再像原来那样昏天暗地，所以麦琪拉能看到远处。大约30英尺外，本来是一株枫树，可现在它的大部分树皮已连同树枝脱落，看上去光秃秃的就像是一根原木色的粗糙的电线杆子。枫树再过去点是一堆变形了的黑灰色金属。可能本来是辆皮卡车或运动多功能车，但是现在已经无法辨认它原本的面貌了。到处散布着汽车和汽车的各种零部件。距离顶部半塌那一侧的冷库大概3英尺外，是快旅便利店的废墟堆，上面横陈着一辆底朝天的栗色现代轿车。越过枫树，麦琪拉看到一小块牧场和其间的奶牛。有几头牛身上被木头和金属的残片插中了，有几头牛断了腿，还没断气的几头离死也不远了。麦琪拉看到原本是房子的地方，如今已成乱石堆，当中戳出来几截断裂的木桩。灰白色的天光下，到处都是一撮撮的火堆，冒着一缕缕青烟。

几个礼拜前一个加州的传教士鼓吹5月21日就是世界末日，传得纷纷扬扬。5月21日就是昨天。本来麦琪拉不以为然，因为她相信《圣经》里头写的连天使也不知何时是世界的尽头，而现在麦琪拉在想是不是只是这个传教士说错了日期，说早了一天。

她怀疑自己是世界末日幸存者。

冷库外侧墙壁上抵着一个空木头架子（本来应该是冷库壁的一部分），麦琪拉踩到它上面再下到地面。她穿的是人字拖，小心翼翼走了几步，避免踩到玻璃、钉子或者其他什么尖锐的碎片上。

然后麦琪拉转过身等迈特和小叮当来和自己会合。

* * *

在鲁本把大家弄进冷库躲避的时候，他的手掌被几块风里飞来的玻璃碎片刺中，扎得很深。不过在冷库里的时候他半点痛楚都没察觉到。倒是他的双腿抽筋得厉害。鲁本经常会抽筋，这也是脑瘫的症状之一。

“症状”这个词好像不太确切，因为它不像是疾病，得了以后会恢复，也不是那种会不断加重的情况。脑瘫是静态的，是从鲁本生来就有的。它可能与鲁本出生的方式有一定关系，但谁也无法百分百确定。鲁本母亲分娩的时候胎位不正，鲁本是脚先出来的，医生护士花了不少时间才把鲁本接生出来，让他得以自主呼吸，可能就是这个过程中导致了大脑损伤。他因为大脑受损，导致肌肉的控制力不足，如果肌肉长时间保持一个不自然的姿势就会抽筋。刚才库顶坍塌，把鲁本的身体推成了胎儿蹲坐的姿势，由于蜷缩时间过长他的腿抽筋了。

大家出冷库的时候鲁本在一边看着，一个个又是攀又是爬，最后还得再被推上一把。最后库里只剩下鲁本和克里斯。鲁本朝倾斜着的库壁走去，爬上米勒啤酒箱做的垫脚物，向上一伸抓住顶部，试图把自己拉上去。铝制库壁因为雨水很滑，鲁本手掌的伤口也在流血，他的动作几乎是在踢打着滑溜溜的库壁，双脚打滑，他出不去。克里斯上前抱住鲁本的腿，往上一送。

这次鲁本是头先出来的，他在明晃晃的阳光下眨了眨眼睛。

* * *

鲁本，迈特和麦琪拉，瑞克和汉娜，艾比，乔纳，史黛西，亚伦和艾莉，多娜，詹妮弗和卡尔，特雷斯，科里，蕾茜和克里斯，杰瑞特，纳桑，姗迪，艾萨克和科里·沃特曼，布莱能。先从冷库出来的人都在外等着，直到里面所有人都爬出来为止，然后大家一齐小心翼翼穿过地面上的碎片残骸走去二十号大街，他们之所以还能认出那是二十号大街是因为看到了拐角处那个水泥环岛。尽管几乎一切都不复从前，水泥环岛却还一如既往。

他们认出了方向。大约3/4英里开外，在二十号大街左边，有一堆橙中带褐的废墟，应该就是家得宝超市。也就是说市中心就在那个方向。

他们分散开去，从各自身边走掉，或是独自离开，或是几人一起，走向各自的目的地。

（胡雪娇　译）

“9·11”百科全书节录

《纽约》

最佳特定事件报道奖

为纪念“9·11”事件10周年，《纽约》杂志推出了一期特刊，采用百科全书这一为人熟知且令人感到宽慰的形式，探索那次至今仍令许多人难以置信、困惑不已的事件：世贸中心双子塔倒塌，五角大楼遇袭，93次航班坠毁，以及之后长达10年的战争。《“9·11”百科全书》刊登于《纽约》杂志2011年9月5至11日期第36至138页，以“阿伯塔巴德”（Abbottabad）[1]一词开篇，“纳吉布拉·扎奇”（Zazi, Najibullah）一词结尾。本文节选了原文92个词条中的一部分。其中，有些词条发人深省，如“美国”；有些则令人不忍卒读，如“跳楼者”。

① 阿伯塔巴德，位于巴基斯坦，基地组织首领本·拉登曾经的藏身之地。——译者注。

我们先是在纽约市听到曼哈顿下西区传来的飞机轰鸣声，隆隆巨响，令人诧异。接着，假如我们恰好身处室外，脸正好朝着那个方向，就会看到这样一幅场景：世贸中心北塔上被劈出一条暗红色的裂缝，黑烟升腾，预兆不祥。我们心下疑惑，惊异到底是哪个飞行员眼神如此迷离，竟在这样一个人们记忆中最晴朗湛蓝的9月天，驾驶着飞机误撞了双子塔的其中一栋。但还没等我们完全反应过来，第二架飞机已紧随而来，火焰随之冲天而起，浓烟滚滚，笼罩四方。当然，还有另两架飞机瞄准华盛顿，其中一架将一头扎进五角大楼，另一架则会在宾夕法尼亚州的一处野地坠毁。但是对纽约人而言，世贸中心的这第一击是这一连串悲剧中最严重的锥心之痛。短短几周内，9月11日，这个在9月10日的时候还无丝毫意义的日子，变成了一个数字，一个全世界所共知的简称。

很多人都还记得，那个星期，每天在上班的路上，我们总在搜寻媒体的消息，面对这个世界不可知的变化，希望他们可以给出恰当的应答。而在"9·11"事件10周年之际，我们开始从问题的另一面反问：结合当下所有已知，我们该如何学着应对这起事件带来的严重恶果？我们的方法不是去回避这一事件的严重性，而是面对它，应对它。我们最终决定采用一种老派的方式，这样，或可使我们得以阐述在这场大灾难后涌现的多种人和事：英雄与恶棍，伟大的提议与糟糕的观点，扭转的命运，流行歌曲，误读，以及战争。在我们看来，"9·11"事件带来的后果纷繁复杂，而百科全书恰以字母顺序排列了一大堆无序事件（颇为荒谬地企望在一本书里将所有文化、地域和知识体系描述清楚），借此形式了解这一事件不失为一种有趣的方式。出于这样的考虑，我们邀请本社作者和许多其他杰出人士探究了一系列课题，所有这些课题集合在一起或可为这次事件提供一种别具意义的评估。在我们最终收录的92个条目中，有些保留了一般参考书的语言形式，而有些则糅入了缅怀的情绪及其他感情色调。我们找寻那些或陌生新鲜或难以忘怀的意象——自始至终都在置身事外的客观与深入其中的情绪间寻找平衡。我们一边翻阅手边现存的历史资料，一边补充各种例证、数据及实物。

虽说本文以百科全书的形式，但并不代表本文是绝对全面的。它既不是前无古人的开篇之作，也不是后无来者的定论——它只是历史的点点印记。2001年9月11日，这个日子改变了一切，又或者它并未改变一切。要弄清这一点需要花费的时间，远不止短短10年。

A

Airport Security 机场安检

新的标准（几乎）已成为惯例。

对于许多美国人来说，他们是通过美国运输安全管理局（Transportation Security Administration，以下简称TSA）最直接感受到“9·11”事件后国家的安全状态的。TSA的政策是在假定公众无法承受任何风险的基础上制定的。因此，该机构不遗余力地杜绝恐怖主义威胁在一些为人熟知的地点出现——飞行员座舱门被加固，交运行李现在须经扫描，恐怖分子黑名单也是实时更新。

但是该机构的进化就像单机游戏《孢子》[①]中的那些生物一样。每当有信号情报收集到用以对付系统的新方法，系统就会做出调整，试图平息新近引发的恐慌，而这带来的副作用是乘客们往往越来越焦虑。继“鞋子炸弹客”理查德·雷德（Richard Reid）后，我们只好穿着袜子通过安检处。如果你是一名阻塞性睡眠呼吸暂停症患者，那么在2003年，你就会被要求取出你的呼吸机以供检查。而TSA全身扫描仪和自称被冒犯的乘客约翰·泰纳（John Tyner）间引发的争端使得junk[②]一词现在成为了公众接受的用来表达生殖器的单词。而这些机器，或是今夏引入的那些相对保护隐私的设备，是否真能准确检测出藏匿的爆炸物或非金属性武器，它们是否物有所值？人们对此并无一致观点。

队伍本身也是个问题：排队等待接受扫描的人越多，就越方便恐怖分子在检查站外引爆炸药。这也是为什么许多机场将扫描区安排成回旋形，让等待的队伍一直延伸到出发大厅角落的原因之一。这虽然降低了人群在某一时间和地点的密集程度，却也大大增加了在安检站等候的人群所占用的面积。

现在，TSA还培训员工的行为分析能力，对于那些在检查站表现出紧张情绪的人，安检人员会提高警惕并且对他们扫描得更仔细。然而，紧张的是几乎所有人。

马克·安宾德（Marc Ambinder）

---

① 英文为"Spore"，一款单机电子游戏，玩家选择一个物种，使其从单细胞进化到智慧生物，并进行空间探索。——译者注。

② 该词为美国俚语，意为男性生殖器。——译者注。

America 美国

多位作家的共同成果。

（1）我们被攻击的原因是：我们是美国人——不是因为我们是纽约人，或者我们有钱，又或者我们的政治支持社会多元——然而对于恐怖分子来说，“美国”这一概念一直都很模糊抽象。对我们的文化和社会，那19名劫机者除了知道要反对大方向以外，并不抱有其他任何情感。而当他们真的去思考“美国”这个概念时，他们想到的是一个受骗上当的傻瓜，空有强健的外壳，底下却涌动着一股股邪恶势力，这些邪恶势力中有资本主义和基督教，但绝大部分还是与以色列有关。恐怖分子在德国汉堡筹划组织的时候，一致认为莫尼卡·莱温斯基（Monica Lewinsky）是以色列情报机关摩萨德（Mossad）的情报特工，被指派前去勾引克林顿总统；拉姆齐·尤塞夫（Ramzi Yousef）在策划1993年世贸中心爆炸案时曾对他的同伙说，他最初的设想是袭击以色列，但后来觉得这是“太艰难的目标”，因此才将目标锁定为美国。基地组织的精神领袖对美国发起的法特瓦裁决（fatwas）中充斥的全是美国中东政策的不仁不义——“犹太复国主义–十字军联盟”（Zionist–Crusader alliance）、对沙特和埃及政策的干预。但几乎未涉及我们的民族品格和社会形态。同样，也几乎没有提到妇女问题、自恋主义、无节制，或是我们对年轻与现代的狂热迷恋。在袭击事件发生之后，我们告诉自己，一定是那些使美国显得非凡的事物——我们的社会自由和文化自由——招致了这场残忍的恐怖袭击。虽然这一说法绝不精准，但是结合之后发生的一切来看，这个错误的观点的确推动了社会的前进。

（2）袭击事件发生后，在美国内部，虽然政治统一只是昙花一现，但是之后出现了更为深刻的国家认同上的统一：不管是自由派还是保守派，“大家都是美国人”这一观点，一直留存到今天。很快有一种论断开始生根，认为我们这些美国人一定是莫名其妙地被那些宣传我们形象的广告出卖了，就好像一些无良的广告公司，受委托展示“美国”，结果却敷衍了事，最后还漫天要价。如果我们遭人厌恶，那是因为我们被误解了。正如文化评论员苏珊·法露迪（Susan Faludi）所说，对于保守派来说，美国已被“奥普拉化”[①]，变得温和而阴柔。

① 这里指像美国著名脱口秀主持人奥普拉·温佛瑞（Ophah Winfhey）的主持风格一样，通过温软的交流探听对方的隐私。——译者注。

"无能的美国"， 2002年，乔治·W. 布什（George W. Bush）向鲍勃·伍德沃德（Bob Woodward）这样描述克林顿任期内美国给本·拉登留下的错误印象。"一个软弱的国家，虽然科技竞争力很强，但是不够强硬。"布什发誓要拿出男子气概。然而，虽然他将军队开进了穆斯林国家，但他同时派去的还有一名不会说阿拉伯语的广告执行。那人带去了录影带，内容是一些美籍穆斯林担保说美国这个大熔炉欢迎伊斯兰教徒。自由派也在文化传教上下了功夫。到2003年，似乎每个从美国前往欧洲演出的音乐家都要为自己的国家道歉。"只是想让大家知道，我们和大家一样站在正义的一方——我们并不想要这场战争，我们讨厌暴力。对于美国总统来自得州这件事，我们感到羞耻。"得州迪克西女子合唱团（Dixie Chicks）的娜塔莉·麦恩斯（Natalie Maines）这样对她在伦敦演唱会的观众说。

记者埃里克·奥尔德曼（Eric Alterman）曾评论，几年前，布鲁斯·斯普林斯汀（Bruce Springsteen）在巴黎的演唱会上对他的观众说："美国做出了一个承诺，这个承诺每天都在以最惨烈的方式破碎。但这个承诺永远不会消逝，它一直在你心中。"如果布什的信条是"美国之所以伟大，是因为有什么让我们变得不同"，那么斯普林斯汀则认为"美国的伟大，在于我们心怀人类所共有的希望，也犯人们普遍会犯的错误"。从许多方面来说，过去几年中，美国政治就一直被困在两派信仰之间：其中一方描绘着奥巴马的普世者形象，另一方则上演着怀念开国元勋的政治表演。

（3）这两派中如今有一方似乎更有道理。"我们都是美国人"（"WE ARE ALL AMERICANS"），这是著名法国报纸《世界报》（*Le Monde*）2011年9月12日的大字标题。作为对世界政治统一的宣告，这句话的存在时间并不长久，尽管如此，它确实暗示了一个更为持久，少一丝煽情的事实：美国与其他国家的差异正在消逝。10年之后，如今的美国看上去更像是其他国家——我们对资本主义的信仰变得更为复杂，我们的社会阶级流动有更多的不确定因素，我们的外来移民和多样性不再那么独特——恐怖袭击粉碎了"美国例外主义"。而如今看来，布什时代似乎是对这种例外论的最后一次暴躁维护。过去10年是被烙上军事和经济灾难印记的10年，在这些灾难中，每个人都清楚地看到，美国并不是想做成什么就能做成什么。"美国例外主义"曾是我们的优势。本·拉登打了一个很好的比喻。他将目光锁定在一个独自兀立的目标上，他坚信这个目标并没有所有人想得那么独一无二和坚不可摧。

本杰明·华莱士-威尔斯（Benjamin Wallace-Wells）

Artifacts 遗物

被遗留下的物品。

废墟中：一把烧焦的嵌珍珠母贝座椅，它蜷曲的内胆暴露在外；一个受挤压而变了形的锈褐色文件柜，像一大块被嚼过的牛肉干；3件罗丹雕塑的碎片，包括之后失踪的雕塑《思想者》原模；选举传单；一块类似陨石的不明物；一个脸部破损的布娃娃；一个橡胶扫帚的把手；一块新发现的4.5亿年的片岩母岩板；灯杆；美国海关的一小组手枪和来复枪；两个十字形的钢梁，其中一个钢梁难以置信地被压弯成了马蹄形；一台1万磅重的升降电动机；一个4.7万磅重的世贸中心北塔天线；两个11万磅重的三叉戟形钢柱；4000张照片；437块手表；77条项链；从加拿大丰业银行（Bank of Nova Scotia）一个金库回收的379,036盎司黄金（现值6.3亿美元）；1358辆车，包括一辆部分烧化的消防车和一辆损毁的地铁列车；4个签名棒球；一个未开裂的玻璃镇纸。

罗伯特·摩尔（Robert Moor）

B

Blue 蓝色

每个人首先会回忆起的事。

正如许多人说的，9月11日的早上异乎寻常地晴朗，天空是那么蓝，反衬得后面发生的一切更加惊心动魄："明亮的晨日点亮了万里无云的蓝天"[①]；"有蓝天装点的美丽一天"[②]；"那样明艳的蓝天是喜爱纽约的人们认为纽约最可爱的地方"[③]；"航天飞行员口中的'极度晴朗'，可见区域似乎无穷广阔"[④]；"早晨的天空被装在一个湛蓝色的大碗里"[⑤]；"那不仅仅是蓝色，那是一种亮

---

① 唐·布朗（Don Brown），《2001/9/11美国遇袭：双子塔倒塌日》（*America is Under Attack, September 11, 2001: The Day the Towers Fell*）。——译者注。

② 约翰·阿瓦隆（John Avlon），前纽约市长朱利安尼（Giuliani）的演讲稿撰写人，《弹性城市》（"The Resilient City"），收录于肯尼斯·杰克逊（Kenneth T. Jackson）和戴维·邓巴（David Dunbar）的《帝国城市》（*Empire City*）文集。——译者注。

③ 《纽约时报》（*New York Times*）。——译者注。

④ 戴维·雷姆尼克（David Remnick），《纽约客》（*The New Yorker*）。——译者注。

⑤ 美国《哈特福德新闻报》（*Hartford Courant*）。——译者注。

丽的、晶莹的蓝，传播出欢快的、生机勃勃的气息”①；“这一天，晚夏的天空是如此摄人心魄的蓝，以至于它装点得整个东北部都闪闪发光”②；“蓝到令人担忧”③；“‘9·11’天气”④。

C

Cheney, Dick 迪克·切尼

2001—2008年，自由世界的另一位领袖。

迪克·切尼是“9·11”事件发生后，国际上最举足轻重的政坛人物。他曾被冠以“影子总统”和“战争罪犯”的称呼。几乎没有人能够绕过他，直接接触到布什总统。但正如格雷厄姆·格林（Graham Greene）小说里的幕后掌权者一样，即使是读他本人写的自传，人们想要真正了解切尼也几乎是不可能的事。他让人们想到法国外交大臣塔列朗（Talleyrand），因为两人同样是大师级的谋士，并同样为多届政府效劳。他很少像一个副总统那样说话，除非说话的对象是他的妻子和同事琳恩（Lynne），或是他的心腹幕僚、“滑板车”利比（Scooter Libby）——利比在瓦莱丽·普莱姆（Valerie Plame）案发后选择入狱而不是供出他的主子，或是他的参谋戴维·阿丁顿（David Addington）。切民既是理论家，又是实用主义者，这两者的生硬结合在美国政治中实属罕见。

9月11日，面对眼前发生的恐怖事件，切尼的心情交错着无助与惊恐。他目不转睛地盯着办公室里的电视，心里明白大规模的惨剧刚刚发生。他拿起电话，想要联系在佛罗里达州的布什总统。正在这时，美国特工处一则消息传来，称一架飞机正朝白宫方向飞来，迫使切尼紧急转移至一处地堡，在那里，他看着这个

---

① 乔治·麦肯纳（George McKenna），《美国爱国主义的清教起源》（*The Puritan Origins of American Patriotism*）。——译者注。

② 罗伯特·曼恩（Robert Mann）和米丽安·厄立克·威廉森（Miryam Ehrlich Williamson），《拼骨：看现代骨尔摩斯破解死亡悬案》（*Forensic Detective: How I Cracked the World's Toughest Cases*）。——译者注。

③ 温蒂·多雷穆斯（Wendy Doremus），报道“9·11”袭击时遇难的摄影记者比尔·比加特（Bill Biggart）的遗孀，这句描述被收录于凯西·特罗斯特（Cathy Trost）和艾丽西亚·谢波德（Alicia C. Shepand）的《向着危险进军：“9·11”重大新闻的背后故事》（*Running Toward Danger: Stories Behind the Breaking News of 9/11*）。——译者注。

④ 艾德·帕克（Ed Park），小说家、散文家，2008年《纽约时报》。——译者注。

世界正在发生的变化。在这次袭击事件之后，他的老朋友布伦特·斯考克罗夫特（Brent Scowcroft）说切尼不再是他曾经认识的那个人。2007年6月，在布什接受结肠镜检查时，切尼代理总统职位2小时零5分钟，也就是在那个下午，他给自己的孙辈写了一封约翰·福特（John Ford）电影式的信："当你长大后，你就会渐渐了解到为了让子孙后代享有自由和民主，每一代人所做出的牺牲。你会思考在我们这个社会，公民的重要责任是什么。我曾经这样要求过我的女儿们，现在我这样要求你，我要求你一生，奋力去做正确的事。"而对于切尼来说，"正确的事"意味着不停歇地坚决捍卫他在政府所有部门拥有的总统权力（奥巴马总统此刻也暗暗与他共享着同一份渴望）。

而今，切尼的心脏非常不好，病得很重。在至少5次心脏病发作后，他的心脏几乎不再运作。现在，他依靠一台"泵"来帮助血液流动，维持生命。这个曾经大肆拥护水刑（及同性恋婚姻）的男人，他的心脏不再跳动。

乔·罗宾·贝兹（Jon Robin Baitz）

Commander-in-Chief, Accidental 临时总司令

理查德·A.克拉克（Richard A. Clarke）简短而惨痛的领导经历。

9月11日早晨，昵称"迪克"（"Dick"）的理查德·A. 克拉克成为了实际意义上的美国领导人。作为前三任总统的国家安全和反恐顾问，克拉克一直不遗余力地警告说奥萨马·本·拉登（Osama bin Laden）是迫在眉睫的威胁——袭击事件发生一周前他曾在私下警告康多莉扎·赖斯（Condoleezza Rice）说基地组织可能发动袭击。那天早上，在第二架飞机撞上世贸中心后不久，他奔向白宫，来到迪克·切尼的办公室，切尼和赖斯正在那里单独会面。两人立即将重要权力移交给克拉克，任命他为"危机处理官"，随后两人被护送至一处地堡。（众所周知，总统当时正在佛罗里达州的幼儿园课堂上读书，他也被告知不能返回华盛顿。）

克拉克很快猜测这是基地组织发起的一次袭击事件，然而，只要事件仍在发展，就没有人——包括美国政府的最高层人士——知道它的规模究竟会有多大，会持续多久。在白宫西翼一个受到严密保护的电话会议室内，他与华盛顿各处的内阁成员进行了磋商。美国上空的4400架飞机收到降落命令，其中11架起初没有做出回应。克拉克从切尼和布什那里请求并获得了许可，可以击落任何一架可能构成威胁的飞机；而战斗机则由于正在进行训练演习而无法即刻飞往华盛顿和纽约。

一架飞机撞上了五角大楼，烟雾开始充斥国防部长唐纳德·拉姆斯菲尔德（Donald Rumsfeld）所在的办公室。有报道称国务院内发现汽车炸弹，国会广场出现火情。克拉克还被告知另一架疑似被劫的飞机离白宫只有8分钟的距离。白宫人员纷纷逃离，白宫发言人也坐直升机离开。克拉克和房间内剩下的其他人将自己的名字写在一张纸上，并将这份名单通过邮件发到外界，以便救援队依据名单搜救他们。

克拉克下令所有人员从全国各处的地标性建筑中撤离。边境关闭。国防部进入3级戒备状态，向俄罗斯警示戒备等级。一架飞机据报在阿拉斯加上空被劫持。冷战的残留成果《继续政府协议》（"Continuity Of Government"）启动。在第一栋塔楼倒塌之前，克拉克接到美国联邦调查局（FBI）的一个保密电话：在乘客名单中发现了几个已知基地组织成员的名字。

如此这般，克拉克度过了那一天余下的时间，直到两栋塔楼相继倒塌，所有航行飞机全部着陆，总统在接近下午7时许回到白宫。之后，克拉克作为网络安全顾问继续在任，他在2003年辞职。2004年，他的回忆录《反击一切敌人》（*Against All Enemies*）出版，书中他就布什政府对其和他人在“9·11”前的警告置若罔闻提出严厉谴责，并反对向伊拉克发动战争，他认为这场战争完全适得其反。

丹·P. 李（Dan P. Lee）

D

Dead, Accounting of the 死亡人数统计

从遗骸推算消逝的生命。

关于这次袭击，有太多问题一开始无法得到解答，而我们一直反复追问的是一个最为直接的问题：有多少人在这次事件中死亡？最终在瓦砾中发现的21,817块遗骸——是的，这正是首席验尸官办公室给出的确切数字——可以拼凑回多少条生命？

世贸中心倒塌后不久，谣传死者达到数万人。这一推算是基于双塔最多可以容纳的人数：5万名员工及每日多达20万的访客。由于无法得知尘土下到底掩埋了多少遗体，这些庞大的数字起先看似很合理，人们认为楼内大多数人必定难逃一死。另外，这次灾难在惊恐的目击人群心中刻下的烙印如此之深，人们认为这

样巨大的数字才足以与这场灾难的规模相匹配。五位数的死亡人数也使得这次灾难被归入战争（越南战争中，近6万美国士兵阵亡）及自然灾害（喀拉喀托火山喷发，3.6万人死于非命）的范畴；从某种方面来说，“9·11”袭击与世贸中心的倒塌像是两者的结合。

但据之后的分析，当天早晨8点46分，世贸中心内只有14,000到19,000人；又过了几天，依据失踪人口报告，纽约市估算的死亡人数相应地缩减到了6700人。但这个数字仍然偏高。“你应该还记得，当时朱利安尼市长要求每个人向官方报告失踪人口——任何你联系不上的人，这就导致许多失踪人口被重复上报了两次甚至三次，”验尸官办公室公共事务部负责人埃伦·波拉科夫（Ellen Borakove）说，“有些人并未失踪，也被上报为失踪人口，还有些实际失踪人口却未被上报，官方需要把这些都弄清楚。”

很快，一个由纽约警局失踪人口小组（NYPD's Missing Persons Squad）领导的多部门委员会将死亡数字减至一半。到10月底，确定死亡人数为3478人，而截至第一个“9·11”纪念日，官方统计数据为2800人左右，其中包括11号班机和175号班机上的147名受害者，但不包括五角大楼和宾夕法尼亚州的224名遇难者。此后，该数字缓慢下降至2003年11月的2750人左右，这个数字差不多维持了8年，其间偶尔上升1人。

但就是在这样的“差不多”中，我们失去了很多。我们这个几乎没什么计数概念的社会存在着一件自相矛盾的事：我们用不真实的数字来让事情变得真实。为了得出这些数字，我们经常接受一个估算的数据，觉得这样就足够了，我们还沉溺在幻想中，自以为可以将联邦的支出精确计算到每一美元，可以将大批人口精确统计到每一个个人。世贸中心发生的袭击事件需要的是精确的统计。没有一位死者会“差不多”死亡，也没有一个家庭缅怀的是一个大致数量的至亲爱人。网上广为流传的那些不准确、不完整的名单实在太多了，匆忙草率地想要纪念死者，结果却使问题变得更糟。事实是，失踪人口中仅有1629人的身份从总共21,817块骸骨中得到明确验明。司法裁决的结果是为其余差不多40%的失踪人口开具死亡证明书，没有实际证据，唯一的判断标准是他们杳无音信。

所以，说世贸中心最大的受害者群体为金融业员工——仅在康托·菲茨杰拉德（Cantor Fitzgerald）工作的就有658人，其次为纽约消防局（FDNY），343人，说最年长的遇难者85岁，最小的遇难者为175号航班上的一名两岁幼童（不包括一个未出生的胎儿），这些都不够。我们必须要有一个完整的统计。毕竟死去的人中有许多人是会计师，其中包括杰里·J. 博格（Jerry J. Borg），他因在事发当日吸入尘埃云中的有毒物质而染上了肺结节病，在去年12月逝世，官方在今年6月将其加入遇难者名单，使死亡人数上升到2753人。这个数字，只是暂时。

杰西·格林（Jesse Green）

F

FDNY 纽约消防局

竭力应对殉难神话。

约翰·切里洛（John Ceriello）（时任纽约西村区第18消防队消防员，该队损失7名队员；现任纽约布什威客第252消防队少尉）：我现在无法忍受风笛的声音。风笛声很好听，所以我曾经想学习演奏风笛。但是现在，它只会把我带回到葬礼的记忆中去。不仅仅是说回忆那些日子让人悲伤，而是现在太多人都把消防队员看作“9·11”事件悲剧的中心。我可以理解为什么。我也同样哀痛。但是消防队员并不是悲剧的代表。

萨尔·卡萨诺（Sal Cassano）（时任纽约消防局副局长，现任消防局局长）：很不幸，在我们局，所有人都对怎么安排葬礼非常熟悉了。我们编写了一本书，关于消防站中如果有战友因公殉职我们该做什么。其中讲到了彩旗，怎么悬挂彩旗，怎么与战友家属一同前往殡仪馆，每一步都做了说明，一共有40页。书中甚至还说明了一年后，在战友的牌匾前我们该做些什么。但我不认为公众把我们消防局看作是一个悲剧的象征。我认为，在他们眼中，纽约消防局在那一天显示了前所未有的力量和勇气。

艾德里安·沃尔什（Adrienne Walsh）（时任纽约苏荷区第20梯队消防员，该队损失7名队员；现任西村区第18消防队少尉）：我的问题是，整个事件，我们消防局，以及我们所做的事，这一切是从什么时候起成为了一个神话。我知道这是怎么回事，但是如果人们把它看作一个传说，就等于是将其中“人”的一面剥离了。真正重要的是，当我们的消防员害怕的时候——不仅仅是害怕，是极度惊恐，吓得尿裤子——他们仍然坚守着自己的工作。

保罗·海兰（Paul Hyland）（时任纽约布鲁克林区第110梯队消防员；2010年3月退休）：我不觉得那是噩梦，但当你醒来，所有发生的事情就在你脑中翻滚。那天我们走进大楼，门厅中一个女子，身体支离破碎，没有腿，一个胳膊掉了，她的脸看上去就好像被人用锯子锯了下来。她一定是跳楼者之一。

马拉奇·克里根（Malachy Corrigan）（时任及现任纽约消防局咨询服务部门主管）：最多的病症是焦虑症，其次是抑郁症。现在我们每年要接触大约2800个新病例。病人很多。他们最常提及的问题仍然是："我为什么会活下来？"

切里洛（Ceriello）：豪伊·斯科特（Howie Scott）和我曾在一个集结区联络上了第4营救队和第288消防队，但我们为了取面具和空气罐离开了几分钟。就在我们离开的这几分钟，第4营救队和第288消防队进入了南塔。我们在西街往双塔走时，南塔倒塌了。一切陷入一片水深火热之中，暗无边际。那些战友全部阵亡，而10年后的今天我却还在这儿。为什么会这样？我不明白。

海兰（Hyland）：长官说"我们走"，然后我们就往北塔第23层爬。说实话，我当时有些恼火——大火在第19层，我们却要去第23层？这不是徒劳无功的事吗？我们消防站的第207泵车队，之前我还在大厅里与他们说话，我想之后他们就进了万豪酒店（Marriott）。此后我们再也找不到他们中任何人。连一件工具都找不到。如果上帝有什么安排，我真不知道那是什么。

阿蒂·里奇奥（Artie Riccio）〔时任布鲁克林区第110梯队消防员，现任纽约皇后区斯普林菲尔德花园（Springfield Gardens, Queens）第311泵车队少尉〕：我希望当时死的是我，而不是我那些家里还有幼子的战友。很长一段时间，我都活在身为幸存者的内疚之中。后来我去咨询了医生。我觉得自己哪里出了问题。

沃尔什：我惊讶的是我们许多人居然没发疯。我没看见任何受害者。他们全部变成了尘土。而我呼吸着它们。所以……不夸张地说，我们就是把这些遇难者都吸入了体内。我们帮不了任何人，风一吹，你抓不住他们。他们就那样飘走了。

海兰：我们在第23层搜寻，我站在窗边，就在那时我亲眼看到了南塔倒塌。我以为那只是局部倒塌。然后我们一定是花了有20分钟才走到楼下，当我们到达大厅的时候，发现它已经完全损毁。我还记得，那些长矛似的玻璃就悬在我们头顶。原先巨大的玻璃板变成了尖利的碎片。只要其中一块掉下来，我们就必死无疑。我保留了一块窗户玻璃，世贸中心的玻璃，很小的一片。我把它挂在办公桌上方。现在它就在我手里握着。

卡萨诺：我至今仍然念念不忘的，是那天在西街遇见贾奇神父（Father Judge）的情景。我说"神父，你最好找人帮忙，一会儿用得上，今天这儿情况会非常糟糕"。他回报了我一个微笑，说道"一切都会好起来的"。真的，我一直记着这一幕。

里奇奥：每年9月11日之后一个礼拜左右，我们一群人都会聚一聚。这听上去奇怪，但是大家聚在一起聊聊天，对我们都好。尽管事情都过去了10年，我现在还是看不得飞机着陆。

沃尔什：永远记住阵亡的343名队员当然重要。但在过去的这些年，又有至少1000人为这个城市奉献了自己的生命。我们应该向所有这些死者致敬，而不是仅仅把那次事件看作唯一重要的事。正因如此，我想“9·11”10周年将会十分隆重。这将是这个事件的终结。我们会永远记住过去。但这个城市不会停下脚步。

海兰：10周年引发了更多的关注。但对于我来说并没有什么不同——不管7年、8年、11年。每天我都会想到那件事。但即使是黑暗的日子，我也对它们心存感谢。

克里斯·史密斯（Chris Smith）

Freedom Fries 自由薯条

一个单词里有什么？一场文化战争。

2001年9月20日，乔治·W. 布什出现在一无所知的国会面前。我们不知道敌人是谁，也没有什么智能设备帮助我们解释为什么那个敌人憎恨我们。任何总统如果想要安抚自己的国家，都会像布什那样频繁密集地援引“自由”一词。但布什口中的自由并不仅仅是花言巧语，而是一种对情势的分析。袭击事件是一声炮响，拉开了“自由与恐惧”两方力量之间的战争。自由是我们被攻击的原因——而只有全球自由的浪潮才能最终制服凶手。到布什发表第二次就职演说时，这样的论断已经膨胀成了宏大的战略。我们的“最终目标”，他宣布，是“结束世界上存在的暴政”。

在自由成为美国外交政策中心的同时，布什也在永不停歇的美国文化战争——借那幅决斗漫画的描绘，即摩尼教的说教者和没骨气的相对论者之间的战争——中开辟了一块新的前线阵地。关于炸薯条、博物馆，甚至代替世贸中心的新建筑如今是否应该以“自由”命名的小打小闹从未间断。但这种文化战争渐渐超越了最初的引发点，扭曲并且阻碍了保守派和自由派对于世界的思考。

对于保守派来说，这个词尤其能引发共鸣。在里根式的小政府主义时期，保守派就呼喊着自由，而“9·11”事件之后，自由需要增添一些神学色彩。事实上，布什这样描述自由：“万能的上帝的礼物。”而正因为他们将这份礼物带给了伊拉克人民，保守派们用最浮华的辞藻互相庆贺。2005年冬季，伊拉克举行首次自由选举，当伊拉克大选官员要求选民将手指蘸上紫色颜料时，美国的国会议员也为了国情咨文将自己的手指蘸上了颜色。然而，他们的这个动作并不像是在巩固团结，尤其当他们将那一根根紫色的手指指向了过道对面的反对党时。那些布什外交政策的批评者，不过是一群不为自由而战，只会妥协的“调停人”。《标准周刊》（*Weekly Standard*）频频如是写道。

这种观点招来了激烈反对。但正如布什的说教过了头，布什的许多批评者也是一样。从行为科学到法理德·札卡瑞亚（Fareed Zakaria）的畅销书《自由的未来》（*The Future of Freedom*），再到巴拉克·奥巴马（Barack Obama）的总统竞选，我们都可看到相似的抗辩：民主并非绝对完美；相反，它常为民众提供了太多选择，以至使他们备感困惑。这一观点正是乔纳森·弗兰岑（Jonathan Franzen）《自由》（*Freedom*）一书的主题，该书是21世纪首个10年中最受欢迎的政治小说。书中认为，我们梦想拥有的“无限的自由”已经造成了一个令人痛苦的消费主义社会。在书的结尾，小说主人公，天真的理想主义者沃尔特·贝格伦德（Walter Berglund）总结道，美国的自由是“毁了你一生的自由”。

然而，这些批评并未完全意识到美国自由的讽刺之处：它容忍过度的自由，却又惩罚它。国会议员鲍勃·内伊（Bob Ney）和沃尔特·琼斯（Walter Jones）为了惩罚不愿支持伊战的法国，将众议院餐厅菜单上的“法式炸薯条”撤下，以“自由薯条”一词代替。但他们的噱头非但没有使高卢人的骄傲损失半毫，还成为了一个国际笑柄。到2006年，众议院恢复了“法式炸薯条”的原名。不久，内伊作为杰克·阿布拉莫夫（Jack Abramoff）丑闻案共犯入狱，他本人失去了自由。而琼斯开始后悔自己的曾经。实际上，他后悔的是曾经支持布什的外交政策。他将阵亡士兵的照片挂在通往其办公室的墙上，这些战士都在他曾经支持的伊战中丧命。

富兰克林·弗尔（Franklin Foer）

G

Good–Bye 再见

一个从第105层打来的电话。

“他打来的时候大约是早上9点半。在电话里听到他的声音时，我欣喜若狂，问：‘肖恩，你在哪儿？’我以为他成功地逃了出来，正在某处的街道上给我打电话。他告诉我，他在第105层。我立刻意识到，肖恩再也不会回来了。

“他很镇静，对我说之前已经试过找出去的路，他想要知道现在的情况。于是我就把自己在电视上能看到的都转述给他，火势蔓延到了哪一层楼，是在楼的哪一面。我同时用手机打给911，告诉他们肖恩的位置，他需要得到营救。肖恩说，一开始他和一些人在一起，那些人尝试着走下楼梯逃出去，但由于浓烟和热浪，他们不得不折返，随后他们又向楼顶走去。但当他们到达楼顶时，却发现楼顶的大门被锁住了。

“他说，现在其他人都在一间会议室里，他是独自一人。我让他再去试试楼顶的大门，用力狠狠地撞，这样门另一边的人就能听到他的声音……

“肖恩离开了大概5分钟，然后他又回到了电话边。他并没有成功，而且现在楼梯井充斥着浓烟：去撞击大门的时候，他甚至晕厥了几分钟。

“在他下方，一栋建筑已经被烈焰吞噬，但是肖恩没有哪怕一丝畏惧。他是那么镇定，还是像平时那样和我说话。我永远都会敬畏他面对死亡的方式，没有流露出一丝恐慌——即便是周围的窗户已滚烫到无法触碰，即便是滚滚的浓烟扼住了他的呼吸。

“这个时候我们已经不再讨论该怎么逃出去了。我想在最后珍贵的几分钟时间里，跟他好好地说说话。他让我向他的家人转达他的爱，然后我们就开始回忆在一起的所有幸福时光，诉说能够拥有彼此是多么幸运。有一刻，我能感觉到他呼吸越来越困难，我问他：‘难受吗？’他沉默了一会儿，然后说：‘不难受。’他那么爱我，不忍告诉我实话。

“最后，烟越来越浓重，但他还在不停地低语，一遍又一遍地对我说‘我爱你’。突然，我听见电话那头一声巨大的爆炸声。巨响回荡了好几秒。我们屏住了呼吸，我知道，我们都意识到了即将发生什么。然后我听到一声尖锐的断裂声，之后是崩塌的声音。当地板在肖恩身下塌陷的时候，我听到他倒吸了一口气。我对着电话一遍遍呼喊他的名字。然后，我将电话贴在胸口，蜷缩在地上。”

后记

此文由贝弗利·埃克特（Beverly Eckert）叙述，她的丈夫肖恩·鲁尼（Sean Rooney）在世贸中心2号塔楼的怡安（Aon）公司工作。

在埃克特分享了她的故事的3年后的2009年，大陆航空公司3407号航班在布法罗附近坠毁，埃克特在这起事故中遇难。埃克特更为详细的叙述将发表在故事团（Story Corp）即将出版的故事集《爱是一切：故事团记录的爱情故事》（*All There Is: Love Stories From Story Corps*）中。

J

Jumpers 跳楼者

2001年最缠绕心头的图片几乎再难看见的原因。

2001年9月12日，《纽约时报》刊登了一张由美联社（Associated Press）摄影师理查德·德鲁（Richard Drew）在前一天拍摄的照片，全国所有报纸也都刊登了这张照片。照片里，一名男子从熊熊燃烧的世贸中心双塔之一上跳下，身体在空中坠落，直冲地面：一场必死无疑的飞行杂技。据统计，“9·11”事件中，7%的死者是跳楼身亡。许多目击者从各个不同的角度拍摄下了大量照片，记录了这骇人的一幕幕。但《纽约时报》此后再未刊登德鲁或者任何其他类似的照片，大多数其他美国报纸也是一样。实际上，这些被人们称为“跳楼者”的遇难者照片成为了一项禁忌，人们指责它们是对死者的侮辱，对生者来说亦是无法承受的残酷打击。（虽然这些照片仍在国外刊登，也可以在互联网上找到。）2009年，汤姆·朱诺（Tom Junod）在《时尚先生》中提到，一些记者曾试图确认德鲁照片中那名坠楼遇难者的身份，但遭到了可能为死者家属的愤怒回绝。一位自称为死者女儿的女士看着德鲁的照片告诉记者彼得·切尼（Peter Cheney）：“那张狗屁照片里的人不是我父亲。”

跳楼者照片让我们清晰地感受到了受害者在灾难中的极度脆弱，使我们明白，恐怖主义不仅仅是政治犯罪，更是有血有肉的人类经历。那些被困在塔中的人只有两种选择——朝着死亡一跃而下，或者被烧成灰烬——换句话说，他们根本没有选择。将任何一种“选择”视为高尚，定性其为英雄壮举，轻视另一种是懦夫所为，这样的看法是对两者的误读。“9·11”受害者所面临的，是无可选择。

苏西·林菲尔德（Susie Linfield）

K

Kids 孩子

第150公立小学（P.S.150）幼儿班的记忆。

托兰（Toran）：我们都听到了隆隆声，大家都跑到窗边。

伊桑（Ethan）：他们对着对讲机宣布："我们要清空大楼。所有老师都带着你们的学生即刻下楼。"

格洛瑞拉（Gloriela）：我记得我们教室里有两只仓鼠，我去拿了其中一只然后想，"会没事的"。

罗伯托（Roberto）：我妈妈很快就来接我了，但是直到我再大一些的时候她才告诉我说："我当时并未能如愿在第一时间把你接出来，因为我们不确定会不会有人从飞机里出来，也不确定还会发生什么。"这让我吓得够呛，因为我想到自己当时可能就此被困在学校里了。

卢卡（Luca）：第一架飞机撞击之后，我妈妈就赶来接我了，然后我看到另一架飞机从我头顶飞过，撞上了另一座大楼。我还记得人们从窗户跳下来——我记得那一幕。我问我妈妈"下面有蹦床接着他们吗？"她说"没有"。然后我又说"那他们为什么要跳楼？"她说"我也不知道"。然后我们就开始跑离现场。

伊桑：我们一路狂奔，一直跑到格林尼治村的第3公立学校（P.S.3）。他们把我们带进一个体育场，给我们一些纸，还有蜡笔用来上色，就是想让我们平静下来。

阿维娅（Aviya）：回到家后，我和弟弟一起看了新闻。我想那是我第一次看新闻。

格洛瑞拉：是的，我记得我也看了新闻。虽然我自己已目睹了事情的发生，但我还是通过别人的视角观看了整个悲剧事件。

埃拉（Ella）：我父母决定不告诉我所发生的事。他们不让我看电视。

布鲁克（Brook）〔拍摄了诉说其经历的纪录片《第二天》（*The Second Day*）〕：我没有去任何避难场所。事件发生时，我妈妈立刻就来接我了，然后她把我带到离双塔一个半街区以外的地方，把我留在一辆消防车上，因为她本人在纽约消防局工作。由于传达的讯息量太大，对讲机失灵，我妈妈就跑去传递信息。我坐在消防车上的时候，消防员纷纷来让我带话给自己的孩子、妻子等等，比如，"告诉我的孩子，我爱他""告诉我妻子，我爱她"，一个消防员对我说：“长大了做个好人。”那个时候世贸双塔开始倒塌，我妈妈回来，把我从车上抱下来，然后就开始沿着格林尼治街往北跑。她抱着我，我从她的肩膀上望过去，看着塔楼倒塌，人们牵着手往楼下跳。我们一路往北跑到运河街，在那里我妈妈把我放了下来，开始哭泣。

阿德莱德（Adelaide）：其实我对这件事没什么印象，但是我妈妈告诉我，几年前我不停地画双子塔倒塌的情景，还有飞机等等，她说真是把她吓坏了。

伊桑：实际上我那时候也是这样。

托兰：曾经有一阵，我会指着楼房，问会不会有人从里面跳下来。“9·11”事件之后，我妈妈每晚都要求我祈祷，她告诉我，我曾经说希望所有的恐怖分子都能变成小婴儿，这样他们就不能伤害任何人了。

阿德莱德：我不知道那是恐怖分子干的，直到5年前我才知道。

马利克（Malik）：是的，我们不知道什么是恐怖分子。

扎卡里（Zachary）：那次事件教会了我一件事，这件事我在之后的人生中也一定会学习到，那就是坏事是有可能发生的。

阿德莱德：当我坐在教室里觉得太无聊的时候，我就会想，如果一架飞机就在此刻撞上我们楼的这一面会怎么样？每个人会怎么做？

本（Ben）：我觉得我父母希望我什么也不记得，但是我觉得，我永远也忘不了。

伊桑：我不想忘。

阿德莱德：我们是历史的一部分。

伊桑：是的，确实是这样。

亚历克斯·莫里斯（Alex Morris）

M

Missing-Persons Posters 寻人启事

令人毛骨悚然的街头艺术。

那一场覆灭带来的是沃尔特·惠特曼（Walt Whitman）所说的“巨大而史无

前例的‘无有’”[1]，刺鼻的空气中，人们的心灵仍因为魔鬼的暴力而抽搐，城市的灵魂在炼狱的苦痛中游走。寻人启事在这时出现了。它们被贴在灯杆、墙壁和橱窗上，它们大片地出现在医院的四围，仿佛一份简陋的失踪者目录，一贴好几个月，它们是窗户，让人一目了然地洞悉人们内心的慌乱和深刻的伤痛。

寻人启事的外观和散发的感觉令人不安。这些启事被匆忙印制出来，人们将任何可以收集到的信息列举在上面：身高、体重、眼睛和头发的颜色、血型、出生日期及联系电话。由于那时电子邮箱还未普及，几乎没有哪份启事上留有电邮地址。几乎每张寻人启事都列出了失踪者工作的楼层，那些数字令人不寒而栗：数字越高，人们的心就被扎得越深。海报上的照片都很普通，大多数是快照，有家庭聚会或是小组聚会的合影，还有和女朋友欢笑着在一起的合影。大多数的照片里都是年轻的脸庞。所有照片中的主人公都生死未卜。“9·11”事件发生3周后，我随机选取了3张寻人启事，把它们带回了家。

朗德莉·谢丽·坦克德（Rhondelle Cherie Tankard）。她的名字在寻人启事上被拼错了。启事上的一张半身照片里是一个健壮的黑人女子，写道她最后一次出现是在二号塔楼的第102层。“她的家人现在在百慕大，由于航空管制他们无法前来美国”。“请帮帮我们！”海报上留了一个寻呼机号码。我今天上网搜索，发现朗德莉有好几页的留言，来自她的朋友、家人还有教友，内容全是悲痛的致敬、祈祷和道别。其中一条去年的留言，读上去像是自责的忏悔：“我永远都会觉得是自己害你在那一天出现在那里。”

利亚·奥利弗（Leah Oliver）。在她的彩色快照中，她看上去很漂亮，微笑着，被一名年轻男子紧紧搂在怀里，这名男子也许就是在照片下方注明的“男友”埃里克·科斯塔（Eric Costa）。利亚供职于一号塔楼第96层的威达信咨询集团（Marsh & McLennan）。事发当日距离她25岁生日仅剩一天。一条网上留言是以这句话开始的：“利亚，我从未也再也无法拥有的女儿。”下面署名是“教父”。

肖恩·卢加诺（Sean Lugano）。“最后出现于二号塔楼第88层”。今天我得知肖恩是罗耀拉学院（Loyola College）橄榄球队的队长，这支球队曾3次获得美国年度大学明星橄榄球队（All-American）的荣誉。一张照片中，废弃的巴尔的

① 引用自沃尔特·惠特曼《自我之歌》章节44。——译者注。

摩体育场里的记分牌上还写着“肖恩·卢加诺”。

这些寻人启事似乎能施出骇人的巫术。我从未告诉过任何人自己将它们从街上带回了家，带回来之后，我立即将它们收了起来。然而，它们的灵力和散发出的悲恸气息所留给我的无力感仍在，使我至今不敢再看它们第二眼。我绝无法再承受那样的感觉。

杰里·索特兹（Jerry Saltz）

Q

Quiet 寂静

吓蒙了的城市。

通常，纽约市街道的噪声高达70多分贝，足以引发渐进性失聪。然而，双塔倒塌之后，寂静势不可挡地笼罩了这个城市。开往曼哈顿的交通道路对非紧急车辆关闭了两天，所有进出肯尼迪国际机场（JFK）、拉瓜迪亚机场（La Guardia）和纽瓦克机场（Newark）的商业航班都被取消。钱伯斯街的损毁所引发的供电问题使得地铁时停时开。美国职业棒球大联盟（Major League Baseball）的比赛被推迟到了17日，证交所也要到那一日才恢复营业。这些还只是冰山一角。整个城市似乎失声了——最令人惊心的是，以爱说话著称的纽约人，成了一言不发的沉默路人。

凯拉·波乐妮科（Kera Bolonik）

S

Surfing the Collapse 冲浪人

结合了托尼·霍克（Tony Hawk）和汤姆·克鲁斯（Tom Cruise）特质的奇幻人物，部分基于事实。

灾难过后，一则充满奇幻色彩的传言流传开来，称出现了一个动作电影里才有的英雄人物：塔楼里有一个人乘着一块断裂的钢板，顺着气流安全地从天而降。《新闻周刊》（*Newsweek*）在其头版引用了当时在场一名医生的话，他说那个人在一片碎石瓦砾间被发现，“他乘着那玩意儿”——一块建筑物碎片——

"从第86层一冲而下"。虽然这类说法并未得到证实，但是有一个人——帕斯夸里·布泽里（Pasquale Buzzelli）非常接近这个人物。他和他在港务局的同事——其中一人叫吉耐尔·戈兹曼–麦克米兰（Genelle Guzman–McMillan），她是从废墟中被解救出来的最后一名幸存者——之前冷静地留在他们位于第64层的办公室，然后通过楼梯逃生。当他们逃离至第13层和至少第22层之间时，北塔开始在他们上方坍塌。当布泽里听到震耳欲聋的巨响时，身为结构工程师的他明白了正在发生着什么，于是将身体蜷缩呈胎儿姿势。后来他说，那次坠落让他想到了游乐园里的过山车。3个小时后他醒来，发现自己躺卧在一块塔楼的建筑碎片上，15英尺之下是一片寂静的疮痍之地。他断了一只脚，但相对而言已算是安然无恙了。楼层碎片在坠落至布泽里所在之处时已经达到了极限速度，于是不知怎么地顺带捎上了他，最后平坠着陆。正如《美国土地：摧毁世贸中心》（*American Ground: Unbuilding the World Trade Center*）的作者威廉·蓝格威胥（William Langewiesche）所说："大致说来，就是那块建筑碎片在坠向地面的途中恰好将他捎了下来……他输了那场比赛。"

尼克·西沃克（Nick Sywak）

T

Television News 电视新闻

讯息传递者，媒介的最后时光。

2001年9月11日，一个朋友打电话叫我打开电视。我照他说的做了，那时正值第二架飞机撞上塔楼。直到那天下午我都一直蜗居在西村，恨不得从那伤人的循环往复的电视镜头中逃离。早知如此，应该和朋友一起喝酒。

但是，我当然还是一刻不停地盯着电视。10年前，电视不是人们追踪灾难情况的方式之一，而是唯一的方式。2001年，网络报纸才刚起步，没有博客、视频，不能发表评论；大多数人还在用拨号的方式上网。那时虽已有了手机，但是短信还未普及，摄像手机更是少见。脸谱网（Facebook）和推特（Twitter）分别到2004年和2006年才面世，当时虽然可以给熟人发送电邮或是即时消息，但是只有那些技术娴熟的电脑怪才才有办法轻松实现与更广阔人群的交流。我们需要专业人士来告诉我们发生了什么，而这些人就是彼得·詹宁斯（Peter Jennings）、黛安·索耶（Diane Sawyer）、艾伦·布朗（Aaron Brown）、查尔斯·吉普森（Charles Gibson）、凯蒂·柯丽克（Katie Couric）、马特·劳厄（Matt Lauer）、汤姆·布罗考（Tom Brokaw）、宝拉·赞恩（Paula Zahn），当然还有艾希利·班菲尔德（Ashleigh Banfield），她在纽约第六大道上奔跑了40个街区，用手机报道了第一座塔楼的倒塌。随后，当第二座塔楼倒塌时，她又恰好被困于混乱的现场。①

幸运的是，他们成功了。因为在最开始的那十几个小时内，电视新闻，不论多么简短，都会牵动所有观众的心。主播们在事件发生的那一刻做出反应，流露真情实感，同时又约束住了慌乱的情绪。吉普森好几次提醒观众说："我们现在所说的仅仅是推测。"现场记者不再专注于探听隐私，他们前往市区，在乌烟瘴气中奋力寻找事件真相。彼得·詹宁斯连续播报了17小时，他深沉的嗓音和睿智的忠告远比布什总统的那些陈词滥调安慰人心；播报12小时后，詹宁斯在间歇时间给自己的孩子打了电话，随后他用技巧性的语言，以个人建议的方式，向观众说明了那次少有的间歇。"如果你是一位父亲或母亲，你的孩子在国内的其他城市，给他们打个电话，交换你们的意见。"

最初十几个小时内传播出的消息像是在指挥人们该去哪里抛洒热血，许多并没有什么用处。关于飞机劫机和炸弹隐患的谣言纷飞，而谣言的制造者自己还在苦苦判断到底哪个才是真的。记者握着寻人启事，在摄像机前鼓励陌生的人们阅读启事上的描述，而那些被描述的亲人、爱人，也许永远也回不来了。

很快，就在一两天后，幕布拉起，电视台播放起了振奋人心的主题歌曲和诸如"美国遇袭"的爱国口号，直到伊拉克战争期间也未停歇。电视新闻一如既往是意识形态和娱乐的平台，但随着福克斯新闻频道（Fox News）的崛起，电视新闻变得更有力度，且会更大尺度地提出质疑。如今，我们都骑上了即时新闻的脚踏车，新闻的形式不断丰富，从安德森·库珀（Anderson Cooper）报道飓风卡特里娜，到海地的推文，再到埃及的"脸谱网起义"，每一个报道下的跟帖评论更是一把把短剑，刺穿了曾经只可远观、被视为权威的新闻。新形式的新闻有时激进、民主，是过去失实"事实"的进步；有时却像山姆鹰（Sam the Eagle）装出来的那股子严肃睿智劲儿一样，让人觉得虚假。

2005年，YouTube的创立让我们可以随时获取"9·11"的影像资料，

---

① 以上提及人物均为美国著名记者或主持人。——译者注。

“9·11”事件被涂抹上了阴谋论的色彩，这些资料如今仍吸引着大量的观众。“噢，这真是太可怕了，可怕至极，”目睹了第二架飞机撞击的吉普森这样说道。“只能看着，却无能为力，这令人恐惧。”索耶回应道。事隔10年，无论我有多努力地想要和这些画面保持距离，但当我看着它们的时候，我仍会心跳加速。但同时我也发现，对竭尽全力传播讯息的电视新闻，我们是有可能怀着不合常理的怀念与温情的。

埃米莉·努斯鲍姆（Emily Nussbaum）

Torture 酷刑

曾经的诅咒如今成为一个选择。

“9·11”事件发生后几周，美国开始对囚犯施以酷刑。一开始，出于恐惧、慌乱、内疚与绝望，他们的酷刑是即兴发挥的——他们将所谓的“美国塔利班”约翰·沃克·林德（John Walker Lindh）剥得精光，用胶带把他赤身裸体地绑在一副担架上，关在一个冷冻集装箱里，任凭这个受伤的囚犯血流不止也不加理睬。即使是在这个早期案例中，对那些审讯林德的人员下令说要“决不手软”的也是国防部的大人物；但很快，“‘9·11’后决不手软”就成了反恐首脑在参议院前的宣誓。然而当时，美国对战犯的系统保护已经建立起来，自乔治·华盛顿要求他的士兵人道地对待所有特伦顿战役（Battle of Trenton）的俘虏后，战俘第一次受到保护；但是，乔治·W. 布什总统下令，反恐战争中的俘虏不受到《日内瓦公约》（"Geneva Conventions"）的保护，事实上，他连同他们的战俘身份也一并否认。那些在“9·11”事件后被逮捕的俘虏被加诸“非法战斗人员”的称呼：作为“战斗人员”，他们不拥有宪法规定的平民应有的法律权利；而且因为是“非法”，他们便不享有战争法规定的对于士兵的保护。反恐战争的俘虏因而被丢进了“一个法律黑洞”——英国一位著名的法理学家这样描绘关押了近1000人的关塔那摩（Guantanamo）。

当我们回顾“9·11”事件之后的那10年，我们不可否认成千上万的囚徒在此期间受到了虐待，成百上千人遭受了酷刑。在关塔那摩，在阿布格莱布（Abu

Ghraib）和伊拉克的其他监狱及军事基地，在坎大哈[①]、巴格拉姆（Bagram）和其他阿富汗监狱，在巴基斯坦、阿富汗、泰国、摩洛哥、波兰、罗马尼亚和立陶宛的所谓“黑点”[②]和秘密监狱，关于美国军官、士兵和美国情报官员虐待囚犯的丑闻频发。他们使用的手段——布什总统更喜欢称之为“一套选替性的程序”——在美国政府的办公室制订和改善，人们通过在军事部门和政府部门间传递的备忘录不断讨论它，聪明的律师们议论和分析它，那些在空白边缘处批上个人建议的高官最后通过并签阅了它。〔“我每天都要站8到10个小时，”唐纳德·拉姆斯菲尔德（Donald Rumsfeld）龙飞凤舞地写道，“凭什么他们只能站不超过4个小时?”〕

长篇大论的文件记录了这些“加强审讯技巧”是如何被制订、讨论和通过的。在中央情报局（CIA）、五角大楼和司法部的文件中，我们读到了关于种种酷刑的准确描述。这些酷刑包括了“腹部打击”“冷囚室”“噪声施压”“被迫裸体”“长时间站立”，在小箱子里“狭窄禁闭”，“墙刑”（揪住赤身裸体被戴上面罩的犯人的衣领使其不断撞击墙壁），“剥夺睡眠”（不超过11天），以及“模拟溺水”——也就是臭名昭著的水刑。水刑施行时，中央情报局的医学专家规定好准确计量和温度的水，以达到犯人感到窒息的效果；司法部门的律师热情回应说虽然这种窒息会导致“一阵可控的急性痛苦”，但是该刑罚算不上酷刑。除了官方对这些酷刑的委婉称呼，还有大量关于酷刑是如何使用的详尽描述，鲜血淋漓、触目惊心、令人反胃，这其中包括了由红十字国际委员会（International Committee of the Red Cross）编纂的资料，以第一人称井井有条地详述了酷刑给囚犯造成的伤害。

但是，一直以来争论称这些刑罚构成了酷刑，因而同时违犯了《日内瓦公约》、《战争罪法案》（"War Crimes Act"）和《反酷刑公约》（"Convention Against Torture"）的，不是其他法律权威，正是负责批准实施这些刑罚的官员。美国军方在美西战争和二战中指控说使用水刑犯了战争罪，此外，就在1983年，美国法庭还起诉了一批民警实施水刑并判他们有罪。然而，“9·11”事件发生后，美国政府的最高官员包括前总统、副总统和国防部长亲自批准实施这些酷刑。〔据小布什自己说，中央情报局局长曾问他是否应该对哈立德·谢赫·默罕默

① Kandahar，坎大哈省，阿富汗32省之一，首府为坎大哈市。——译者注。
② 军事术语，指进行秘密筹划的地点。——译者注。

德（Khalid Shaikh Mohammed）实施水刑，他戏剧性地脱口而出："他妈的就该这样!"〕

在公开坚称水刑构成酷刑并违犯美国及国际法律的人中，有现任美国司法部总检察长埃里克·霍尔德（Eric Holder）和他的上级巴拉克·奥巴马总统。就在上任的第二天，奥巴马总统下令关闭所有"黑点"，停止酷刑。但为了彻底废除酷刑，这位新上任的总统不愿直接与之针锋相对。他强调，一向视自己为人权进步领袖的美国人在"9·11"事件后深深陷入了进退维谷的道德泥潭。2009年9月，他对诺贝尔委员会这样说道："当必须采取武力之时，我们出于道义和战略上的考虑，会依据某些行为准则约束自己……这正是我们区别于对手之处。这正是我们的力量之源。这也正是我禁止酷刑的原因。"

这一番果敢的演说在奥斯陆赢得了热烈的掌声。然而说白了，国际公约和联邦法令都规定酷刑本属非法。奥巴马总统无权禁止酷刑，正如布什总统无权批准酷刑一样。奥巴马总统的权力，实际上是执行法律义务，调查并将那些违法之徒绳之以法。而在这点上，他所做的还只到一半。这也正是美国在"9·11"事件过去十年后仍不能摆脱的两难境地。

我们必须回到依法治国吗？我们还能回到依法治国吗？我们难道不能按照奥巴马总统所敦促的，"向前展望而不要往回看"？总统又一次给出了他的答案。"美国——事实上，没有一个国家——可以在要求别人遵守规则的同时，自己却拒绝遵守规则，"他在奥斯陆说道，"那些破坏了规则的政权必须担起责任。"

除了那些在阿布格莱布拍下荒唐照片并将之发布的没见过世面的愚蠢士兵，还没有人——那些设计酷刑、下令实施酷刑、在密室使用酷刑的人——为虐囚负责。多年来美国人已经接受了虐囚的事实，许多人甚至支持使用酷刑。虽然美国人可能仍然以为自己对"某些行为准则"的遵守使得自己"区别于对手"，但是"9·11"事件最为悲剧的后果之一就是，如今大量的美国人认为，美国根本就不能通过拥护法律来保护自己不受恐怖主义的侵害。这10年来，我们认识到了"美国例外主义"的局限。如今奥巴马总统虽已经"禁止酷刑"，但是如果有下一场恐怖袭击，未来的总统——甚至也许还是现在这位，仍很有可能批准酷刑。曾经令人深恶痛绝的酷刑，已经成为了一个政策选择。

马克·丹纳（Mark Danner）

Total Progressive Collapse 整体连续倒塌

双塔倒塌的根本原因。

从双塔倒塌的视频出现的那一刻起，阴谋论者就开始猜测是爆炸物导致了大楼的倒塌。大楼四周的滚滚灰尘和碎片，以及结构坍塌的速度成为了真相党们的证据，他们以为自己发现了一个由政府一手制造的秘密摧毁阴谋。

然而，双塔之所以倒塌并非因为C-4炸药或什么其他爆炸物，而是一种工程现象："整体连续倒塌。"这一现象最早于20世纪60年代末被确认。一栋位于伦敦东部的22层公寓中，第18层发生煤气爆炸，爆炸破坏了承重结构，导致该层以上的四层楼倒塌，并压垮了下面的楼层。

整体连续倒塌的案例中，建筑的一处结构遭受极端性的局部破坏，建筑的重要构件即不堪一击。如果破坏不能得到控制，建筑的其他结构也会连带倒塌，酿成灾难性破坏。在世贸北塔和南塔的案例中，两座建筑采用核心支柱的设计，即通过钢桁架和混凝土块来支撑楼层。2001年9月11日那天，飞机的撞击炸掉了建筑核心支柱上喷涂的防火层，重达12.8万磅、熊熊燃烧着的燃油四处喷洒，将这些支柱加热到了1500华氏度。虽然钢材并未熔化，但却严重变软变形，楼层开始下陷，外围的支柱被向内拉扯。在重力以及高楼层向下动力的结合作用下，较低的楼层相继坍塌（抛出阵阵烟尘和碎片）直至落至地面。高楼层随后坍塌在已成一堆残垣断壁的低楼层上，造成更进一步的损害。

哥伦比亚大学（Columbia University）的地震仪的数据显示，两起坍塌事件分别相当于里氏2.1级和2.3级地震。峰值一开始很低，之后随着建筑的倒塌不断升高，这一点驳斥了爆炸说：如果双塔是因人为控制爆破而倒塌，那么峰值会更高，峰值的出现也会更突然。

马修·贾尔斯（Mattew Giks）

（王馨逸　译）

华尔街没有胜利——它在欺骗[1]

麦特·泰比（Matt Taibbi）

《滚石》[2]

入围评论（数字媒体）奖

仅仅把麦特·泰比称为“善辩者”真是近乎荒诞地低估了他。他在《滚石》开设专栏，同时在杂志网站上撰写“泰比博客”，而这两边的文章无不带着他义愤填膺的行文风格。或者，借用一位读者留在网站上的评语：“我从未见过能把脏字儿用得如此漂亮的。”与此同时，泰比的文章也一如既往的雄辩滔滔，充满睿见。这里收录的3篇文章皆是他有感于“占领华尔街运动”[3]而写，被“国家杂志奖”评委称为“探寻真理，鼓舞人心的新闻作品”。泰比为《滚石》所撰之文曾于2008年获得“国家杂志奖”最佳专栏与评论奖。

---

① 原标题为"Wall Street Isn't winning——It's Cheeting and Mike Bloomberg's Marie Antoinette Moment and How I stopped worring and Learned to love the OWS Protests"。——译者注。

② 《滚石》（*Rolling Stone*）杂志是一本关于流行与音乐的美国杂志。成立于1967年的旧金山，创办人是Jann Wenner（现仍是编辑与出版者）与乐评Ralph J. Gleason。——译者注。

③ 2011年9月17日，上千名示威者聚集在美国纽约曼哈顿，试图占领华尔街，有人甚至带了帐篷，扬言要长期坚持下去。他们通过互联网组织起来，要把华尔街变成埃及的开罗解放广场。示威组织者称，他们的意图是要反对美国政治的权钱交易、两党政争以及社会不公正。——译者注。

华尔街没有胜利——它在欺骗

上周五晚，我在上东区办事的时候与一位传媒行业的销售聊了起来。话题转到了祖科蒂公园（Zuccotti Park）和“占领华尔街运动”上。他提起听到的一些传闻，咯咯笑了起来。

“我听说‘占领华尔街运动’还有一个财务总监，”他说，“我觉得很好笑。”

“好吧，你倒说说，”我接口道，“有什么好笑的?”

“嗯，我听说他们在商量着把钱存到哪个银行，”他一边说着一边津津有味地大口嚼着开胃小菜，“真是有些讽刺。”

天啊，他觉得那些示威者都是伪君子，就因为他们也用银行。我叹了口气。

“听着，”我说，“你还能把这30万美元放到哪里呢？购物袋里?”

“哦，”他回应道，“就是，他们的抗议都是关于……你懂的……”

“兄弟，”我说，“这些人不是在抗议金钱，不是在抗议银行业，而是在抗议华尔街的腐败问题。”

“管他呢。”他耸耸肩说。

这些对示威者的荒唐批判就像癌细胞一样扩散开来。那天早些时候，我和《国家评论》（*National Review*）[①]杂志的威尔·凯恩（Will Cain）一起录制了一段CNN电视节目，结果在直播时我俩就争执了起来。对于华尔街的许多问题，凯恩和我的意见都是一致的，但一涉及到示威者，我们就在很重要的一点上产生了分歧。

凯恩认为示威者是受嫉妒之心驱使，他们嫉妒有钱人。“我觉得示威者的一个共同点无非就是围绕着‘嫉妒’和‘占有’这两项人之常情，”他说，“你拥有的比我多，我就对自己的处境不满足。”

凯恩看起来是个很和善的人，不过听到这些我差点对他发火了。想到过去10到15年间华尔街银行家所犯下的所有罪行，偷盗、诈骗、市场操纵等，你可真得有十足的勇气才敢宣称这些示威者只不过是眼红他们的血汗钱。

想想看，在美国，富人和穷人一直存在，如果示威者的行为是出于嫉妒，那

① 《国家评论》半月刊，成立于1955年，创始人是威廉·F.巴克利，总部在纽约。——译者注。

为什么要等到现在才抗议？一大批人在将自己对富人根深蒂固的憎恶与嫉妒巧妙地隐藏了几十年后才突然爆发出来？这种想法真是荒谬。

在里根执政时期，公开辱骂穷人司空见惯，那时候等级仇恨在哪里？过去20年工会消失了，中等收入的CEO们薪水开始三四倍地增长，那时等级仇恨又在哪里？

答案是，从来没有过。即便有什么，实际情况也恰恰相反。大部分美国人喜欢有钱人，甚至可恶的有钱人。近年来，经济越糟糕，我们对财富就越发着迷。由于失业人口骤增，人们成群结队地呆呆注视着诸如帕丽斯·希尔顿（Paris Hilton）那样的巨额财产继承人，或者收看像唐纳德·特朗普（Donald Trump）①这样的恶霸在电视节目《谁是接班人》上炒人鱿鱼。

不仅如此，经济越糟糕，百万富翁或者亿万富翁就越有资格竞选要职，人们蜂拥至投票站支持名字如布隆伯格、洛克菲勒和科尔津②等的政客，因为对选民来说，在一个大部分人都迷茫困惑，不知所措的年代，这些名字象征着成功和专业。据最新统计，国会中有245名百万富翁，其中参议院有66个。

我们仇恨富人？少来了，成功是国家信仰，几乎每个人都是信徒。美国人喜欢赢家，但问题恰恰在这里。华尔街那帮家伙没有赢，他们在骗人。我们喜闻乐见白手起家的成功故事，但更仇恨骗子的欺骗行径。

在这个国家，我们为击打自己本垒③的人欢呼，而不是如邦兹和麦奎尔④、

① 唐纳德·特朗普，2016年当选美国第45任总统。曾经是美国最具知名度的房地产商之一，人称“地产之王”。投资制作并主持了热门真人秀《谁是接班人》。——译者注。

② 迈克·布隆伯格（Michael Bloomberg），曾任纽约市长，创办了布隆伯格新闻公司，个人财富高达200多亿美元，他是全世界最有权势的人之一；约翰·戴维森·洛克菲勒（John Davison Rockefeller），美国慈善家、资本家，1870年创立标准石油，20世纪第一个亿万富翁，六代家族显赫历史开创者，在美国，洛克菲勒家族的财富盛名家喻户晓；乔恩·科尔津（Jon Corzine），美国政治家和企业家，曾任新泽西州州长，著名投行高盛CEO和曼氏金融集团（已破产）掌门人，他曾是华尔街的传奇。他们的名字是成功、财富和权力的象征。——译者注。

③ 本垒打（home run），棒球术语，是指击球员将对方来球击出后（通常击出外野护栏），击球员依次跑过1、2、3垒并安全回到本垒的进攻方法，系棒球比赛中非常精彩的高潮瞬间。——译者注。

④ 贝瑞·邦兹（Barry Bonds），之前是美国职棒旧金山巨人队的球员，目前是自由球员；马克·大卫·麦奎尔（Mark David McGwire），是美国前大联盟选手，曾效力于奥克兰运动家队及圣路易斯红雀队。——译者注。

布兰克费恩和戴蒙[①]之类投机取巧的酒鬼。

所以我很讨厌听到人们说那些示威者不过是一群眼红的失败者，因为在生活这场竞赛中输给了那些衣冠楚楚的精明家伙而心生嫉妒。这些示威者不是因为对失败感到失望而抗议，而是因为那些有钱人胜之不武。人们因此希望翻盘。

整个周末我都在考虑“嫉妒”这个问题，不断回想操纵这个游戏的各种不同方式。人们并不是嫉妒，他们不是想要特权。他们想要的不过是一个公平的竞争环境，他们希望华尔街能够放弃他们那些作弊的规则，比如：

无息贷款。平民百姓要按市场利率贷款。劳埃德·布兰克费恩和杰米·戴蒙从美国联邦储备委员会（美联储）以零息借得钱款，然后反过来将这笔资金以2%或3%的利率放给政府。这是一个回报颇丰的公共事业，换一种说法即是“在政府决定放款给其本身时，中间人坐拿巨额削价”。

或者银行以零利息借来几十亿美元，再以4%的利率或信用卡20%到25%的利率抵押贷款给我们。这实际上是政府让他们发财的官方许可证，它的发放建立在牺牲谨慎节俭的普通公民利益的基础上，现在他们的定期存款或其他储蓄没有多少利息了。当你可以无限制地获得无息贷款，特别是当政府不断地从你手中以市场利率买回它自己的钱时，你在银行业想不赚钱几乎都不可能。

这样的商业计划堪称完美，所以令人难以置信的是大部分“大而不倒”的银行还是资不抵债，并且还要依赖金融救助和伪造账单来摆脱困境。而示威者又该去哪里申请数十亿美元的无息贷款呢？

信贷特赦。假如你忘了为信用卡或抵押贷款还款，哪怕是7美元（但愿不会如此），也别指望空中那台大电脑会无视你的过错。但是如果花旗集团和美国银行等金融机构的财政亏空达数千亿美元，需要举债数万亿美元以维持业务，而它们却获得了如联邦存款保险公司[②]推出的“临时流动性担保计划”这样的补偿，这一计划允许不负责任的银行借款，而不用顾及政府信用评级。

这相当于一个拥有信托基金的青少年一连6次毁坏了校外公寓，却还能从与他爸爸一起签署的下一份租约中获得补偿。银行需要像“临时流动性担保计

① 劳埃德·布兰克费恩（Lloyd Blankfein），高盛董事长兼CEO；杰米·戴蒙（Jamie Dimon），金融天才，华尔街的传奇人物，摩根大通新CEO。——译者注。

② 联邦存款保险公司（Federal Deposit Insurance Corporation，简称FDIC），是美国国会建立的独立的联邦政府机构，通过为存款提供保险、检查和监督金融机构以及接管倒闭机构，来维持美国金融体系的稳定性和公众信心。——译者注。

划”这样的项目，因为没有这些项目，市场一定会收取更高的费用贷款给这群白痴。不过，当谈到美国银行、高盛集团和花旗集团等时，我们显然不能相信自由市场。

从更广泛的意义上说，那些“大而不倒”的银行都有联邦政府的隐性担保，所以投资者知道贷款给他们是相对安全的——这意味着相比一个在金融危机前债务股本比低于35-1，没有经营不良抵押贷款的可靠地方银行，这些大银行现在反而能获得更低利率的贷款。换句话说，“大而不倒”的银行担负的责任越少，其信用等级反而越高。登入freecreditscore.com看看你是否也可以有这么好的待遇。

愚蠢保险。银行捍卫者们喜欢大谈特谈，说我们不应该为那些被没收抵押品赎回权的人难过，因为他们的贷款金额超过了他们的偿还能力，他们买的房子超过了他们的承受能力等等，这些都是他们自找的。“占领华尔街运动”的示威者抗议诸如丧失抵押品赎回权之类的事情，因此遭到运动批评者的抨击，他们声称这些人是想“不劳而获”。

这真是讽刺。因为，正如上周《滚石》杂志的编辑们所言：“‘不劳而获’是华尔街的官方政策。”事实上，通过不良投资决策来摆脱困境在华尔街已是司空见惯，几十年来都是如此，并非始于2008年。

一次又一次，大银行毫不负责地下注，然后眼看着赌注失败，事情搞砸，却一次又一次地获得了救助。不论是1994年墨西哥货币救市（当时墨西哥得以靠押注比索[①]的投机商摆脱困境），还是1998年国际货币基金组织和世界银行援助俄罗斯（救助“新兴市场”中的投机商），或是同年美联储救助美国长期资本管理公司[②]（拯救一个轻率的对冲基金贸易计划的投资者被美联储视为国际紧急事件），长久以来华尔街一直习惯于别人为它的错误买单。

当然，2008年的经济危机孕育了新一代的救助计划。银行向美国国际集团[③]投入了数十亿美元的赌注，所以当美国国际集团破产时，这些银行本该输得血本

① 比索（peso）是一种主要在前西班牙殖民地国家使用的货币单位。目前流通量最大的以比索作为名称的货币是墨西哥比索。——译者注。

② 美国长期资本管理公司（Long-Term Capital Management，简称LTCM）成立于1994年2月，总部设在离纽约市不远的格林威治，是一家主要从事定息债务工具套利活动的对冲基金。后出现巨额亏损，走到破产边缘。后由美联储出面组织安排，以美林、摩根为首的15家国际性金融机构注资，共同接管了该公司。——译者注。

③ 美国国际集团（American International Group，AIG）是一家以美国为基地的国际性跨国保险及金融服务机构集团，总部设于纽约市的美国国际大厦。——译者注。

无归——毕竟，该集团破产在很大程度上是由于银行加注的大型抵押贷款赌注所造成的——但是恰恰相反，美国政府提供了1800亿美元贷款额度将银行从他们自己的错误决定中拯救了出来。

似乎每次银行拿他们的钱做蠢事的时候，这样的事情就会发生。就在最近，法国和比利时当局精心策划了一起大规模救助活动，援助法国德克夏银行，以及它最大的贸易伙伴。令人不可思议的是，其中竟包括高盛集团和摩根士丹利投资公司。下面是《纽约时报》对此救助所做的解释：

为减少德克夏银行倒闭所造成的损失，法国和比利时政府提供的救助可能帮助这些银行和其他债权人——付清他们共约数十亿欧元的欠款。这就使得德克夏银行的债权人和贸易伙伴避免本可能会遭受的损失……

上一次政府介入帮助你“避免本可能会遭受的损失”是什么时候？但这就是我们所处的现实。如果某个房主买了太多的房子，满心以为房价会上涨，然后房价下跌，他赌输了，那他就是个不负责任的笨蛋，就别抱怨会睡在大街上了。

当银行将数十亿美元的资金押注像美国国际集团一样大量投资于抵押贷款的公司时，他们和那个房主下了一样的赌注，于是只有悲惨地面对房价骤降的悲剧。不过不同的是，赌局失败时，没有人让他们“勒紧裤腰带，自想办法”，他们直奔美国政府寻求救援，而且如愿以偿地得到了救援。

混乱税收。我不止一次说到这个，但这点值得反复强调。华尔街银行家比大部分汽车修理师支付的税率还要低。沃伦·巴菲特（Warren Buffet）公布税务报告时，我们得知他的应税收入是3900万美元，他在去年支付了690万美元的税收，税率约为17.4%。巴菲特的大部分收入似乎都是以“附带收益”（即对冲基金收入）或长期资本收益的方式征税，税率为15%。而祖科蒂公园的许多示威者却以两倍于此的税率纳税。

至于银行和公司，我们对其中的故事都有所耳闻。高盛在2008年——同年该银行公布了29亿美元的利润，发放了100多亿美元的薪酬——仅缴纳1400万美元税收，税率为1%；去年美国银行缴纳税收为零，事实上，它获得了10亿美元的“税收抵免”[①]；还有大量陷入困境的企业多年不缴税，包括花旗银行和CIT集团[②]。

在通用汽车收购融资公司AmeriCredit后，能借后者的收益弥补其长期亏损，从而创造价值高达50亿美元的暴利税。所以尽管在未来10年左右的时间里，AmeriCredit预计会盈利80亿—120亿美元，但其间却可能不会缴纳任何税收，因为其收益会与通用公司的亏损相抵。

感谢上帝，我们的政府决定用你缴纳的500亿美元税收拯救通用汽车公司！你刚刚为全球最大规模减税计划买了单。

最后一项要点是：

自由出狱。仍然值得我们骄傲的一件事是，美国还未达到历史最高监禁率——这一殊荣目前仍归前苏联斯大林统治下的古拉格[③]时代所有。但是美国监狱依然有约230万名囚犯。

在过去3年里，数以百万的人被取消了抵押赎回权。在大部分止赎权判定案中，法院会授予地方治安机关（通常是警长办公室）一笔奖金作为了结此事的奖励。当然，做出这种判决的法官往往只是大印一盖，完全不顾堆积成山的证据是真是伪。

几乎所有这230万名囚犯都来自于“那99%的人”[④]。而因金融危机犯罪入狱的银行家数目是零。

这就意味着每次银行将一个人从他家里踹出去的时候，当地的警察局就能从中分得一杯羹，当地警长办公室也会从几乎所有信用卡评判和其他银行结算中渔利。如果你想知道为什么很多地方警局有那么多钱购置豪华新车、编排特警部队以及配置其他装备，这就是其中一个答案。

实际上，这意味着银行有大规模武装警队作为其盟友，总是随叫随到，随时

---

① 税收抵免（tax credit），是指居住国政府对其居民企业来自国内外的所得一律汇总征税，但允许抵扣该居民企业在国外已纳的税额，以避免国际重复征税。——译者注。

② CIT集团（CIT Group）是美国银行控股公司，拥有600多亿美元的金融与租赁资产。该集团总部设在纽约市，是《财富》（*Fortune*）500强公司，同时也是标普500成分股成员之一。——译者注。

③ 古拉格（Gulag），前苏联政府的一个机构，负责管理全国的劳改营。其俄语全称意思为“劳造营管理总局”。——译者注。

④ 我们就是那99%的人（We are the 99%），是一个广泛应用于“占领华尔街运动”的政治口号。这个口号的起源是与人们的收入分布有关。他们相信收入最高的1%人口的所作所为均需要由剩余的“99%”承担。——译者注。

准备帮他们驱逐业主并保证能收回其房产。所以想象一下，当你试图报警制止不合理的止赎行为时会发生什么。你会发现，突然之间，警察都不参与了，因为这是“民事案件”，他们不会操那份心。

我的观点是：如果你没能及时支付几笔房贷，在不久的将来你很可能会与警察发生冲突。但是如果你诈骗了两家欧洲银行10亿美元——那可是“10亿”啊——你却永远不会被逮捕，永远没有警察来抓你，也永远不会忍受牢狱之苦，迎接你的不是武装警察，而是曾就职于你公司或其他同类公司西装革履的管理者，由他提出解决方案。而且该管理者所在机构的前负责人会为你辩护。最后会有一笔罚金上交政府，但是不用你自掏腰包，而是由你公司的股东来支付，且没有人会觉得你的行为是犯罪。

在高盛“欺诈门”事件[①]中，高盛集团帮助一个搞对冲基金的家伙约翰·保尔森（John Paulson）从两家欧洲银行骗取了10亿美元。我们两个刑事司法系统间的天壤之别，通过此事便一目了然。高盛用5.5亿美元就将此事摆平，花费仅是欧洲银行损失的一半。

想象一下，一个普通的小偷被警察抓到，然后被判处归还半数窃款，这可能吗？而这个案件中却只有一个职位低微的个人被指控（且案件的审理仍悬空着），也没有人需要自掏腰包补上这笔罚金。高盛为化解“欺诈门”向政府缴纳的罚款数额约是从美国国际集团政府援助所得的1/24，而这也是自2008年以来政府对银行实施的最严厉“惩罚”。

我的观点是：美国有大量警察部队在曼哈顿下城[②]以外地区以史无前例的高

① 高盛“欺诈门”，2010年4月16日，华尔街传出重磅消息，美国证券交易委员会（SEC）正式指控美国高盛集团（GS）涉嫌欺诈投资者。SEC称GS在向投资者销售他们自己设计的一种抵押债务债券（CDS）时隐瞒了关键信息。这一CDS产品的表现与住宅次贷证券（RMBS）直接挂钩。高盛一方面允许客户（保尔森对冲基金）做空该金融产品，另一方面却向其他投资者承诺该产品由独立客观的第三方推出，导致投资者在不足一年时间内损失大约10亿美元。——译者注。

② 曼哈顿下城（Lower Manhattan或Downtown Manhattan），是纽约市曼哈顿岛最南面的部分。曼哈顿下城最常见的定义是北到14街，西到哈德孙河，东至东河，南到纽约港（也称为上纽约湾）。曼哈顿下城商务区构成钱伯斯街以南区域的核心，包括金融区——通常称为华尔街和世界贸易中心遗址。文中主要指华尔街以外地区。——译者注。

效率查办罪犯、囚禁公民，其监禁率更是令历史上最臭名昭著的警察国家[①]相形见绌。

但是华尔街银行家并没有生活在水深火热的警察国家。大概有1000名证交会探员外加少量联邦调查局特工监管该经济部门。派驻在祖科蒂公园的那群礼貌示威者周围的警察差不多也有这么多。

正是这些不公正现象引发了“占领华尔街”抗议活动。人们不需要施舍。这不是阶级起义，他们也不想要挑起内战——他们要的恰恰相反。他们希望每个人生活在同一个国家，遵守相同的规则。难以置信的是，有些人却觉得他们要的很多。

迈克尔·布隆伯格变身“玛丽皇后”[②]

去年我有机会在赫芬顿邮报[③]的“规则颠覆者”[④]活动中近距离目睹了纽约市长迈克尔·布隆伯格（Mike Bloomberg）的真容。诺拉·依弗朗（Nora Ephron）[⑤]介绍他的时候我就在他身后，这位妄想成为第三方候选人的世界巨头接二连三的精彩发言赢得围观群众一片喝彩。

他先开了依弗朗一个玩笑，说关于她的书，他答应会说点好听的。他毫不避讳地说这本书他还没看过，不过知道书名《失忆》，他说“听说这也是查理·辛

---

① 警察国家（Police State），政治学术语，描述了一种国家，其政府认为自己是人民的监护者，有法定权力，可以在缺乏法律程序的前提下，直接违反人民意愿，以行政力量控制人民，指导人民如何生活。——译者注。

② 玛丽皇后即玛丽·安托瓦内特（Marie Antoinette，1755—1793），原奥地利帝国公主，生于维也纳，是神圣罗马帝国皇帝弗朗茨·斯蒂芬与奥地利女王玛丽亚·特蕾西亚第15个孩子。历史上有这样一个传闻，当大臣告知玛丽，法国老百姓连面包都没得吃的时候，玛丽天真甜蜜地笑道：“那他们干吗不吃蛋糕？”这句话后用来讽刺那些“以轻佻态度看人家的困苦”或“那些人的事我可不管”的人。——译者注。

③ 赫芬顿邮报（The Huffington Post），是美国一个主要的新闻网站、聚合博客。2005年，由阿里亚纳·赫芬顿（Arianna Huffington）与肯尼斯·勒利尔（Kenneth Lerer）和乔纳·佩雷蒂（Jonah Peretti）共同创建。——译者注。

④ “规则颠覆者”（Game Changers），是赫芬顿邮报一年一度的评选活动，始于2009年，活动旨在在10个领域评选出10名行业革新者。——译者注。

⑤ 诺拉·依弗朗，知名的报纸和时尚杂志记者、随笔作家，拥有细腻的观察力及写作才华。她是知名浪漫喜剧电影《当哈利遇上莎莉》《西雅图夜未眠》《电子情书》的编剧及导演，并曾荣获奥斯卡金像奖最佳原著剧本奖提名；她也是畅销书《狂欢节的壁花》《心悸》《草草成书》《疯狂沙拉》的作者。——译者注。

（Charlie Sheen）[1]新书的名字”。（他把“辛”发得像“闪”。）

他接着上面的话继续开玩笑说，很荣幸成为“规则颠覆者”，尽管他不过是最后一刻临时顶替了史努基（Snooki）[2]（人群里发出尖叫声）。然后他随兴聊起了万圣节。

“大家都有节日服装了吗？”他问，“你听过这个吗？你听说过这个了吗？”——这是吉米·佛默（Jimmy Vulmer）式单人喜剧的惯常套话。“我原本想穿身礼服，”他开始说，“但之后我还是决定做个财政保守、支持堕胎、反对吸烟、反对反式脂肪、身价数十亿的世界最大城市的犹太人市长。”人群发出一阵哄笑。布隆伯格微笑着抬起头，伸出双手说：“或许这样说太过了点，我不知道。”

天哪，我觉得这个人太自以为是了。如果有种叫“无限自我满足”的东西，那他当天晚上的表现真是十分接近了。

原因不难发现。作为政客，布隆伯格获得了巨大胜利，他以同样的方式赢得了那天晚上聚集在赫芬顿邮报评选活动中那群人的支持。他是华尔街的亿万富翁，喜欢实行极其宽松的监管，他悄无声息地提出了一些卑鄙倒退的警务政策（最臭名昭著的是“拦截盘查”行动）。但在选举权、同性婚姻和其他社会问题的立场上，他赢得了中高阶层自由主义者的支持。

作为一名政客，布隆伯格把重心放在自己基本公关原则“三位一体”上：沉重打击黑人犯罪，拥护白人进步人士关注的社会问题，并在剩余工作时间对华尔街的伙伴们（如果你山穷水尽了，能够为你募集任何所需款项的伙伴）有求必应。

他明白只要不让抢劫犯和皮条客流窜于上西区的主要购物区，确保在堕胎、干细胞研究、全球变暖等问题上论调正确，他就一定能在20年前宴请郭德华（Ed

① 查理·辛，欧美影视影星。在孩童时期，他就常常摆弄摄影机，表现出了对电影强烈的兴趣。出演了许多有名电影如《野战排》《华尔街》《三个火枪手》等。——译者注。

② 史努基，美国真人秀节目《泽西海岸》剧中人物。《泽西海岸》是以新泽西海岸几位意大利裔年轻人为主角的真人秀节目，节目中这群年轻人疯狂玩乐，彼此间嬉笑怒骂，甚至连冲突斗殴的言行举止都被记录下来。从2009年在MTV电视台开播后引来极大争议，剧中两位主角妮可尔·波利齐和迈克·索伦蒂诺也因此走红娱乐圈。——译者注。

Koch）[1]的同一群人中扮演俏皮话连篇的亿万富翁、众星捧月的舞会之花。

总之，读了布隆伯格对“占领华尔街”抗议活动的最新评论后，我一早晨都在想这些事。我读了他去年在赫芬顿邮报举办的舞会上针对祖科蒂公园里踏破他家门槛的反贪示威者们所做的演说，他当时那自鸣得意的样子我依然记得：

> 迈克尔·布隆伯格市长今早说，如果有人要对导致金融业崩溃的抵押贷款危机负责任的话，它不是大银行，而是国会。
>
> 一天早上在市中心对布隆伯格和另外两位前纽约市长的专题访问中，布隆伯格被问到，他怎么看“占领华尔街”的示威者们。
>
> “我听到了你们的抱怨。”布隆伯格说，“有些抱怨是毫无根据的。并不是银行制造了抵押贷款危机，显而易见，是国会迫使每个人向无家可归的人提供住房抵押贷款。不过我并没有说这项政策很糟糕，因为得到房子的人如今还在那住着，要不是这项政策，他们就会无家可归。”

在我看来，迈克尔·布隆伯格这是上演了玛丽皇后的一幕，这话就相当于在说：“让他们吃蛋糕吧。”他的一系列评论让我们看清楚了在他所谓中间派虚假的万圣节帽子下面那张腐化堕落、傲慢自大的嘴脸。

“占领华尔街”还没有招来除像安东尼·博洛尼亚（Anthony Bologna）[2]这种边缘人物以外真正的恶棍，不过布隆伯格所谓国会迫使银行借钱给穷人这一荒谬言论可能会让他成为美国1%贪腐者的代言人。

“金融危机是由于政府想要创造一个‘所有权社会’，且使低收入（尤其是少数群体）买者更易获得抵押贷款”，这套看法曾被拉什·林博（Rush Limbaugh）和肖恩·汉尼提（Sean Hannity）[3]这样的蠢货鼓吹过。他们常常将矛头对准法律，如对准1977年的《社区再投资法案》[4]，他们将这些法律作为金融

---

① 郭德华，前纽约市长，2013年2月1日因心力衰竭在纽约病逝，享年88岁。——译者注。

② 安东尼·博洛尼亚，纽约警察局警员，在“占领华尔街”抗议活动中曾使用辣椒喷雾攻击了一群示威女孩。——译者注。

③ 拉什·林博和肖恩·汉尼提都是美国脱口秀节目主持人。——译者注。

④ 20世纪六七十年代，由市场失灵、种族歧视等原因导致的信贷歧视严重阻碍了美国中低收入地区和借款人的信贷需求。1977年通过的《社区再投资法案》是美国一系列旨在帮助某些弱势群体有效获得融资服务的法律之一。——译者注。

危机的标志性事件。

不过至少拉什·林博和肖恩·汉尼提够笨，理论上说他们有可能真的相信危机是由《社区再投资法案》、巴尼·弗兰克（Barney Frank）[①]、房利美和房地美[②]引发的。

从另一方面说，但凡真正对银行业有所了解或者在华尔街办公室待过十分钟以上的人都不会相信那些鬼话。在金融界，关于《社区再投资法案》引起金融危机的传说会让人哭笑不得，觉得丈二和尚摸不着头脑。它们像是部落鬼怪，在述说一场可怕的降雨或口蹄疫的暴发，或是恐怖的鬼故事和神话传说。

但没人会真的相信这些故事。政府为放松贷款标准所做的努力有没有让许多借贷者得到房子呢？肯定是的。是不是由于政府努力使抵押贷款更易获得，才使得很多二三十年前原本没有房子的人如今丧失了抵押品赎回权呢？当然毫无疑问。

但这和引发19世纪中期巨大投机泡沫的次贷危机的爆发或是随之而来的破产有任何关系吗？

风马牛不相及。整个假说都很荒谬，迈克尔·布隆伯格心里明白。

若这一历史观是正确的，一个人得想象着所有的银行都被连吼带踢地拽到房屋贷款的圣坛旁，被迫为不够格的借贷者提供巨额房贷。

事实上恰恰相反，这是一种杀气重重、肆无忌惮的狂热贷款行为。像美国国家金融服务公司[③]和新世纪金融公司等机构远非被生拉硬拽到贫民区给失业的黑人提供房贷，而是像卢旺达弯刀暴徒般激情澎湃地冲到郊区远郊、全国各地放贷，越多越好。

他们会向任何人提供贷款，并不需要巴尼·弗兰克推他们一把。这并非社会政策，这是贪婪。他们制造出那些贷款不是因为必须要做，而是因为有利可图。这利不止一点点——足以以华尔街历史上前所未有的速度凭空创造出巨额财富。

次级贷款敛财机器循环周期中通常并没有政府的实质性参与环节。银行A

① 巴尼·弗兰克，美国马萨诸塞州国会议员。在第110届国会众议院中担任金融服务委员会主席。曾公开自己的同性恋身份，是目前第110届国会中两位同性恋议员之一。——译者注。

② 房利美和房地美是美国最大的两家住房抵押贷款融资机构。——译者注。

③ 美国国家金融服务公司（Countrywide Financial Corp），美国目前最大的房地产抵押贷款公司，《财富》500强中第146名的美国大企业，其主业务59%是房地产按揭贷款。随着次级信贷风暴加剧，公司的商业活动受到重创，一度面临破产的危险。2008年1月11日，美国银行宣布将以约值40亿美元的股票收购该公司。——译者注。

（比如高盛）贷款10亿美元给犯罪企业B（比如美国国家金融服务公司）。然后美国国家金融服务公司向外制造出10亿美元的劣质房贷，过程中为了尽快制造出更多贷款，它通过各种手段造假，无所不用其极，常常通过伪造收入水平和信用评分使原本不能买房的人买得房子。

高盛随即将这些贷款从美国国家金融服务公司买走，置于海外信托机构，并将其切分成一张张有价证券。他们用神奇的数学魔术将10亿美元的垃圾次贷变成不同种类的证券：有些是AAA级证券，有些是垃圾证券。然后他们在自由市场将这些证券卖给各种各样的大客户——养老基金、外贸协会、对冲基金等。

整个游戏都基于一项新发明：像债务抵押债券之类的信用衍生工具。这些工具能够帮助他们将垃圾房贷转变为AAA级房贷。并不是巴尼·弗兰克帮助高盛把某个奥克兰或底特律兼职门卫的房贷卖得比美国国库券还要安全且高利，而是高盛纯粹为了牟取更多利益伪造出来的。

整个系统中，政府欲使房贷更易于获得的所作所为出现过几次。首先，政府帮助全世界的金融服务公司制造出巨额贷款。其次，全世界的房利美和房地美都是银行的大客户，他们和其他糊涂蛋一起大量购入抵押支持证券。毫无疑问，若不是房利美和房地美，金融泡沫不会如此迅速地胀大。

但这一泡沫产生的决定性因素却是建立在一个单纯私营经济事实的基础上：新的金融手段使垃圾贷款转变为AAA级证券成为可能，这一事实与刚刚所述两点中的任何一点都毫无关联。

美林证券①将165亿美元的垃圾抵押贷款支持证券卖给康涅狄格州木工年金基金、密西西比公共雇员退休基金、康涅狄格州木工退休基金和洛杉矶郡（县）退休公务员协会，这与房利美和房地美没有任何关系。花旗银行和德意志银行也不需要在巴尼·弗兰克和南希·佩洛西②的督促下，将几亿美元的垃圾抵押贷款支持证券卖给好事达保险公司。高盛也无需富兰克林·雷恩斯（Franklin Raines）③催促，便将12亿美元刻意设计的亏损抵押贷款债券销售给全国最大的两个企业信贷联盟。这两家联盟后因破产被国家信贷联盟管理局吞并。

---

① 美林证券（Merrill Lynch），世界最著名的证券零售商和投资银行之一，总部位于美国纽约。——译者注。

② 南希·佩洛西（Nancy Pelosi），美国众议院少数党（民主党）领袖，2007—2010年担任美国众议院议长。——译者注。

③ 富兰克林·雷恩斯，房利美公司（Fannie Mae）前首席执行官。——译者注。

这些银行并不需要被拳打脚踢，吆五喝六地从这些类似“拿爽身粉当可卡因卖”的交易中牟利。他们这样做是为了钱，他们这样做是因为他们根本不在乎谁会受伤害。

如果康涅狄格州某个蠢木匠毕生辛勤劳作攒下来的退休金没了，有谁会在乎？如果他55岁不能退休养老，不得已工作到古稀之年，又有谁会在意？他不知道他的退休基金经理买的是什么东西，那是他自己的错。

当然，从更大意义上说，整个危机都是那个奥克兰门卫的错，他在国会空想自由主义者和他们的粉丝们——这悲天悯人的一群人生活在世外桃源，就是他们在听到布隆伯格开史努基和查理·申玩笑时欢呼雀跃，大声喝彩——的帮助下，拿出了一笔巨额贷款。

如今，正是通过这一谎言布隆伯格企图恶意诋毁“占领”运动。正是从这一谎言开始，他选择了耗尽多年来和赫芬顿派建立起来的第三方公信力。然后这名市长以接下来的演讲为他的“玛丽皇后”行为画上了圆满句号：

“但是，是国会那些家伙迫使房利美和房地美鲁莽地制造出一大堆贷款，假如你愿意那样说的话。是他们唆使银行贷款给每个人。如今我们要中伤银行，因为银行也是目标之一，矛头自然很容易就会指向他们，国会当然不会引咎自责。同时，国会正试图向银行施压，以放松贷款标准，制造更多贷款。而他们也是用完全相同的话谴责银行。”

布隆伯格继续说，怨天尤人是件很“解气”，很“娱乐”的事，但当务之急是解决问题。

天啊……我的意思是，首先房利美和房地美根本就不提供贷款。正因如此，整件事情显得如此荒谬。

而且他屈尊降贵的境界令人难以置信，他摆出的一副贵族般高人一等的模样几乎令人窒息。前一秒听他慈父般地承认道，一些为生计挣扎的人如今有了落脚的地方当然是好的（“我并没有说这项政策很糟糕，因为得到房子的人如今还在那住着，要不是这项政策，他们就会无家可归”），下一秒就斥责我们说，有时候做一些听起来像善举的事会带来不良后果，比如说给人们房子住。

接着就扯套话，示威活动要“解气”，要“娱乐”，他很宽容地表示理解，又一次像慈父对他十几岁的傻儿子训话一样：我明白你很想种一两棵野燕麦，但是下次别把家里的奔驰弄坏了。

迈克尔·布隆伯格，你给我听着，我去你妈的！人们不是为了要娱乐消遣而抗议，你个王八蛋！他们抗议是因为千百万人都被你最好的朋友抢劫了，他们想把钱要回来。另外，你不是大家的老子，别装模作样的!

我是怎样不再担忧，学着热爱“占领华尔街”抗议活动的

我得坦白一下，起初我误解了“占领华尔街运动”。

开始几次去祖科蒂公园，回来后我心情都很复杂。我热爱他们的激情，惊讶于这个运动自发生长的方式，显而易见的惊人力量。但我的第一感觉却是，世界各地的花旗银行和高盛集团不会拿他们当回事。你可以在华尔街安放5万甚至10万名愤怒的示威者，劳埃德·布兰克费恩都不会有后顾之忧。他知道第二天醒来，不会是科内尔·韦斯特（Cornel West）[①]或者理查德·特鲁克马（Richard Trumka）[②]掌管美联储。他知道现代金融业是一只巨大的机械寄生虫，只有专业的外科医生才能将其移除。任凭你怎么大呼小叫，唯有他和他那帮金融怪人能将机器关掉。

以上就是最初几个星期我的想法。但现在我开始从另外一个角度看待这件事。“占领华尔街”抗议活动所要抵制的一直都远远大于大银行和现代金融业。它想给人们提供一个平台，表明他们不仅仅厌倦了华尔街，而是所有的一切。这种反抗情绪由来已久，它是对整个社会发展方向慷慨激昂、发自肺腑的抗议，它拒绝向美国大众社会肤浅虚伪的商业深渊、鼠目寸光的阴谋算计、理想主义的萎靡不振、理性思想的彻底沦丧走近哪怕一步。如果有一种抗议是从自身文化发起，那么这场运动就是。此次运动范围之广泛、动机之质朴，足以震撼左右两派许多人士。

右翼媒体以其一贯愚蠢的陈词滥调不失时机地炮轰这场运动，将“占领华尔街”抗议活动的示威者视为一群肮脏的嬉皮士，认为他们应该找份工作，不要在市区夜不归宿，耗费纽约警局的加班费。这与半个世纪前如出一辙，当时关于

---

① 科内尔·韦斯特，普林斯顿大学1943届美国非裔研究中心教授。——译者注。
② 理查德·特鲁克马，美国规模最大的全国性工会组织美国劳工总会与产业劳工组织（AFL-CIO）总裁。——译者注。

越南战争讨论的焦点不再是我们为什么残忍地杀害了成千上万无辜的印度支那平民，却莫名其妙地变成了一场关于无胸罩、蓄长发和嬉皮士的全民公决，卑鄙的右翼媒体对欺诈腐败的恶行和扭曲市场的援助置若罔闻，却把争论的焦点转移到示威者身上——他们的卫生问题，他们的妒富心理，他们的虚伪做作。

“那些示威者需要三样东西，”“超级讨厌鬼”安·库尔特（Ann Coulter）[①] 尖声尖气地说，“洗澡、工作和一种观点。”她的同事查尔斯·克劳萨默（Charles Krauthammer）竟然因为示威者们使用苹果手机便给他们贴上“伪君子”的标签。“是喝着星巴克、穿着李维斯、拿着苹果手机的‘占领华尔街’示威者们谴责美国企业，甚至谴责他们为企业巨擘、亿万富翁史蒂夫·乔布斯（Steve Jobs）哭泣”。显然，因为高盛集团和花旗银行都是企业，所以如果示威者想要抱怨说，税收都拿来还了某个亿万富豪银行家的债而不是自己的垃圾贷款，他就永远不能用企业产品：不穿牛仔裤，不用手机，绝不喝咖啡。

同时，从这一政治范畴的另一方面讲，有大量像我一样的进步学者因为“占领华尔街”被克劳萨默这样的浑蛋利用而忧心忡忡。“别给他们任何武器！”我们劝告说，“坚定信念！关注细节！”我们都在和“占领华尔街”玩罗尔沙赫氏测验[②]游戏，想一窥究竟，看到我们想看到的东西。但是我们只想实行短期的体制内变革，这样就很难明白与纽约警察发生冲突对被取消抵押品赎回权的杰克逊维尔和圣地亚哥中产阶级家庭有何帮助。

两边都没有看到，“占领华尔街运动”是厌倦了这些。他们不在乎我们怎么看这是怎样一场运动，或该是怎样一场运动，他们只是想要一些不一样的东西。

我们生来都渴望能肆意地遐想一个更美好的未来，但如今的美国已经变得单调乏味、平淡无奇，将人们原本与生俱来的渴望活活扼杀掉了。从我们的流行文化到我们的经济再到我们的政治，一切事物都变得麻木不仁，让人觉得压抑不堪。我们每天看到1000万个商业广告，人们每天做着同样的事，为追逐金钱，金钱，更多的金钱浪费生命；而唯一不断变化的是秒针每动一下都会带来另一个新

---

① 安·库尔特，美国保守主义社会政治评论员、专栏作家、律师，她经常在电视节目中评论当下时事。——译者注。

② 罗尔沙赫氏测验（Rorschach Test）是指把被测试者对10种标准墨迹的解释作为情感、智力机能和综合结构的检测方法来分析的投射测验方法。一个人对墨迹图的主观描述，会将其隐藏在潜意识中的欲望、需求、动机冲突等反映到刺激上。——译者注。

潮卖家，变着法地想向你兜售东西从你口袋里捞钱。一成不变的两党制政体开始如同《异世浮生》[①]中的噩梦般无休无止，我们又迎来新一轮四年一次的旋转木马似的更迭，一想到新一轮依然换汤不换药，满嘴胡说八道的换届选举故作欢欣鼓舞的样子，人们恨不能用锤头将自己的手砸扁。

如果你这样想，“占领华尔街运动”就被赋予了不同的意义。说起当代美国的阴郁惨淡与心理压抑，没有什么比银行系统更具代表性了。这个庞大而又冷酷的机器很早就依附着你，你早已无处可逃。如果你在环城百货买了一台电视机，几次都没收到尚未付清的19块钱的到期通知，那接下来收款人就会提交一份判决书向你索要3000块的费用加利息。或者可能某天早晨醒来，你的车没了，已经依法归债务购买公司秃鹫基金[②]所有：他们在互联网上以1/5的价格从美国大通银行买下了你的贷款。这就是人们厌恶华尔街的原因。华尔街银行心怀不轨，把平民百姓的生活变得如同走钢丝一般，不管任何地方，只要脚下一滑，便会从1万英尺的高空坠入插满刀片的大缸内，永世不得脱身。

在我看来，这就是“占领华尔街运动”针对的问题。人们不知道自己究竟想要什么，不过正如我一个朋友说的，他们只知道一件事：去他妈的！我们想要改变，想要不同的生活、不同的价值观，或者至少有机会获得不同的价值观。

媒体界很多人都在暗暗发笑，甚至当听到示威者们讨论说人们在自由广场组织起了新的社会模式，提供免费的食物、医疗保险等的时候，连我自己都偷偷笑了。一群孩子接受捐赠，并分发免费食物，从长远看显然不能作为经济体系的新模式。

不过现在我懂了。人们只是想去一个待5分钟没有人给你放血或向你推销的地方。这可能并不能真正成为什么新模式，但至少这里远离被拍卖的“民主”、残酷的商业贸易和盈亏，在这里人们可以自由地想象着与他人以另外一种方式相处。

我们的国家是建立在千百种不同的乌托邦式理想化构想之上的，从震颤

① 异世浮生（*Jacobs Ladder*），美国1990年的一部电影，故事描述一名从越战生还返家的军人（蒂姆·罗宾斯），发现自己出现了精神问题的后遗症，常出现被追杀的幻觉，每当生死交关时刻，他就会在另一个时空活回来，回想着之前发生的噩梦遭遇，然而随即他又被现实世界中唤醒，所以他仿佛活在两个世界般，难以确定孰真孰假，或许两者都是假的，他根本没醒来过。——译者注。

② 秃鹫基金（Vulture hedge fund），那些通过收购违约债券，通过恶意诉讼，谋求高额利润的基金。秃鹫基金通常喜欢购买陷于困境的公司债券，等公司无法偿付的时候，就开始打官司索取巨额赔偿。——译者注。

派①，到摩门教②再到印第安纳州的“新和谐公社”③。人们曾经可以尝试任何事情，从自由性爱到私有财产。但如今，即便是最轻微的联邦主义思想都会被迅速摧毁。如果你所在的州想要给某个与侵犯人权的州（如马萨诸塞州禁止公司与缅甸签署合同）有贸易往来的公司增加关税，这一决定马上会被千里之外某个国际机构如世贸组织推翻。纵使4000万加州公民明天投票要求允许他们抽大麻，联邦政府也不会批准。国家经济几乎完全由曼哈顿下城区不担斤两的寡头集团操纵，他们绝不会准许任何金融或债务减免革新，或其他任何可能削弱其巧取豪夺的强权的事情发生。

还有一件事我之前想错了：示威者们认定纽约警察局是这一体系的象征。这一想法起初让我觉得非常不舒服，我曾认为他们终究只是些来自布朗克斯和史丹顿岛的工薪阶层，从未走进华尔街投资公司看过，更别说与我们的金融体系腐败有任何关系了。

但我错了。从某种程度上说，警察就代表了这一问题。全国成千上万的武装警察对礼貌有加的示威者进行包围，监视甚至采取攻击行动。此次调派的执法资源已远超政府在金融危机期间为打击违法犯罪贪污腐败所承诺的人力财力数量。一名示威者走错地方，便马上被警察当作野性难驯的牲口圈起来，但在示威游行者之外的摩天大楼里，人们却可以为所欲为。

这件事充分说明了这个国家执法机关是在为谁服务。过去10年里华尔街涌动着前所未有的犯罪浪潮，但这一带最多只有约1500个联邦警察巡逻，这一小撮人

① 震颤派（Shakers），基督教新教派别。其全名为“基督复临信徒联合会”。宗教仪式中唱歌伴以跳舞，开始时四肢颤动，慢慢地整个身体摆动，相信这样将使自己直接和圣灵相通，因而得名。该派不信耶稣是上帝，并认为“圣灵”是世界和上帝之间的中介；主张信徒财物公用、男女分开、与世隔绝、衣着整齐，实行素食，荤食仅可用蛋；倡导独身和务农。——译者注。

② 摩门教（Mormon），即耶稣基督后期圣徒教会（The Church of Jesus Christ of Latter-day Saints），是为泛基督信仰各宗派运动的一个分支，但其在信仰内容上与基督教有别，坊间一般更常用“摩门教”这个非正式的名称。该教会是后期圣徒运动之中发展规模最大且最为人所知的一个宗派，并且认为其教会是原始基督信仰的复兴。——译者注。

③ 新和谐公社（New Harmony）是英国著名空想社会主义者欧文建立的理想模型，位于美国印第安纳州南部沃巴什河岸边。“新和谐公社”虽然最终失败了，但是，以欧文为代表的空想家们，毕竟在资本主义统治下对人人平等的理想社会进行了一次有意义的尝试。这种尝试及其思想，为后来马克思主义的产生起到了重要作用。——译者注。

几乎没查出几个案子。可当千万个普通百姓走上街头，通过和平的示威方式明确表达他们遵纪守法和爱国情怀时，警察却即刻大规模出动，已经有数百人被捕，比往年任何时候都多出几百号人。这些年我们看到华尔街银行家们通过大量销售虚假抵押贷款支持证券从失业者、共同基金持有人和木工联盟手中盗取亿万美元，但被捕的却寥寥无几。

并不是说警察们包围示威者，在公园和人行道巡逻这种行为本身是错误的，只是他们应该在其他地方。他们应该直奔那些摩天大楼，搜查文件柜看看谁偷了什么，从谁那里偷的。他们应该帮助人们把钱拿回来。但恰恰相反，他们在街上帮助全世界的金融机构摆脱被骗群众的控诉。

人们想远离这一体制。它受人操纵，无情扼杀了人们对于一个更为平衡的世界的美好愿望。他们渴望一些重大的变革。我想现在我明白了“占领”运动的本质所在——摆脱旧秩序、寻求新生活，即便是暂时的，正如20世纪60年代的民权运动一样，也要努力创造一个没有种族歧视的“有爱社会”。最终“占领华尔街运动”需要更加具体地表明他们想怎样改变世界。但就眼前而言，它只需要继续发展。如果它只是想在大街上睡一阵子而不将自身打造成为传统的基层组织抗议活动，那它更应当发展完善。不用告诉全世界所求何为，眼下仅仅因为与众不同，它已经赢了。

（徐英杰　译）

信息量太大

约翰·杰里迈亚·沙利文（John Jeremiah Sullivan）

《GQ》

入围随笔与批评奖

约翰·杰里迈亚·沙利文将个人回忆录与批评理论结合起来，用其标志性的大胆，以大卫·福斯特·华莱士（David Foster Wallace）的遗作《面色苍白的国王》（*The Pale Kimg*）为切入点，探索了这位小说家的生活及其遗产。沙利文为《纽约时报杂志》（*New York Times Magazine*）①写的《你让我大开眼界。嘿，米老鼠！》（"You Blow My Mind. Hey, Mickey!"）也获得今年国家杂志大奖的提名；去年，他为《巴黎评论》（*Paris Review*）②写的《莱特尔先生：一篇随笔》（"Mister Lytle: An Essay"）获得了随笔与批评奖；他为《哈泼斯杂志》（*Harper's Magazine*）③写的《骑手，路过》（"Horseman, Pass By"）更是获得了2003年的特稿写作奖。紧随时代潮流，《信息量太大》发表在《GQ》的iPad客户端上，而非纸质版中。

① 《纽约时报杂志》是周末随《纽约时报》发行的增刊，主要刊登比一般报纸文章长的文章，每周发行量超过160万份。——译者注。

② 《巴黎评论》是1953年创刊于巴黎的著名文学季刊，很多知名作家都在上面发表过文章，比如杰克·凯鲁亚克、菲利普·罗斯、伊塔洛·卡尔维诺、V.S.奈保尔等。——译者注。

③ 《哈泼斯杂志》是1850年创刊的美国著名月刊，以刊登文学、政治、文化类文章为主。该刊是仅次于《科学美国人》的美国第二久的连续出版月刊。——译者注。

大卫·福斯特·华莱士的书中有几个已被发现的谎言。其中一个在他一篇关于20世纪90年代美国不算很有名的网球神童迈克尔·乔伊斯（Michael Joyce）的文章里，这篇文章收录于华莱士第一部非虚构作品选集《一件看似有趣但我绝不会再做的事》（*A Supposedly Fun Thing I'll Never Do Again*）。除了小说里的某些篇章，这是他写过的跟网球有关的最好的文章，比他写罗杰·费德勒（Roger Federer）那篇受到公允赞誉但名气过大的文章还要好。[①]具体来说是因为乔伊斯只是个匠人级别的球手，没什么名气，因而对华莱士来说是可供书写的白板一块。华莱士在这上面几乎没什么拳脚可以施展[②]：依稀接触到一个加拿大联赛的资格赛阶段，通过铁丝网盯着友好的几近无趣、口头表达能力不佳的受访者，一连好几个小时。缺乏资料对大部分作家来说都是灾难，面临这一问题，华莱士用神奇的观察能力观察网球场，部分是靠对网球运动的了解，但主要是靠审时度势，犹如质疑指上的宝石质地一般，在脑内将情势思忖再三。在几近全空的体育场，他研究打比赛的球员。“他们都一脸不想与人打交道的样子，在飞机上和宾馆大厅耗了大量时间，”他写道，“他们必须这样做，用表情在周围营造私密

① 这不是一条纯粹的贡献性质的脚注，而是一条为这篇文章的编辑方针辩护的附注：那篇费德勒的文章本该由我为《纽约时报》旗下出版过几年的体育杂志《玩》（*Play*）写。我和华莱士一样，上学时打网球，并一直保持至今。《玩》杂志打电话给我说他们在温布尔顿接触到了费德勒，我肯定是愿意的，但《GQ》不让我去。原因是我签过我经纪人说是“合同”的什么东西，规定我不能给其他杂志写文章。不过，说句公道话，我已经怠工好几个月了，或许还搞砸了一两项任务，确实没什么好说的。跟那个本该是我编辑的人谈话的尾声，我告诉他没法去，并建议他联系华莱士，对我来说这就像是说：“你为什么不问问白宫呢？”该编辑被问得有些尴尬。“好吧，”他说，“其实我们先联系的他。他也不行。”然而，华莱士肯定回心转意了。几个月后，他的文章出现在我的厨房桌子上。读这篇文章我五味杂陈。从某一层面上说，我很满意地看到他做的正是我设想中依稀想做的，费德勒的伟大之处在于他如何将令人生畏的速度和强力底线型选手的强悍转变成优雅的全能。但是华莱士不费吹灰之力就将其准确地解释了出来，这一点我知道我做不到，也想不到。在这让我卑微的感觉之下，有一种奇怪的亲密。有那么模糊的一瞬间，我确确实实地感觉到华莱士是如何处理这一题材的，而这题材在他据为己有之前是属于我的，尽管只是虚幻的。不论如何，这也是我对华莱士最后一篇杂志文章的贡献。我不介意读者感受到的是由替代者贡献的文字世界。我只想说，不用谢。

② 华莱士通常喜欢这样。记得有一次他向大卫·林奇的手下保证他并不想采访导演，借此混进大卫·林奇的电影拍摄现场。2008年初，《GQ》让他写一篇跟奥巴马演讲，或更广泛地说，跟美国政治措辞相关的文章。跟他说的时候还只是一个空泛的点子而已，但华莱士看到了可能，所以我们开始调查奥巴马的竞选，甚至在丹佛民主党全国大会举行期间预约了奥巴马。我们的想法是尽可能让他接近总统的首席演讲撰稿人（也就尽可能接近了奥巴马）。但华莱士非常礼貌地说，他对此不感兴趣。他想成为演讲撰稿人团队的一员——去发现他们是怎么运用语言的，正如他所言：“板凳上的第九人。”这也像是个人脾性问题，他更喜欢绕开正面报道。

的空间。”他听得到网球拍弦“充满威力的声响”，看见球童“忙碌地重整球场”。他去训练场看球员热身，看他们的身体“结实而又漫不经心地运动着，那种状态我在职业运动员健身时看得到：高速引擎在低速运转时的表现”。

谎言出现在文章开头，华莱士指出了他准备写的文章中潜在的反讽，即写那些我们从没听说过的人，那些处于文化边缘的人，但他们又是某一特定领域中的世界顶级。“我请你们试想一下身处某一领域世界百佳是什么感觉，”华莱士说，“不论什么领域。我试想过:难。”

吊诡的是，这篇文章写于1996年，那时华莱士刚完成足以影响某一体裁的第二部小说《无尽的玩笑》（*Infinite Jest*）和《头发怪异的女孩》（*Girl with Curious Hair*）中的短篇小说，其中有几篇已成经典。很难相信他不知道自己就是某一领域，即幻想性文学（imaginative prose）的前一百佳，甚至有人严肃地考虑把他的排名再提前。也许我们可以假设，作为人类，他对此是知道的，但很多时候他害怕名不副实。不管怎么样，这种虚假的谦虚——让我们接受一个观点：他从没觉得自己那么好，并天真地提出了上述试想——不可避免地让人读起来觉得奇怪。也许他是有意为之。华莱士写的东西很少是偶然的，他极度沉迷的个性杜绝了这一点。那么，有没有可能在运动中有些多层次（甚至是更多层次）的东西可以作为写作的隐喻呢？确实，让人奇怪的是，华莱士从那么多运动员中偏偏选了个叫乔伊斯的，而华莱士不遗余力地强调他的“爱尔兰裔”，借此影射了一位艺术家[1]，这位艺术家对于技术精通的关注让他变得古怪而耀眼，但又让他与健康的、人类的叙述关怀隔绝。显然，华莱士在这一层面玩了文本游戏。

有一件事很难想象：一个极富创造力的作家，死的时候，语言却是贫乏的。两年半前，华莱士的自杀正是如此。这件事不仅令人悲伤，更击垮了人们脆弱的心灵。

* * *

读者处在过度饱和的媒体景观中，不认识他，也不知道他为什么重要，为他们写关于华莱士的传统传记式段落并不容易，因为你会不断地想起他的短篇小说《死亡不是结局》（"Death Is Not the End"）。在这篇文章里，他模仿传统传记

① 此处作者认为，华莱士故意选择“爱尔兰裔”的名叫乔伊斯的运动员是暗指爱尔兰著名作家詹姆斯·乔伊斯。——译者注。

式段落，给作家写传，罗列他们所得的全部奖项等等。在他不断列举奖项的过程中，列表变得难以解释的荒诞，你明白了他在深入挖掘美国文学界常见的自我表扬病症，“兰南基金会奖金[①]……美国艺术暨文学学会[②]颁发的米尔德丽德和哈罗德·施特劳斯生活奖金[③]……一位被两代不同的美国人共同视为他们时代之声的诗人”。华莱士自己也获得过列表中的很多奖项，包括“有名的麦克阿瑟基金会颁发的‘天才奖金’[④]”。他写了3部小说、3本小说集、两本散文集，同时身兼波莫纳学院创意写作罗伊·E. 迪士尼教授[⑤]。

人们说他是某一代作家，是说他“为某一代人说话”。从某种角度来说，这在科学上几乎无误。我们所知的文学产生路径表明，个人才能与其所处的社会有某种联系，即社会有机体。文化中产生天才，正如蜂巢在旧主死后另立新后，而现在可以将华莱士视为其中一员了。我清楚地记得，20岁时第一次听说并阅读《无尽的玩笑》，第一感觉：就是它。这不是事后才意识到的，我们中有人会试一试的。“它”是完整的它，20世纪尾声，在一个破碎的超级大国里，捕捉活着的感觉。有人带着智识一路走来，这智识足够强大，能映射这一景观；也带着道德的严肃，这严肃足够深厚，需要首先满足。他的同时代人中——即使能力可与之一比的人——没人敢说他们冒了跟华莱士一样的失败的风险。

不曾读过他一个字的人都知晓他的风格，也就是所谓的怪癖，将一系列来自18世纪幽默小说的印刷技巧引入自己的作品：脚注、惹人生疑的插入语、难以控制地要回弹的从句。确实，这些都与他演说和思维的特征一致。（现在我们尤其知道这一点，YouTube视频里参与阅读会、接受采访的他变得熟悉又奇怪：华莱士像一只受困的虫，在万众瞩目之下蠕动，他屈服并受制其中。他的作者照片比

① 兰南基金会，1960年由美国企业家帕特里克·兰南创立，兰南基金会奖金（Lannan Foundation Fellowship）于1989年设立，旨在资助作品出众的作家。——译者注。

② 美国艺术暨文学学会（American Academy and Institute of Arts and Letters），是一个培养、协助并支持美国文学、音乐以及艺术的组织，1898年成立，共有250名会员，会员是终身制的，都是美国艺术界与文学界翘楚。——译者注。

③ 米尔德丽德和哈罗德·施特劳斯生活奖金（Mildred and Harold Strauss Living Award），为获奖的英语作家每年提供5万美元资助，持续5年，用以补贴他们的生活费用，让他们可以专心写作。但获奖者在接受资助期间必须辞掉有偿的工作。——译者注。

④ “天才奖金”（Genius Grant），即麦克阿瑟奖，是由麦克阿瑟基金会颁发的一个奖项，每年有代表性地奖励20至40名美国人。该奖是颁发给那些各个领域、不同年龄“在持续进行创造性工作方面显示出非凡能力和前途”的人。——译者注。

⑤ 罗伊·E. 迪士尼教授（Roy E. Disney professorship），以波莫纳学院杰出校友、前迪士尼总裁罗伊·E. 迪士尼名字命名的教职。——译者注。

其他同行都多。他是个彻头彻尾的分裂者。）

关键是他的风格不仅仅反映了他的思维习惯，也表达了他非常连贯的敏感性。华莱士热衷于修改，打磨那些句法上很巴洛克式的段落。他觉得世界不是那样运行的；真相，或真相的找寻也不是那样，而是对自我逃避所使用的伎俩进行自我批评，甚至自我审问。值得一提的是，从这方面说，发表过他一些小说佳作的《纽约客》从来没有发表过他的非虚构作品。这对华莱士或《纽约客》来说没什么好愧疚的，只不过是个严格来说还算有趣的事实罢了：他不可能为了适应该杂志著名的家庭风格而改变自己的基调。“朴素的风格”（plain style）就是要将自己的写作者身份抹除，代之以一种无形的叙事权威，意思就是作者的思维与想法在字里行间得以体现，省去了需要告诉读者发生了什么这一庸俗常规。但华莱士汹涌的第一人称策略并非来自自恋，远远不是——这些策略是哲学上很固执的征兆。〔他的父亲是职业哲学家，师从维特根斯坦的最后一个助手；而华莱士本科时代写过一本讨论自由意志的书，最近以《命运、时间和语言》（*Fate, Time, and Language*）为题出版了。〕他探讨了“朴素的风格”，认识到这一风格的推动力最终是为了向读者兜售点什么。不是就总体而言，而是从修辞角度说的。一篇温和的杂志特稿，尽管读来趣味良多，但带有一些法西斯式的棱角，试图让你忘记问题所在、半真半假的话、随意的决定，全盘接受那并不存在的许可。华莱士从来不会将自己或他的报道从一系列应当接受检验的东西中剔除。

有一次我在阅读会前的欢迎仪式上见到他，我只跟他说了些诸如“欣赏你的作品”之类的客套话。但视觉印象却十分强烈，因为在那种鸡尾酒派对的氛围里〔汤姆·伍尔夫（Tom Wolfe）[①]在10英尺开外，身着白色西服〕，华莱士恐怕是我见过的最扎眼的人了。试想一下有一天你和一只森林野兽（浣熊或山猫什么的）被困在一座山间小屋里，华莱士看起来就像那样，定在那里。他脸上的笑容像是在等人揍他似的。但他跟你说话时很礼貌，也会耸肩。大家都盛装出席，除了身穿一件类似俄罗斯农夫的衬衫的华莱士，全然一副“我头发长如女性但我也有胡子”的样子。这让他有了些流浪汉的气息，感觉像是他见到了餐桌便

---

① 汤姆·伍尔夫（1931—　）是美国著名的作家和记者，参与过著名的新新闻运动（New Journalism）。新新闻是指将文学创作手法带入新闻写作中。——译者注。

决定加入进来。但最后等他和乔治·普林普顿（George Plimpton）[1]、西莫·赫许（Seymour Hersh）[2]等一干人上台，他不仅把持住了自己，也魔力般地把持住了全场，他说话清晰有力，带着圆润的鼻元音，并多次因为场内的笑声而不得不停下。

他的声音有地域特色，不仅仅是某一方面——比如用词极其考究。只有中西部人才会跟你浪费时间纠结聊天时的语法；只有这里，当你问："我能来杯冰茶吗？"才会有人回道："我不知道……你能吗？"而华莱士确实在某些方面将自己视为地方作家——否则他也不会让作家兼摄影师玛丽昂·埃特林格（Marion Ettlinger）[3]照那张有名的风衣照了，当时他站在一片如波浪般翻滚的玉米地边，干笑着。正如他在那晚读到的一篇文章中所言，他知道家乡的景观，那种"空旷既是身体的也是灵魂的"。他的风格之"极繁主义"[4]，也就是批评者所称"自我沉溺"的地方，表明存在一个有空间的环境可供填补。在他早期的一篇关于龙卷风盛行地区青少年打网球的文章中，他将自己与平原的关系神秘化了：

> 我比一起长大的孩子更喜欢凌厉交叉的直线。我想这可能是因为他们是当地人，而我是来自伊萨卡[5]的小移民，我爸在那里念的博士。所以，即使在我还是个平躺着的，只具有模糊意识的婴孩时，我也意识到了一些不同的事物，高山和逶迤的纽约州北部的单行道。我很确信我将这些杂乱的曲线与起伏视为我大脑中某些部位的背光，因为……那些和我一同玩耍打闹的孩子，他们所知甚少，看不到这座镇子具有的明显的如同新世界般的平坦地貌。

新世界般的：听起来，华莱士做出抛弃严谨、经不起推敲的声明时很随意——这是他拉拢你的一种方式。

他也许是唯一一个这样的作家，以"困难"著称，但从来不写不好读或不有

---

① 乔治·普林普顿（1927—2003），美国记者、作家，曾参与创立《巴黎评论》杂志，因提倡参与式新闻（participatory journalism）而出名。——译者注。

② 西莫·赫许（1937— ），美国调查记者，获得过普利策奖和两次国家杂志大奖。——译者注。

③ 玛丽昂·埃特林格（1949— ），著名摄影师，尤擅作者的肖像摄影。曾拍摄过杜鲁门·卡波特、雷蒙德·卡佛、乔伊斯·卡茨等。——译者注。

④ 极繁主义（Maximalism），与极简主义（Minimalism）相对。——译者注。

⑤ 伊萨卡（Ithaca）位于纽约州，康奈尔大学所在地。——译者注。

趣的东西，而这是孤独的主旨所在，一种特定的后现代、充满信息量的孤独。正是这种孤独吸引了很多人参加他的读书会，不论从人数上还是激动程度上看都更像是一支新乐队的歌友会。华莱士的许多读者（很显然他们都在网上写过赞扬他的话）都相信他在作品中向他们说话——他是少数几个活着的人中能为他们在精神的荒原里指引方向的人，这精神的荒原中安慰的源泉都已失效了。而华莱士与他们对话，他与生俱来的良心让他无法完全逃避圣贤的角色。通过此方式我们可以理解他不断提及的毫无特色的波丽安娜[①]式声明，即所谓虚构作品反对唯我论时展现的力量，比如，只有在文学中我们才能确切地知道我们正和“另一意识进行深邃而重要的对话”。

华莱士知道这只是老生常谈罢了。最好的证明就是他死后，这话又被捡起来用在了他身上。小说只能用文本的失序替代话语的失序。它用其他镜子替换大厅里的镜子。但他不想成为彻头彻尾的废物，而且这也让他在采访中有话可说。在他的书中，观点太过轻飘，在全景式分析的疾风暴雨中站不住脚。《美好的旧日霓虹》（Good Old Neon）正是如此，这篇小说说的是一个成功人士自杀的故事，正如他的同学大卫·华莱士所回忆的，他“完全知晓所谓无法真正了解其他人内心这一陈词滥调是烂俗且乏味的，但同时又非常在意地试图阻止嘲笑这一举动的想法，或阻止你将一连串想法塞进某种向内部旋转让你无处可去的螺旋中”……

* * *

有人觉得华莱士自己没法从某种向内部旋转的螺旋中解脱。尽管生活中他想对此保密，但现在我们知道了，他从青春期开始就深受严重的抑郁症和焦虑症困扰，并一直殊死抵抗自己大脑的化学反应。他一死，我们便丢失了一位让美国文学景观活跃而充满生机的作家，因为他影响力很大，而且严格来说，他已经证明自己几乎无所不能。他生命中最后发表的小说集《微末》（*Oblivion*），理所当然地被认为是他最黑色、最不有趣的书，但书中有些故事表现了新的高超技巧和简洁度，其中就包括那篇只有一个段落的杰作《被烧了的孩子的化身》（"Incarnations of Burned Children"）。有一个观点认为华莱士未来将不再有杰作，这听起来很不着调，就像期待自然法则出现变化一样。

---

① 波丽安娜（Pollyanna）是美国作家埃莉诺·波特（Eleanor Porter）1913年出版的小说《波丽安娜》中的人物，代指非常乐观的人。——译者注。

如果你想理解在华莱士死后利特尔&布朗出版集团为他出版的小说《面色苍白的国王》所引发的讨论，这可以帮助你知道全部情况，或至少知道有一群人是这么想的。关于这部未竟之作的传闻在他去世后立刻就有了，可以放心地说，忠实读者在过去几年里一直期待这本新书出版，几乎是以此抵抗现实和业已发生的暴力。对他去世的某些集体性哀痛也渗入到这本书造成的激动情绪中了。我自己也很惊讶，在完成这篇评论后，突然被一个后知后觉的想法镇住了——以后再也没有华莱士的书了。倒不是说我们再也享受不到那整整半个书架的书了：他的书信、没结集的东西、精选集、合集——有这些作品就足够了。

* * *

《面色苍白的国王》不一样。他留给我们这本书，与他亲近的人都认为他想让我们看这本书。换句话说，这并不是伟大的遗作所具有的经典范式——学者进入作者家里，发现了一份作者不想让其他人看到的手稿。华莱士似乎是以一种任君处置的方式将书放在我们面前。假设他在人世间最后的行为是整理已经写好的稿纸，放在他身为艺术家的妻子凯伦·格林（Karen Green）能够找到的地方；他的笔记本可以印证部分章节，与他共事很久的编辑迈克尔·皮奇（Michael Pietsch）将这笔记本整理成类似小说初稿的东西，跟华莱士大脑里呈现的差不多，一些地方要更考究些，其他方面则恰好相反。想象一下一幅尚未完工的壁画。

《面色苍白的国王》（标题可能是，也可能不是指19世纪的一句俗语——“面色苍白的恐惧之王”，意思是对死亡的忧惧）说的是在伊利诺伊州某个美国国家税务局（Internal Revenue Service）处理站工作的一群人。一些角色以不同且无明显因果的方式相互关联。其中有个人叫大卫·华莱士。这就是主体情节。没有推进，[①]也似乎从来都没有开始。

一本关于为政府工作的普通人的书，你怀疑它特别无聊是情有可原的。原因跟“关于”（about）这个词没关系——这是一个错误的词，错误的介词。华莱士书写的不是“关于”他笔下的角色，他很长时间没这么做了。他是在写进

① 其实并非没有改变。事情变得诡异，出现了双重角色。鬼魂出现了。其中一个角色可以预测未来。书末的注释显示一组具有不同的特异功能的X特工是由一小撮监管者组建的。故事背景设定替换了整个事实：故事中，是布什总统当选了而非里根（里根是布什的副总统），但是神秘色彩的介入并没有扰乱这部小说的现实主义脉络。

(into)他们。这件事他可以在网球场上做，可以在游船上做，也可以在色情作品大会上做，这让他成了跟我一样在他的阴影之下学习"杂志写作"的人心目中发狂、嫉妒的存在和灵感来源（他是那种即使你并不像他，也让你思考为什么你不像他的作家）——华莱士喜欢在他的小说里采用这种方式塑造角色的卑微生活。

想象一下走进某个地方，比方说商业街一家大型连锁复印店。大清早，你是第一个顾客。你在明亮的荧光灯下驻足，门在你身后闭上，看着身穿蓝色工作衫、张着嘴、睡意蒙胧拖着脚走路的员工。你将他们视为整体，难以洞穿表面，带着模糊的无聊与不满，这让你很满意自己置身其外，你准备开始任务了，递交要复印的东西之类的。这恰好就是华莱士按下暂停键的时刻，是进入无人注意、自我陶醉的第一个转折，他将进度条往后拉，重新播放。现在就不同了。你身处的房间有一群人。每个人都像你一样悲惨但又以有些怪异的方式得到治愈。他们每个人，即使是最浅陋的那个也有故事。上帝爱他们每个人，他们也值得上帝去爱。他们都与你有关联：当你意识的薄膜变得容易渗透，你知道我们都互相有关联——但有什么关联？华莱士非常想知道。他觉察到现代世界发生的场景太多，比如复印店的情况，让我们很容易就全然忘了这个问题。我们"在人群中感到孤独"，他在一篇故事中写道，但我们"并没有思考是什么让人群存在"，结果就是"我们一直是人群中的一张张脸"。

这正是华莱士让我喜爱的地方，像那样的细节——对能指示整个社会上层系统的情感状态的细微描述，让我觉得"生活在这个世界的人肯定都懂"的句子。他是我们拥有过的最接近记录天使①的人。在《无尽的玩笑》中的某些段落里，他捕捉到了很多东西：我们的"时刻"所具有的转瞬即逝的品质，你不确定其他人是否感受到但猜想他们也许感受到了的事物。读这些段落就像是看集体无意识的X线显现的过程：

胳膊像一块砧板似的伸出，盖特利在BU国一路驰骋。正如在背包国、个人音响国、设计师军服国一样。软面男孩们背着背包，头发梳得又高又硬，额头光溜顺滑。额头没有丝毫线条，像奶油起司或是熨平的床单……盖特利12岁起大大

① 记录天使（recording angel），专职记录人们善行恶行的天使。——译者注。

的额头上就有线条了……女孩们看起来就像这辈子除了奶制品什么都不吃似的。做有氧运动的女孩们。头发又长又干净梳得服帖的女孩们。没有毒瘾的女孩们。欲望的中心那种古怪的绝望感。

《面色苍白的国王》和《无尽的玩笑》有太多相同点，后者说的也是一群人，用细致的方式统一表达出来——在前者中，是一家戒毒过渡教习所的居民，后者则是网球学院的学生——然后将他们的生活娓娓道来，最后创造出相互联系的故事轮轴。但《面色苍白的国王》并非真是《无尽的玩笑》的重温，你也不会这么觉得。读这本书一部分是出于去感受作为作家的华莱士，多大程度地改变、压缩、深化了自己。

里面有很多角色，包括一些可称为主要角色的角色。克劳德·西尔凡辛（Claude Sylvanshine）是其中之一，他是一个“事实超能者”（fact psychic）。他知道人们的事，但他的知识来自互不关联的微末信息，而他无法将其关闭。（华莱士将自己分配给不同角色，因此锋芒时不时地有些磨损。）还有新来的小莱恩·迪恩（Lane Dean Jr.），高中时曾一度是极端基督徒。还有办公室的万人迷梅雷迪斯·兰德（Meredith Rand）——当一个长相非常标致的人坐下时，一大桌饮食男女有什么反应。（在此书中，这个地点是在美国国家税务局员工聚会的酒吧。）华莱士对此做了详尽解剖，既让人尴尬又充满黑色幽默。通过这个例子我想说明他的观察能力，以及时常发现自己深陷华莱士的思维中是多么地令人沮丧，这思维不是病态的，而是明晰的：

不消说，梅雷迪斯·兰德让……男性有了“自知”之明。因此，要么他们变得紧张，不舒服地安静着，就像他们在玩一场代价突然变得非常高昂的游戏，要么突然话变多了，一直不停地说，说很多好笑的笑话，总体上故意装作不在乎的样子，而在梅雷迪斯·兰德来到这里，抽出椅子坐下，加入他们之前，他们之间是不存在故意一说的，甚至也没有“自知”之明。而女性对这些变化的反应方式各不相同，一些人慢慢退出，视觉上变得更小了〔比如伊妮德·韦尔奇（Enid Welch）和蕾切尔·罗比·汤（Rachel Robbie Towne）〕，另一拨人以一种隐秘而饶有兴趣的方式看待梅雷迪斯·兰德对男性的影响，还有一拨人眯起了眼，充满敌意地叹着气，甚至想一走了之……一些男性酒过两巡后，为梅雷迪斯·兰德表演，其实表演的核心就是假装他们并不是为梅雷迪斯·兰德表演，甚至假装并不知道她就坐在桌子边。尤其是鲍勃·麦肯齐（Bob McKenzie），几乎是要疯了，跟梅雷迪斯·兰德左右两边的人一直插科打诨……

想象一下，他竟能像那样剖析我们，佐以那微末的细节——如果你愿意，也可以是灵长类动物——更糟的是，这种剖析无法停止。人得保有大量的同情，才能防止世界遭受斯威夫特[①]式怪诞的摧残。华莱士也不想躲它——他如其艺术所要求的那样培育它。这提醒我们，他寻求的那种写作层次所涉及到的超自然的风险。和所有良好市民一样，我和那些抵制将他的自杀浪漫化的人站在一边，但有一点，艺术家确实以一种无法避免伤害的方式将他们自己暴露在时代的洪流之中，如果他们是为了某些美丽的东西而这么做，那么认为此举高尚就并不为过。华莱士为深入自己的内心世界付出了代价，为一直目不转睛地写前面所引用的段落而付出了代价，为发现其他人有趣的地方所以花足够时间注意他们从而写出那些场景而付出了代价。这就是为什么我们大多数人写不出伟大甚至还算不错的小说的原因。你必须要让很多其他人的意识进入你的意识中去。而这有损内心的平静。

* * *

如果考虑到华莱士想在小说里说些神学的东西，你就知道他选择国家税务局作为设定是有道理的，员工口中所说的“局”（service）[②]为它提供了方便的耶稣会[③]式的情感内涵。他使用国家税务局的方式和博尔赫斯使用图书馆、卡夫卡使用法庭建筑的方式一样。他暗示了国家税务局政策的秘密转变中存在的联系，这一政策使其从一个被委以重任收取税收（即实施法律）的组织变成专职扩大收入的组织，或如华莱士在他遗留的书稿的侧边笔记所言：“大问题是，国家税务

① 指英国作家乔纳森·斯威夫特，其作品以讽刺荒诞著称，代表作有《格列佛游记》。——译者注。

② 此处service是Internal Revenue Service的简称，为符合汉语习惯，将其翻译为“局”。——译者注。

③ 耶稣会（拉丁语：Societas Iesu，简写为S.J.或S.I.）是天主教的主要男修会之一，1534年8月15日由依纳爵·罗耀拉与圣方济·沙勿略、伯铎·法伯尔等人应当时基督新教的宗教改革而在巴黎成立，其组织与会规后于1540年蒙教皇保禄三世许可。其格言是“愈显主荣”（拉丁语：Ad Majorem Dei Gloriam），这句话往往被缩写为“AMDG”。耶稣会最主要的任务是教育与传教，在欧洲兴办许多大学，培养出的学生除耶稣会人才，也有活跃于政界与知识分子阶级，著名者有笛卡尔。耶稣会有一特别的灵修方式，称为“神操”，是依纳爵·罗耀拉所创。——译者注。

局本质上是公司实体还是道德实体。”华莱士通过一些微弱的暗示（提及模糊的官司），将国家税务局成为公司机构这个概念和一个更老的观点联系在一起，此观点于19世纪末进入美国人的生活，即在法律中，公司和个人具有同等权利。华莱士没有全部写完，但可以说，一部完成了的《面色苍白的国王》可以照如下逻辑推演：如果国家税务局=公司，公司=个人，那么国家税务局=个人。这个机构将是美国政治灵魂的隐喻。

这部小说通过重复某个特定动作，深入挖掘了一个角色的童年或青年时代。该角色的成年时期我们在书的其他地方，即国家税务局的办公室那部分能读到，这与那些角色早年生活的描写是相呼应的，它们塑造了角色复杂的内在。华莱士致力于向我们证明每个人都是复杂的，如果我们觉得人们简单而愚钝，是因为我们没有过多关注他们，我们天生固执地把其他人视为自己的故事中或主要或次要的角色。

让书的内容变得沉重很简单，但书中又常常显得特别好玩，而且不是那种礼貌性的好玩。我们可以见到乐观得不可救药的伦纳德·斯泰西克（Leonard Stecyk），他“笑得那么欢，几乎像是一种疼”。这样的人我们都认得，或者在某种程度上我们就是。他小的时候特别爱管闲事，见过他的人都很厌恶他——“这个男孩建议重新整理指导教室里的衣服挂钩，把放靴子的盒子靠墙排成一排……结果老师挥着钝剪刀，威胁说要杀了那个男孩然后自杀”。（我不想因为告诉你一个在高中教实业技术的老师怎么看待他而毁了这个好场景。）

令人不快的是，正是书中这一点——在不久以前（在国家税务局中心）和很久以前（角色的形成时期）两者之间的不断闪回——让我们知道了出版商所说的“未完成”。这种塑造方式是不对的，甚至看不到它的存在。华莱士挣扎着用某种象征性的方式来构建这些生命的主题，但他没有做到那一点，不得不说，远远没有做到。

但即使处于残缺状态，《面色苍白的国王》依然包含一些本年度最精致小说的元素。描绘其中一些精华篇章让我战战兢兢，其中有一章（《纽约客》节选的），小莱恩·迪恩想搞明白该不该向他身怀六甲的大专女友谢莉说他爱她——如果他说他爱她，她便生下孩子，他们将从此生活在一起（事实正如此）。他们俩都丝毫不知道什么是爱，不知道如何解读对方的用词——他们依靠差劲的翻译，但他们当时所说的话将决定他们的一生。华莱士将如此严肃而忠诚的青少年恋情给予情感意识的待遇，让这个场景带上了包法利[①]式的华丽。通篇都是他随意穿插的描述性的小点——比如，飞机上压膜的安全指示卡上的人“跟参加葬礼似的抱着双臂”，又或者，透过飞机的舷窗，车流似乎带着一种“你在地面永远无法感受到的徒劳而无意义的感染力”在缓缓蠕动。都是对那些我们都做过也看过的事物不同寻常而又精确的描述。我们进入并认出了当下的办公室环境，“办公桌实际上是抽象的事物。不知源头的通风口发出的低吟”；留在小镇的朋友被想象成“相互卖保险，喝从超市买的酒，看电视，等着他们第一次心脏病突发”。本书的编辑迈克尔·皮奇给我指了书后面超现实的一个章节，该章节中，小莱恩·迪恩已经成年了，为国家税务局工作，和一个在办公室附近游荡的特工的鬼魂对话。皮奇称这是小说“最完美的绽放”，“跟他之前写的东西一样缜密、紧凑”。这是小型的杰作，甚至不到20页，全部是对话，令人想起《尤利西斯》中的“不夜城”（"Nighttown"）一章。当我问皮奇他觉得完成了的《面色苍白的国王》应该是什么样的，他说：“一本有更多像这章一样完满、紧凑的章节的书。”这描绘了一本将被真诚怀念的书。

* * *

《面色苍白的国王》中最精彩的部分——他们用有趣的方式偷了这部小说——跟托妮·韦尔（Toni Ware）的少女时期有关，她是小说中对国家税务局部分没什么影响的角色。她是次要的角色，华莱士还没写到她。但写她回忆跟母亲在一个房车停车场长大，以及她的母亲时常带虐待狂男朋友回家且精神不正常的章节，行文惊人地流畅。而且跟华莱士写的其他东西有云泥之别。因缺乏较好的术语来形容，就称之为“不自知”（unselfaware）吧。当故事没空让所有内心的絮叨得以施展时，他便浸入和诸多伟大作家一样的过度写作状态。要是华莱士真的下功夫想通过《面色苍白的国王》达到其他层次，超越《无尽的玩笑》，下面这段就做到了：

晚上，他们又开了一次车。在升起的月亮下。卡车的后座是一条窄的隔板，如果女孩的腿放在座椅后面的空隙里，就可以睡在隔板上。她的头发没洗，油光

① 包法利，法国作家福楼拜的小说《包法利夫人》中的人物。——译者注。

锃亮。胡乱摆放的杂物和酵母菌的气味表明这辆车曾经有人住过；卡车本身和车上的人闻起来也是这个味儿。女孩穿着紧身胸衣，牛仔裤到膝盖处便没有了踪影。在母亲眼里，男人就像魔法师玩弄下的动物一样，是她超能力的表现和实施目标。她对那些人大声说的话很熟悉，女孩对他们没什么怨言。这些人中有：皮肤黝黑的有络腮胡子的男人，他们吞火柴，徒手捏爆瓶瓶罐罐；他们的帽子边缘有汗的痕迹，像树的年轮；他们的眼睛从后视镜打量你；和他们小时候拿着玩具赤裸身体抬头看他们信任的人时一样迷惑的男人们。母亲像孩子似的跟他们说话，让他们待她如没有头的洋娃娃——粗暴地推搡。

时不时地，即使是在他们的美丽与恐惧之中，托妮·韦尔那部分也都有一丝戏谑和模仿的因素包含其中。华莱士像是在取笑科马克·麦卡锡（Cormac McCarthy）[1]不好的风格，无可救药的麦卡锡想写“毒蕈”一词，却写成了“拱腹呈锯齿状有薄膜的蘑菇，匍匐其下的蟾蜍可能在睡午觉”。华莱士让托妮记得那些男孩，“戴着褶皱帽子、打着阔领带，随身携带供显摆的绿松石，其中有一个男孩帮她清空房车的卫生箱，然后按住她给他口交，以此作为回报”。后来书中再次出现托妮不堪回首的过去时，这种奇怪而飘忽不定的调子更强了，但出现在了另一个角色的话语里。那个人是这么开始的，“托妮的妈妈有点神经质……等等等等”，就好像每个人的故事都只是技巧的问题而已。但之后，起初听起来有些轻率的章节也回到了同样强烈的第三人称叙述方式，事实上，他引出了书中给人印象最深刻的一页——托妮母亲死亡的场景。似乎这种新的声音是华莱士无法阻挡的。也许我们可以下结论，他在作品中摸索更让人满意的、传统的、更加成人化的东西，而这些章节闪现了崭新但却悲剧性夭折了的华莱士。

* * *

稍等——我们是在讨论大卫·福斯特·华莱士。事情没那么直截了当，没那么情感泛滥。诚然，就像是要惩罚我们爱这一章胜过本书其他地方似的，紧接着托妮·韦尔一章的最后一句话，华莱士做了件只能形容为让人捶胸的事情。在给我们奉上一顿传统写作的盛宴，一页一页的书写之后，他开始了最元叙事，脚注

① 美国小说家、剧作家。——译者注。

最多，充满性暗示并对这种性暗示心知肚明，自视甚高，醉心于后现代狂欢的一章。这一章剑走偏锋。仿佛华莱士在脑海里能听见我们说话似的，跟他写给埃格斯（Eggers）[①]有关《惊世之才令人心碎的作品》（*A Heartbroaking Work of Staggering Grenius*）的信一样，埃格斯将其放在书的封底作为评语，“我喜欢其中令人陶醉、更加后现代的部分”，但“其中你随心所欲和充满悲伤咏叹调的地方……是全书最好的”。在我们被托妮·韦尔深深震撼了之后，他能听到我们说类似的话，而他也向我们回话，语气强硬，对不起，但这文本是其意义的一部分。没有它，我只是在演奏室内音乐而已。

未来的批评家会讨论这种做法的审美优点。华莱士绝不甘于此。读《面色苍白的国王》时，我总是想起他写陀思妥耶夫斯基的文章：

> （这部新出的）传记促使我们扪心自问，为什么我们要求艺术与深刻的信念或绝望的问题保持如此荒谬的距离呢？以至于当代作家不得不拿它们开玩笑，或受制于某些正式的技巧比如互文性引用、矛盾的结合（incongruous juxtaposition），而将真正紧急的问题当作一些去熟悉化（defamiliarization）的花哨东西之类的。我们当下的文学在主题上的贫乏，部分可由我们所处的时代及其情形来解释。

他这也可能是在说《面色苍白的国王》。好似在他的脑海里有个成熟却充满敌意的批评家鄙视他的作品。作家的脑海里都有这些声音，但华莱士实际上有额外的人格。那个我们被告知读的是小说的章节，其实是“第一人称叙述的回忆录”，是一个叫大卫·福斯特·华莱士的人的真实故事。书中还有两个角色，一个叫大卫·F. 华莱士，另一个叫大卫·库斯科（David Cusk）的人则与真正的大卫·福斯特·华莱士分享跟自己有关的事情。

严格来说，这并不是耍花招。也不是华莱士想干什么的问题，因为我们不知道华莱士想干什么。作为编辑，迈克尔·皮奇已经做了很多工作——作为读者，我们受其恩惠——但光编辑是不够的，不得不诚实地这么说。这个故事并没有真的做到爱伦坡所说的“印象的统一”（unity of impression），而《无尽的玩笑》

① Dave Eggers，美国作家。——译者注。

尽管有复杂的多线叙事，但其还是做到了这一点，或者说，时不时地做到了这一点。此外，还有身后事的问题。这让你在阅读时的乐趣打了折扣，剥夺了你与作者所做决定进行的对话——评判它们同时因为目睹它们而感到兴奋，而这是本书充满戏剧性的地方之一。这里，你不知道它们是什么。你读到的每个你不喜欢的词，你都想“好吧，他应该换个词的”。然而每个说得通的地方，都是真正的华莱士。但甚至有些主要的抉择，比如怎么给小说结尾，必须由皮奇决定而不是华莱士。“没有整体框架或章节顺序，”皮奇告诉我，“也没有任何什么该做开头章节、什么该做结束章节的提示。”从这一点来说，我们是否能将其称为“一部华莱士的小说”成了难解之谜。

如果你想要另一个结尾，我们可以这么说：从某个重要的角度来说，现有的《面色苍白的国王》是华莱士本人的真实反映。他自己就是未完成、未解决的存在。丝蒂薇·史密斯（Stevie Smith）[①]有一首伟大的诗《他结婚了吗？》，她认为普通的人类比神更具英雄气概，他们面临的困难更加严峻，她说：“因为他们是复杂的。”对于这部小说中的诸种写作方式的差别，华莱士是矛盾的、冲突的，凡此种种，他不确定自己更偏爱什么，不知道它们是不是该放在一起。如果他最珍视的并不是他最擅长的呢？

放弃这些矛盾之处可能就相当于放弃他的力量源泉。它们让他免于自以为是的境地。他是这样的作家，为了超脱他所处时代的杂音而挣扎，但在试图征服它们的过程中依旧绝望地深受其影响。他曾写道，他所处的现实被“MTV[②]化”了。这也是为什么他跟其他人不一样，他似乎是在龙卷风的中心说话。（这一意象笼罩着他的作品，并在《面色苍白的国王》中再次出现。）正是这一在内心分割的特质，让华莱士在死后所受到的推崇中，承受着被彻底夷平、彻底剔除出他个人故事的风险，这些推崇本可以让他成为智慧的传播者。但我们应该抵制之，不然，我们将失去最本质的华莱士——永远蹙着眉头，反复思索，希望自己没说过刚刚说的话的华莱士。这些时刻的声音都是我们所处时代最真挚的声音，它们也是某一天人们阅读他的作品，感受活在当下是什么感觉的由头。

华莱士的作品将会被视为巨大的失败，这并非贬义，而是福克纳[③]说美国小

① 英国女诗人。——译者注。
② 美国著名的娱乐电视台，全称Music Television。——译者注。
③ 美国著名小说家。——译者注。

说家时用的“失败”：“我基于我们在知不能为而为之方面的伟大失败而评价我们。”华莱士漂亮地失败了。为什么他发现这部小说难以完成，对于这一点，其实并没有什么稀奇。我们理解的他希望小说是什么样子的——某种寡淡而极具压迫性事物的代表，是一个个闪耀着光芒的灵魂的集群，将我们所有人聚集在一起的连接点也会被点亮，如纤维一般——这本来是一本享受至高赞誉的小说，我们看到处在最强状态的作家本应该足够强大。而他并不总是那么坚强。

（刘锐　译）

坎大哈将士

马修·艾金斯（Matthieu Aikins）

《大西洋月刊》

入围新闻报道奖

坎大哈省（Kandahar）警察局长阿卜杜勒·拉齐克（Abdul Raziq）是阿富汗最有权势的人之一，关于其涉嫌走私、拐卖、施暴和谋杀的传言频发，而他对此早已不以为意。谙熟达里语[1]的马修·艾金斯则花了两年时间调查这些传言。他的调查使我们得以了解有关拉齐克的真相，以及美国为了在阿富汗战争中取得胜利所做的道德牺牲。早在2006年詹姆斯·班纳特（James Bennet）出任该杂志编辑前，《大西洋月刊》就已是“国家杂志奖”创立以来最受敬重的杂志之一，此后，该刊更一路斩获25项提名。

---

① 达里语，又称古波斯语或阿富汗波斯语，阿富汗官方语言之一，也是阿富汗使用最广泛的语言。——译者注。

两个年轻人有些羞怯，他们不时笑笑，带着点儿初生牛犊不怕虎的逞强，向我回顾了他俩被殴打、虐待的经过。炎夏7月催人昏沉，在两人工作的巨穴似的餐馆，我们坐在桌边。他们无精打采地前倾着身子，胳膊撑在膝盖上，不时向下瞥一眼自己的凉鞋，脚趾头上电线留下的乌青烧痕清晰可见。

此文中我称他们为纳吉布（Najib）和艾哈迈德（Ahmad），为保证当事人安全，这两个名字与文中其他名字一样都是化名。两人都是23岁，身材高瘦，看上去本该是那种爱在外面打篮球或窝在家打游戏的小伙子。可在这里，在坎大哈市，这个南阿富汗地区美军对抗塔利班的关键地域，他们却成为了美国阿富汗盟军的受害者。

6月的一个下午，两个在餐馆工作，年龄分别为12岁和14岁的小男孩儿，在带着下午婚宴剩下的残羹冷炙回家途中，却被阿富汗国家警察（Afghan National Police）拦下。这两个每月各领60美元薪水的孩子解释说，他们经常带一些吃剩的饭菜回去给家人；可是这回，他们被捕了，罪名是给藏匿在城市之外的叛乱者提供食物。

当晚11点左右，警察出现在餐馆，逮捕了纳吉布和艾哈迈德，指控他们派遣那两个男孩儿给塔利班送食物。两人被带到警察局总部，交到穿着灰绿色迷彩制服的边境警察手中。

“他们说：‘我们要揍你们了。’”艾哈迈德回忆道。

边境警察是城市的一道新景观：模样粗野，戴宽边全围式墨境，身上挂好几串手榴弹，在城市的检查站和诸如省长府等警卫点闲晃。虽然阿富汗法律规定他们只能在国际机场，或边境周围50公里范围以内行动，但他们还是在5月29日进入了城市。那天是他们的顶头上司阿卜杜勒·拉齐克准将被任命为坎大哈省代理警察局长的日子，前任局长在此前遇刺。拉齐克的军阀头衔和毒贩嫌疑人身份路人皆知，他还曾对塔利班发动过一场野蛮的战争；同时，他也是阿富汗总统哈米德·卡尔扎伊（Hamid Karzai）和美军的亲密盟友。

警局内，警察将头巾缠在纳吉布的手铐上，将他吊上天花板，直到纳吉布感到自己的双臂都快要被扯掉了。之后，两个男人——一个穿着制服，抡一根黑色的金属警棍；另一个穿便衣的挥舞着电线——开始殴打他的臀部和大腿。另一个同样穿着便衣的男子质问纳吉布：“你先前是给哪个指挥官送吃的？你每隔多久送一次吃的给敌人？”纳吉布呜咽着说自己是无辜的。艾哈迈德就在不远的另一间房里，虽然他暂时不用遭那份罪，但却可以听到朋友的惨叫。

殴打结束后，纳吉布和艾哈迈德被带出去，丢进一辆悍马装甲车的后部。他们在那儿躺了一整晚。手铐紧紧地铐住他们的手腕，在热到令人窒息的密闭空间里，他们感到呼吸困难。

第二天一早，他们被带到省长府。那是一长排低层的白色建筑，前方伫立着许多拱门，由美国士兵和边境警察共同把守。省长府是美国和阿富汗官员每日会面的场所。警察带着两人绕到府后，来到散发着排泄物气味的肮脏房间，把他们铐在墙上，边上还另有两名囚犯。之后，他们又一个接一个地被带到另一个房间，那里除了一台燃气动力发电机外，空空如也。

纳吉布第一个进去。他被迫躺下，电线一头连着发电机，另一头就套在他双脚的趾头上。一群边境警察围住他，一边嘲讽戏弄，一边朝他脸上吐鼻烟。“快告诉我们真相。”他们喝令道。然后他们接通了电。纳吉布告诉我：“那感觉，就好像我的整个身体里爬满了刀子。”

他痛得晕了过去，接着就轮到艾哈迈德了。两人从折磨中苏醒过来时，发现各自被丢在了单独的房间。晚上，他们被带到警察局总部见阿卜杜勒·拉齐克本人。

拉齐克不过33岁，外形纤瘦，带着一丝孩子气，方下巴，一绺V形发尖从他那绣花的药盒帽下戳出，那帽子是他不穿制服时最爱戴的。尽管没什么文化，他却聪明有魅力；虽然年轻，他却是南阿富汗最有权势的军阀之一，手下有几千民兵，控制的领地内穿肠而过一条利润可观的毒品走私路线，还包括一个叫斯平布尔达克[1]的贸易重镇，就在与巴基斯坦接壤的边境附近。

6月那晚，纳吉布和艾哈迈德面对拉齐克坐着，被要求解释被捕的原因。他们告诉拉齐克，餐馆的男孩儿是将剩菜剩饭带回家给家人。然后也不知是因为两人从未认罪，还是他们所说的已被核实，拉齐克下令释放二人。

纳吉布和艾哈迈德向我抱怨说，因为被铐了两天，他们手腕的神经受损，而且电刑使两人的肾脏都出了问题：电刑在艾哈迈德脚趾上留下的烧伤更重些，他在行刑后3天内都出现了血尿。我检查了艾哈迈德和纳吉布脚趾上的伤口——圈形烧痕明显，仍然红肿未愈。之后与他们同事的交谈也证实了两人之言。我还拿到了他们被释放后即刻拍摄的伤口照片。另外，坎大哈警察局的一名内部人员对

① 斯平布尔达克（Spin Boldak），阿富汗巴基斯坦边境重镇。——译者注。

拉齐克管治下发生的虐待事件十分不满，他也向我独立描述了两名受害者受虐的经过。“他们对待无辜的人都能做出那样的事，”这名官员说道，“你可以想象他们对罪犯会做什么。”

* * *

发生在艾哈迈德和纳吉布身上的事件并不是个案，而是拉齐克势力触及之处——先是在前哨基地斯平布尔达克，如今是在坎大哈市——发生的施虐事件的一部分。长久以来，公众质疑拉齐克参与贩毒并涉嫌贪污，而对于他及其手下实施非法处决、酷刑和监禁的控诉多年来一点一点浮出水面。拉齐克直截了当地否认了所有诸如此类的控诉，他对《大西洋月刊》称：“一个人一旦成功，就会有许多敌人跳出来想要毁了他的名声。”

去年秋天，在美国发起的进击坎大哈市西部塔利班控制区域的行动中，拉齐克和他手下的民兵被指派担任主要作战部队。正是这一场战役使其名声大噪。拉齐克手下的战士由一支美国特种部队指导，曾赢得美国官员的公开赞誉，称他们骁勇善战。此次进击事件之后，在1月省长府举行的一次仪式中，拉齐克被提拔为准将，直接听命于总统卡尔扎伊。正如已于今年7月结束任期的美国国务院前任高官本·莫林（Ben Moeling）当时对我所说，这次提拔“明确承认了他的重要地位”。

并且，这次升职也并不是拉齐克扶摇直上的唯一迹象。5月，卡尔扎伊任命他为坎大哈省警察局长。当时拉齐克对接受该项任命提出条件，要求保留其对斯平布尔达克的管控，这块领地是他经济和部族权力的宝座。为了让他同时保留两个职位，拉齐克被任命为坎大哈省“代理”警察局长。

从有警察起，坎大哈警局关押的囚徒遭受殴打就是稀松平常的事。即便如此，许多熟悉那里情况的阿富汗和国际官员告诉我，拉齐克已将这种野蛮行径上升到了一个新的高度。自打他来到这里，拉齐克便协同作为政府情报部门的国家安全局（National Directorate Security），在城市发起了一拨逮捕行动。一位曾到访坎大哈监狱的人权官员告诉我，自从有了拉齐克，囚犯数量增加了超50%。7月，似乎连美军也意识到局面失控，美国和北约部队暗中中止了向阿富汗南部当局移交被拘留者，原因就是收到可靠控诉，称关押在警局和国家安全局的囚犯受到残酷虐待。

虽然拉齐克的崛起大多依靠自己的技能和野心，但在很大程度上，他同样也是美军干涉阿富汗内政的产物。（2001年前，他还只是巴基斯坦的一家商店的工作人员。）作为在全国范围内施行的举措的一部分，拉齐克的手下由两家备受争议的私人军事公司——德阳集团（DynCorp）和原名为黑水（Blackwater）的Xe公司训练，地点在斯平布尔达克一个美资中心，并同时配备了武器、汽车和通信设备。他们的薪水随后从"阿富汗法律和秩序信托基金（Law and Order Trust Fund for Afghanistan）"支取，这是一个由联合国管理的国际基金，美国是最大的出资方。拉齐克本人十分欢迎如艾江山（Karl Eikenberry）①大使、斯坦利·麦克克里斯托（Stanley McChrystal）②将军和戴维·彼得雷乌斯（David Petraeus）③将军这样的美国高级官员来访斯平布尔达克。

在公开场合，直到不久前美国官员还一直小心地淡化着针对拉齐克虐待囚犯的控诉。1月，我在美国国务院官员莫林位于坎大哈市的办公室会见他时，他对我说："我认为人们对于阿卜杜勒·拉齐克确有一种不实论调，认为他犯了这样那样的错。但我却从未见到关于他私自设狱及实施法外处决的任何直接证据。"

然而，2006年国务院报告显示，美国官员多年来一直掌握可靠控诉，称拉齐克和他手下的民兵冷血屠杀平民，但这些事件的细节到如今早已被成功销毁。这一点反过来又使人发出这样的质疑，即美国官员是否存在蓄意违犯1997年某项法案的可能，该项法案禁止向涉及侵犯人权行为的外国军队提供援助。

* * *

以下提及的这桩屠杀，其大致情形为一部分坎大哈人所熟知。但要挖掘一个详细而连贯的事件经过却需要长达两年的交叉调查与核对，走访包括部落长老、人权工作人员、警察和政府官员在内的多个不同信息源。曾有警方介入调查此事却受到压制，而我最大的收获，就是最终得以直接查阅该项调查得来的信息和照片。

2006年3月20日，辛·努尔扎伊（Shin Noorzai），一个年龄35岁左右、外形粗壮的走私犯，和15个同伴一起来到其在喀布尔的熟人祖尔玛·吐凡（Zulmay

---

① 艾江山，退役美国陆军中将，前任美国驻阿富汗大使、北约驻阿富汗联军司令。——译者注。

② 斯坦利·麦克克里斯托，前美军和北约驻阿富汗部队最高指挥官。——译者注。

③ 戴维·彼得雷乌斯，2010年接替斯坦利·麦克克里斯托，前美军驻阿富汗部队最高指挥官。——译者注。

Tufon）的招待所。那天是波斯新年诺鲁兹节前夜，阿富汗最大的节庆活动都在那一天举行。首府城市被浇得凌乱不堪的树木上除了挂着掉落的风筝，也生出了新春的第一批嫩芽。

努尔扎伊在南阿富汗长大，那时正是反苏维埃和国内战争爆发的暴力动荡时期，他曾因绑架一名男子在巴基斯坦坐过牢。他的同伴形形色色，一些人是走私犯，但其他人都只是他在阿巴边境附近地区的朋友；有些是农民，还有些是商人。大家一起结伴去北部城市马扎里沙里夫①，那里以新年的庆祝活动而闻名。

据当时同样在场，与努尔扎伊相识的一名知情者称，努尔扎伊与他的同伴是受另一人之邀来到喀布尔的。这个人叫穆罕默德·纳伊姆·拉莱（Mohammed Naeem Lalai），是努尔扎伊的老朋友，当时在边境警察局工作。正是拉莱说服了努尔扎伊和他的同伴在前往马扎里沙里夫的途中于喀布尔停留。大家坐下共进晚餐时，努尔扎伊的一个商人朋友心神不安，对这名邀请者充满顾虑。他提出由他陪努尔扎伊一起去马扎里沙里夫。“和我一块儿去马扎里沙里夫吧。”他对努尔扎伊说。

努尔扎伊回答说他会和拉莱一起去马扎里沙里夫。但他说，拉莱要先带他去另一所房子，那里有音乐又有乐子。那晚，当夜幕降临喀布尔时，努尔扎伊和他的15个同伴随拉莱离开。他们的朋友和家人从此再没能见到他们活着回来。

显然，在第二家，努尔扎伊和他的同伴被下了药。意识模糊间，他们被人绑了起来，塞住了嘴，然后被装进官方车牌的车里。其中一辆车是绿色福特突击者，车门上还印着边境警察的印章。

车子往回开，在坎大哈省往南500公里处行驶，第二天早上到达斯平布尔达克。在那里等着他们的，是时任边境警察局上校的阿卜杜勒·拉齐克，当时他25岁左右。

拉齐克和拉莱合谋引诱努尔扎伊及其同伴到喀布尔。拉齐克和努尔扎伊各自的部族因走私路线的问题长期不和，拉齐克认定努尔扎伊要为2004年自己兄弟的死负责。自那以后，努尔扎伊就处境危险。现如今他的15个同伴也要受到牵连了。

拉齐克和他的手下把这批俘虏装进好几辆丰田陆地巡洋舰汽车里，开往阿巴边境一处炎热荒凉的区域。他们在距城镇10公里的地方停下。努尔扎伊和其同伴

① 马扎里沙里夫（Mazar-e-sharif），阿富汗第四大城市，位于阿乌边境。——译者注。

被拖下车带到一个干枯的河沟。在那里，拉齐克和他的武装分子使用自动武器对准他们近距离扫射，子弹飞速击中无助的人群，打烂他们的脸，将他们的长袍浸满鲜血。完工之后，武装分子将尸体松绑，丢弃在原地。

回到斯平布尔达克，拉齐克向其上级和媒体报告说他截击了由“塔利班中级指挥官穆拉·辛”指挥的“至少15名”从巴基斯坦渗入的塔利班士兵，并在一场枪战中将他们击毙。“我们得到密报称他们越境而来，于是过去和他们打了一仗。”第二天拉齐克对美联社（Associated Press）如是说。这个弥天大谎就是从这里开始，之后一路上报到了在喀布尔的卡尔扎伊总统那里的。

* * *

去年1月，我跟随一个包头巾的老人沿着一条小径走过坎大哈市喧嚷的焦炭露天剧场和集市。我叫这位老人瓦希德（Waheed），他是斯平布尔达克外那条河沟内发现的一名受害者的亲戚。那天我穿着当地的服装——我会说达里语，加上我半亚洲人的外貌特征，很容易被当作阿富汗人——身上带着的一些有关那起屠杀的照片即得自那次被禁的警方调查。

当我和瓦希德走过一群踢球的孩子时，他向我示意，然后忽然弯腰进了一条门道。他带我走进一间很小的客房，在一个低瓦数的灯泡上敲了下，他那十几岁的儿子就给我们端上了茶。在昏暗的灯光下，我们3个一一浏览了21张由犯罪现场调查员拍摄的照片。河沟内的那些尸体彼此紧挨着，被调查员编上了号码。一具尸体的脖子和身体分离，另一具尸体的脸部成了一团烧焦的血肉，因而已完全无法辨认。然而，有张照片里的一个年轻男孩，看起来似乎完好无损。他那光滑瘦削的脖子从宽松的外衣里伸出来。要不是那瞪向天空的无神双目，人们会以为他只是睡着了。

“那个，爸爸，那是托亚莱（Tooryalai）。”瓦希德的儿子指着一张照片说。照片中是一个身材发胖、唇上留着海象式胡子的男子，他的面部因痛苦而挤成一团，腰上的白布被鲜血浸透。瓦希德点点头：“是他。”

托亚莱死时大约35岁，他生前靠做临时出租车司机和劳力谋生。他和努尔扎伊相识多年，后者邀请他一同参加马扎里沙里夫的诺鲁兹节庆活动，这个邀请似乎是他逃离坎大哈省那块乏味偏僻的闭塞之地的良机。他的亲戚瓦希德曾劝他别去。“我说：‘别和他一起去，你又没什么钱，应该待在家里。’”瓦希德对我说。

但托亚莱还是去了。之后人们发现他的汽车被丢弃在喀布尔。托亚莱的妻子和孩子搬进了她父亲家。他的两个兄弟之后加入了阿富汗国家警察，为的是有朝一日替托亚莱报仇，可还没等到报仇的机会，两人就双双在战争中牺牲。他们的父亲后来发了疯，托亚莱最小的弟弟现如今在街上捡破布头。

“这是一场部族纷争，”瓦希德摇着头说，他长长的手指轻拍到脸上时不住地颤抖，“拉齐克和努尔扎伊有过节，但他为什么非要把其他所有人都杀掉?”

如拉齐克所愿，那些受害者在阿富汗媒体的报道中被污蔑为塔利班分子。然而，这样的说法在巴基斯坦边境处，即在许多被害人家属生活的地方引发了强烈抗议。3月23日，也就是屠杀事件发生两天后，巴基斯坦外交部（Pakistani Foreign Office）和阿富汗大使在伊斯兰堡提出抗议。要不是屠杀发生时，有一位替欧盟工作的阿富汗官员恰巧在斯平布尔达克，真相很有可能就被拉齐克和拉莱彻底掩埋了。

这名官员在听闻那起疑似杀戮的事件后，拨通了他的上级迈克尔·森普尔（Michael Semple）的电话。森普尔时任欧盟驻阿富汗特别代表弗朗切斯克·本德雷利（Francesc Vendrell）的副手。“他获得了实时资料就会向我报告，”森普尔说道，他也注意到了这次事件，官方给出的版本与斯平布尔达克人们口中所说的相去甚远，“那次事件被包装成是阿富汗对塔利班的一次英勇抵抗。”

森普尔是爱尔兰人，高高的个子，火红的胡子，说一口流利的达里语和同属阿富汗官方语言的普什图语。这个外国人没有一点犹豫，亲身投入到了阿富汗的政治中。这种亲力亲为的态度之后给他带来了麻烦。2007年，他被卷入一场涉及与塔利班地方停火有关的争端，被卡尔扎伊从阿富汗赶了出来。现在他是哈佛大学卡尔人权政策中心（Harvard University's Carr Center for Human Rights Policy）的研究人员，也是广受尊敬的阿富汗和巴基斯坦问题专家。

考虑到阿富汗安全部队实施的屠杀刚刚发生，森普尔与内务部的一名阿富汗高级官员取得了联系，他可以从坎大哈市调派刑事调查局（Criminal Investigation Department，以下简称CID）的一支小组前往斯平布尔达克。

那支CID小组的一名成员，我称他为穆罕默德（Mohammad），今年年初和我在喀布尔见了面。据他描述，小组在事发后第二天，也就是3月22日他驱车前往斯平布尔达克。在询问了当地村民后，调查人员了解到受害者的尸体仍在原处，于是又驾车前往事发地点附近的一个边境警察局前哨基地。“我们询问当地警方发生了什么，他们说看见阿卜杜勒·拉齐克等人开了五六辆车来，然后就听见了枪声。”穆罕默德对我说。

CID小组在巴基斯坦边境附近的一条沟壑里发现了16具尸体，彼此之间间隔一两米。穆罕默德告诉我，他们马上意识到，显然拉齐克所说的与塔利班分子进行激烈交火的说法纯属捏造。这群人分明是因近距离扫射而死亡。尸体挤在陡峭的河沟底部，这个位置不太可能进行枪战。尸体的手腕上还有受捆绑留下的痕迹，身上的衣服又新又干净，更适合穿着去参加宴会，而不是发动什么塔利班袭击。

穆罕默德在阿富汗暴力事件最多的省份之一做调查官员，之前已见过数百具尸体。可是这次，当看到一具还不满16岁的少年的尸体时——这个少年我之前提到过，我和瓦希德一起看过他的照片——他无法克制住悲伤。“这孩子很可爱。我搬运他的尸体时为他流下了眼泪，”穆罕默德说道，他的声音变得沙哑，“就为了一个人，拉齐克杀害了15条无辜的生命。”

拉齐克拒绝见CID小组，他转而搬去了他的朋友、时任坎大哈省省长、现任阿富汗部族和边境事务部长的阿萨杜拉·哈立德（Asadullah Khalid）家中。媒体报道称拉齐克已“被关押并等候调查，其职位由他人临时顶替”。然而，哈立德绝非是会向拉齐克发难的人选：2007年，当哈立德还是省长的时候，加拿大军方在连续接到有关安全部队施虐的控告后，临时中止了移交被拘留者的行动。被指控的部队中就包括哈立德臭名昭著的省长府卫队军：888军旅（Brigade 888）。

CID小组将其发现报告给喀布尔，于是一项更大规模的调查启动。这项调查采访了大量证人，确认了遇难者身份，证实他们是被引诱至喀布尔，在那里被下了药，并证实穆罕默德·纳伊姆·拉莱也参与了此案（拉莱如今是阿富汗议会成员，他否认与我有过任何接触）。

由卡尔扎伊总统下令，一个由边境警察局副局长阿卜杜尔·拉赫曼（Abdur Rahman）少将带领的高官代表团被派往坎大哈。代表团在回喀布尔前采访了坎大哈CID小组、形形色色的证人，以及拉齐克本人。

据一名直接了解该事件的内务部高级官员称，在喀布尔，拉赫曼向卡尔扎伊总统及其他高官报告了CID调查的基本情况。森普尔之后看到了报告的内容，他称此案真相昭然若揭。“任何有判断力的人看到他们对斯平布尔达克事件的记录，毫无疑问都会认为那就是边境警察实施的草率处决。”他说。

然而，在CID文件被移交到总检察长办公室后，并未见有任何检控被提起。4月6日，就在他将CID掌握的证据呈交给卡尔扎伊之后，拉赫曼接受了阿富汗黎明电视台（Tolo TV）的采访，在采访中他支持拉齐克描述的事件版本，称被杀男子均为渗入的塔利班分子。拉齐克很快就回到了其在边境的职位上。

不久之后，在两人与卡尔扎伊的一次会面中，森普尔和他的上司本德雷利提及了斯平布尔达克事件。“我们告知卡尔扎伊，我们对斯平布尔达克发生的事件十分清楚，并且我们认为证据显示那次事件是（拉齐克的）部队实施的草率处决，并且已有充足证据提起检控，”森普尔告诉我，“然后他回应了我，大意是‘阿卜杜勒·拉齐克的案例特殊’。就我的理解，他是想说阿卜杜勒·拉齐克是非常重要的盟友，不管是有什么样的控告或证据，他都不愿意对其提出诉讼。”

本德雷利没有回忆当时卡尔扎伊的准确回应，但他对那次事件记忆犹新。“这实在让我非常震惊，在某种意义上，我工作的职能之一就是要确保在《波恩协议》（"the Bonn accord"）①签订之后，不会再出现对人权的大肆侵犯”。随后，他将事件报告给了他在布鲁塞尔的总部，这就意味着所有欧盟成员都已知道此事。

对于森普尔来说，那次事件就好像是卡尔扎伊政权下出现罪行免惩的分水岭。“并不是说‘大家都在犯罪，只有可怜的阿卜杜勒·拉齐克被逮住了’，”他说，“不管2001年后阿富汗的安全部队犯了什么罪行，总之其中不会包括其可能涉及的多次草率处决的罪名。”

卡尔扎伊政府一名发言人谢绝发表评论。拉齐克本人仍坚称在斯平布尔达克外被杀害的男子系塔利班分子。“过去5年有许许多多士兵牺牲，我们的敌人中也有身亡的，”他对《大西洋月刊》说，“那些被击毙的，都是恐怖分子。”

* * *

美国大使馆也了解了努尔扎伊及其同伴被杀害的情况。每年，在世界各地大使馆工作人员的帮助下，美国国务院民主、人权和劳工事务局（Bureau of Democracy, Human Rights, and Labor）都会就每个国家的人权状况发布一份年度报告。2006年的阿富汗人权报告中，该事务局这样写道：

3月，坎大哈省指挥官阿卜杜勒·拉齐克涉嫌以对方为塔利班武装人员为借

---

① 《波恩协议》，2011年由联合国主导，在德国波恩签署的关于成立阿富汗临时政府的协议。——译者注。

口，对16人展开袭击，他因此事离职。这16名男子均为旅行至阿富汗参加阿富汗新年欢庆活动的巴基斯坦公民。拉齐克将他两年前兄弟的死归咎于受害人所属的一个巴基斯坦部落。

这并不是拉齐克的部队在人权报告中唯一一次露面。去年的报告提及了2010年2月的一次事件，报告写道："阿富汗边境警察在边境城镇斯平布尔达克误杀了7名公民，他们当时正在检查站附近收集柴火。"据媒体报道，这7名受害者来自边境附近一个叫索塔诺[①]的偏远村庄。该次事件之后的一次采访与辛·努尔扎伊案之后的那次非常相似。采访期间拉齐克声称他们误以为被害人是塔利班渗入者，而巴基斯坦媒体的报道则简洁干脆：被害人为"巴基斯坦司机"，因"旧时不和"招来杀身之祸。

其他事件也同样被报道出来。2010年1月，阿富汗独立人权委员会（Afghan Independent Human Rights Commission）委员纳德尔·纳德里（Nader Nadery）举办新闻发布会，谴责在坎大哈发生的虐待事件。他谴责的对象之一就是拉齐克。"在至少3起有斯平布尔达克边境警察局局长涉及在内的案件中，当事人有证据证明他们遭到非法监禁和虐待，"纳德里告诉我，被害人称他们被人用电线殴打并单独囚禁，其中一人被关达3个月之久。据纳德里称，这些人并无严重罪行。他们被拘留可能是出于政治目的，或商场争斗。

考虑到坎大哈发生的暴力事件程度之严重，要证实这些控诉极其艰难和危险。依穆罕默德——也就是在2006年调查辛·努尔扎伊和其同伴之死一案的那支CID小组成员——的说法，如今要对拉齐克展开类似规模的政府调查已绝对不可能了，他的权势已经太大。

然而，我却找到机会通过多个不同渠道的知情者了解了另两名年轻男子的死。我称这两名男子为萨迪克（Sadiq）和法伊祖拉（Faizullah）。据称两人在2010年9月7日，也即是美国领导的军事打击最盛之时，被边境警察杀害。他们与其他被害者的死清楚地显示：辛·努尔扎伊和其朋友的死并不是一桩个案，而是拉齐克管理下普遍存在的私自扣押和法外处决现象的冰山一角。

据其家人称，两名死者之前被关押在拉齐克位于斯平布尔达克的一所私人

---

① 索塔诺（Sortano），阿富汗边境一个村庄的名字。——译者注。

监狱，在斋月的最后几日被拖出监狱执行了枪决。8月31日，拉齐克最钟爱的一名指挥官遇刺，二人的死可能与此事有关。法伊祖拉全家都是出租车司机，他死时大概23岁，死前3个月他在斯平布尔达克被边境警察逮捕。萨迪克与他年纪相仿，较他早一个月被逮捕。两人虽互不相识，却一同死在了卡塞加拉特（Katsai Ziarat）村庄附近一处偏僻的区域。

“尸体在离村庄较远的一个干枯河沟内，手被绑住，”一名去领回尸体的死者亲属告诉我，“那个村的牧羊人发现了尸体，然后当地人把我们带到了现场。”

这两名男子是否与塔利班有关，是否为一些对立的走私团伙效力，又或者，是否如他们的家属所说是无辜的，这些我们都不得而知。然而尽管如此，依照这些证据，他们被草率、非法地处决却是不争的事实。他们家人的绝望与惊恐也让人感同身受。“我们无数次地去找美国人，”另一名死者亲属说道，“他们只是袖手旁观。我们还能怎么办?”

自那以后，拉齐克成为了坎大哈省的“代理”警察局长，在一定程度上这多亏了美国在他背后撑腰，纵容他。坎大哈省有阿富汗第二大城市，而他似乎也将其在边境地区的野蛮作风一并带了过去。7月，我与一位父亲交谈时得知，他的儿子，一名18岁的商店店主，在被发现与警方怀疑的叛乱分子有接触后被警察羁押，在押期间遭到毒打，最后因内伤而死。而我本人也目睹了纳吉布和艾哈迈德脚趾上的圆形烧痕，据当事人所说是他们在被审问是否犯有莫须有的罪名时遭电刑所致。

* * *

道德问题先放在一边，拉齐克的人权侵犯记录，使得美国为其部队提供训练和援助的行为构成违法。1997年，为应对哥伦比亚军队的施虐行为，美国国会通过《莱希修正案》("the Leahy Amendment")，该法案是以其发起者和最公开的拥护者——美国参议员帕特里克·莱希（Patrick Leahy）的名字命名，他是佛蒙特州的一名民主党人。该法案禁止美国国务院或国防部向“有可靠证据证明其严重侵犯人权”的任何一支外国军事部队提供援助或训练。

在2006年人权报告中列举拉齐克屠杀平民的美国国务院民主、人权和劳工事务局也负责监督《莱希修正案》是否被严格遵守。而令人难以置信的是，美国对拉齐克的支持似乎从未引起人们对其违犯该法案的关注。“我没有接到举报说有人违犯《莱希修正案》。”1月，在坎大哈的国务院官员本·莫林对我说。

问题是，拉齐克可以公然避开《莱希修正案》的约束，这究竟是相关部门莫名其妙的玩忽职守，还是对拉齐克的问题有意回避。8月，维基泄密（WikiLeaks）发布了数百份涉及《莱希修正案》的越洋机密电报，这些由驻喀布尔的美国大使馆发出的电报显示，从2006年至2010年，美国在训练数千名阿富汗安全官员前对他们进行了调查。举其中一例，在2007年9月29日，使馆调查了边境警察局的251名中级和高级官员。显然，拉齐克的名字并不在其中。

"美国对阿富汗安全部队的训练是受到《莱希修正案》约束的，"主持美参议院司法委员会的莱希告诉我，"我很担心调查是否有效，修正案是否被严格执行。"（一名国务院发言人称，国务院不能对被质疑是否依据《莱希修正案》的个人展开调查并发表评论。）

如今，拉齐克已经被提拔到一个备受瞩目的职位，成为了坎大哈省"代理"警察局长，美军似乎也终于开始担心自己是否已沦为其虐囚行为的同谋。7月12日，一份机密报告秘密发布了一项决定，要求所有北约国际安全援助部队（NATO's International Security Assistance Force，以下简称ISAF）在相关控诉引发的忧虑得到解决前，禁止向在南阿富汗的警方或国家安全局拘留所移交被拘留者。

美国阿富汗盟军侵犯人权的问题不仅只存在于拉齐克一人身上。9月起草的一份联合国报告走访了数百名被拘留者，他们都曾被羁押在警察局和国家安全局拘留所，这份报告显示超半数的受访者称他们遭受了虐待。虽然阿富汗政府驳斥了这份报告，但ISAF还是依据报告，中止了其对另外数所监狱移交囚犯的行动。

然而，只要那些施虐者可以逃脱惩罚，暴虐行为似乎仍很有可能继续。8月22日，卡尔扎伊任命阿萨杜拉·哈立德——也就是那个在2006年袒护拉齐克，且其本人的卫队被指称虐囚的前任省长——为他的特别代表，监督在南阿富汗的所有安全部队。

也许正是中止向坎大哈省移交被拘留者的决定，致使如今拉齐克回到了他在边境的领地。但这并不是美国和ISAF第一次考虑收回其对拉齐克的支持。据传2009年岁末之际， ISAF高级官员曾考虑向拉齐克施压，促其卸任。外泄的越洋电报显示，在喀布尔曾举行过一次高层会议，会议由副大使厄尔·韦恩（Earl Wayne）和少将迈克尔·弗林（Michael Flynn）主持，讨论了拉齐克等人的问题行为。"包括拉齐克的美军同行在内，"一份电报指出，"所有人都对他的腐败行为心知肚明。"然而，《华盛顿邮报》（*Washington Post*）一篇文章称：最终，时任ISAF和美军部队指挥官的麦克克里斯托将军决定保留拉齐克，因为他太有用了。（麦克克里斯托通过发言人表示谢绝对此做出评论。）电报还显示，一个美国信息作战小组甚至提议，“如果可以的话”，“长期鼓励在国际媒体上就‘改造’拉齐克进行报道”。

而拉齐克本人依然否认所有对其不当行为的控诉。“我们已经对全世界和媒体说过了，”他说，“如果你有任何证据，那就来把我们抓上法庭吧。”

这是美国在坎大哈一直以来谨慎权衡的事：一方面是对有关拉齐克施虐和犯罪的控诉，另一方面是拉齐克作为其在塔利班战争中的盟友发挥的极大作用，两者孰轻孰重还须掂量。又或者，正如在1月，也就是在最近一轮指控发起之前，莫林对我说的：“我认为眼下我们应该看看他已经取得的成绩。对我们而言，关注他做错了什么真的对我们没有什么好处。”

（王馨逸　译）

看不见的军队

萨拉·斯蒂尔曼（Sarah Stillman）

《纽约客》

最佳公共利益奖

基于一年多的调查，萨拉·斯蒂尔曼揭露了在伊拉克与阿富汗军事基地上遭受不当对待的上万名外国劳工的遭遇。她用事实记录下一个腐败的劳动力供给系统，在国外以高薪招募员工，事实上却借契约将他们推向奴役生涯。《看不见的军队》为《纽约客》赢下了自2000年以来的第7个美国“国家杂志奖”之“公共利益”单项奖；评委们形容自己“被斯蒂尔曼的深入调查和冷静却引人入胜的叙事所深深打动”。本文发表时，萨拉·斯蒂尔曼26岁。

午餐时间，斐济，苏瓦[1]。2007年9月，已近尾声的旅游季，慵懒闲适的一天。四个男人出现在文妮·图伊瓦加担任发型师的雷维尔美发沙龙门口。都穿着抛光的鞋子和鲜亮的夏威夷衬衫的他们，向文妮提起一份工作。她后来回忆道，这似乎是“我顺服上帝多年的犒赏” 。他们问她觉得去迪拜的一家高档酒店工作怎么样？到一个有“黄金城”之称的地方，挣5倍于眼下的薪水？她想不想为富有的阿拉伯客户剪剪头发，染点颜色？从那些赶时髦的女人身上挣到高得不可思议的小费？

“我会跟我丈夫讨论一下。”她回答，显得很冷静，实际上却心跳加速。45岁的文妮从没在国外工作过，但她在当地教会聆听传教士训导时常常这样幻想。文妮身高接近6英尺，有230磅重，关节炎影响着她走动时的步态。但她仔细打理自己的外表，穿亮闪闪的宽松长裤，她精心修剪过、抹了发胶的黑发上压着一顶金色鸭舌帽，手里握着一只亮红色的人造皮革女士手包，银色眼影涂得满满当当。她能想象自己在一个大城市工作的样子。这个职位似乎会是她生命中的重大突破，一个机会，能让她把十几岁的女儿送去一所体面的大学，还能给她最小的儿子付中学学费。

那周晚些时候，在街角的一个沙龙里，32岁的莉迪亚·肯纳纽接到了一份类似的工作邀请。莉迪亚是一个反应敏捷的女人，脸上挂着卖弄风情的微笑，她的身材会让斐济的男人们不由自主地呼喊“乌洛、乌洛！”——在当地方言里表示“诱人的”——这样的莉迪亚也为在迪拜的职业前景激动不已。在整个斐济的美发沙龙和海滩宾馆里，还有很多其他女人也听到了同样的消息。几天之内，一架大韩航空的航班将从纳迪国际机场起飞，前往迪拜。她们只须递送简历、交出护照、提交医疗测试报告，再向当地一家名叫“子午线服务中介”的招募机构支付一笔500美元的佣金。

很快，超过50名女性在“子午线”的办公室外排起了队，为这份每月3800美元——相当于斐济人均年收入的10倍的工作竞争。10名女性被选中了，文妮和莉迪亚就在其中。文妮抬起双臂挥舞着，唱响她最钟爱的赞美诗：“我们将要实现一切，我们将要实现一切。有耶稣在我们身边庇佑，一切都将圆满解决。”莉迪亚飞奔回家，告诉她丈夫这一消息，也给她5岁大的儿子解释这是怎么一回事。

① 斐济首都。——译者注。

“妈咪会很好的，”她记得自己这样告诉他，“迪拜，那是一个富裕国家的城市。在那里只会发生好事。”

2007年10月10日的早晨，美容师们登上了她们前往阿联酋的航班。她们的行李袋里装满了化妆品、家庭相片、《圣经》、印花莎笼，还有“昌巴”——用来搭配莎笼的斐济传统丝质上衣。超过半数的女人离开了自己的丈夫和孩子。她们在匆忙中启程，没有人记得检查一下自己旅行文件上的附属细则：她们得到的并非工作签证，而是为期30天的旅游签证；禁止任何形式的工作，无论“收费或不收费”；她们的职业都被列为“销售协调员”。迪拜不过是一个经停点，她们的最终目的地是美国驻伊拉克的军事基地。

莉迪亚和文妮在不知情的情况下被招募到美国国防部“看不见的军队”：超过七万名厨师、清洁员、建筑工、快餐店员、电工，还有美容师，他们来自世界上最贫穷的国家，与美国签订了在伊拉克及阿富汗服务的军方物流外包合同[①]。菲律宾人洗涤士兵制服，肯尼亚人和冷冻牛排还有充气帐篷打交道，波斯尼亚人修复电网，印度人负责供应冰摩卡和拿铁。美国陆军和空军交易服务局（AAFES）[②]是大部分美国军事基地中商业版“家乡风味”的背后推手，包括珠宝店、满是刻制骆驼和塔利班象棋套装的纪念商品店、为士兵提供按摩和修足服务的美容沙龙，还有出售各式快餐（塔可钟[③]、赛百味、必胜客和辛那邦[④]）的小商铺。（美国陆军和空军交易服务局的信条：“我们随你而行。”）

伊拉克和阿富汗雇佣兵人数的激增众所周知，但武装安全人员仅占了全部雇佣军的60%。他们中的大部分——超过在伊总人数的60%——是被雇来工作而非战斗的。这些工人主要来自南亚和非洲，通常住在环绕着刺铁丝网的美军基地里，在简陋的食堂用餐，举办以尼泊尔浪漫歌谣和乌干达教会颂歌为特色的舞会。一大批人都是被临时分包商雇来的，后者拿着美国纳税人的钱，干的却经常是违法的勾当。

---

① 物流服务外包方，（如军方）为集中精力增强核心竞争能力而将部分物流业务以合同的方式委托给专业物流公司操作，从而减少开支。——译者注。

② 美国陆军和空军交易服务局（Army and Air Force Exchange Service）是美国国防部旗下一个机构，成立于1895年，其总部位于美国得克萨斯州达拉斯。旨在为美国士兵提供一切需要或想要的，免税的，经常打折的商品，其中包括：制服、休闲运动设备、维生素、电子、家具、餐饮等。——译者注。

③ 塔可钟（Taco Bell）美国最大规模的墨西哥式快餐店。——译者注。

④ 辛那邦（Cinnabon）美国肉桂卷专卖店。——译者注。

按照军方的说法，战争中的外籍劳工被称为“第三国人员”，简称为T.C.N.[1]。不少人都有过被剥夺工资、得不到伤害赔偿、遭性侵、被他们的分包商老板当作契约奴隶对待的经历。我在为时一年的调查中取得了此前从未公布过的合同备忘、上百份采访和政府文件，它们证实了大部分指控，并揭示出其他令人忧心的问题。大规模的虐待甚至导致了一系列发生在国防军分包营地里的食物暴动，在几起事件中，超过上千名工人被卷入。

在美方军事力量从伊拉克及阿富汗缓慢撤退的过程中，第三国劳工们作为取代美国陆军部队的一种方式，成了奥巴马政府长期战略的一部分。然而，美军高级官员正意识到这片外包资源的缺陷。一些人认为，军方不受监管的第三世界后勤部队的崛起正对美军的军事目标造成损害——去年夏天[2]，前上将斯坦利·麦克里斯特尔（Stanley McChrystal）[3]在被罢免撤出阿富汗前就是这么说的。其他人的担忧，如前美国国会众议员、两党战时承包委员会联合主席克里斯托弗·谢斯（Christopher Shays）所描述的，虐待外籍劳工已演变为“令人无法容忍的人权侵害”。

* * *

战时物流的广泛外包——在克林顿执政期间的索马里和巴尔干半岛最早投入尝试——旨在缩减开支，以便军队能够专注于战斗。然而，在实践中，军事私有化已经促使境外分包形成错综复杂的供应链，且常常导致超支与欺诈。战时承包委员会日前就那些由于“设想不佳、规划不足、运作不畅和监管不力的分包行为”所引发的危机发布警告，尤其指出军方“严重倚赖那些也许无法对任何美国政府当局负责的境外分包商”所可能造成的危害。

分包程序起始于重要政府部门和机构，尤以国防部为甚。国务部将近期的重大物流合同（价值高达一年15亿美元）分授给美国三大私有化军事巨头：凯

---

① “第三国人员”（Third Country National）的英文首字母缩写。——译者注。

② 本文写作于2011年。——译者注。

③ 斯坦利·麦克里斯特尔（Stanley McChrystal，1954— ），1976年毕业于西点军校，特种部队出身，2003年至 2008年担任联合特种作战司令部司令，2008年至2009年担任联合参谋部主任，2009年出任驻阿富汗美军司令，仅仅一年之后，因为批评奥巴马政府高官而被解职并提前退役，随后彼得雷乌斯上将接替了他的职务。——译者注。

洛格·布朗·路特工程建设集团（KBR，从前的哈里伯顿子公司）[1]、德阳国际（DynCorp International）[2]和福陆（Fluor）公司[3]。这些“主要供应商”再将他们得到的合同的大部分转售给全球数百个分包商，它们大多位于一些被美国国务院列入人口贩运不合作名单[4]的中东国家。最终，这些公司号召起数以千计的第三世界“人力服务中介”——类似“子午线服务中介”的小型招募机构。

常见的招募骗局通常包含一则从报纸上撕下来的、以中东“餐台服务员”为目标的诱人广告，或是在线上发布一个就业机会，承诺“全中东最好的工作之一正虚位以待……诚招厨师/大厨/主厨”。考虑到不少申请人的绝望处境，他们需要回答的问题也很少，还有些分包商会绕过安全检查把工人偷运进美军基地，试图绕开基本工资和福利待遇的规定。“在这里没人照章办事。”一名在伊拉克有6年工作经验的境外招商经理告诉我。在附近的一家派派思[5]和辛那邦里，他把我介绍给3名年轻的尼泊尔和孟加拉国劳工，他们每人都曾付给一名人口走私贩子300至400美元的费用，让他用一份伪造的授权信把他们带进基地。这还只是额外费用——为了得到这份工作，他们都曾付钱给自己国家的一名招募人员——平均每人3000美元。

类似的数额很普遍。一家典型的人力机构要求申请人支付2000至4000美元——分包商们在这些国家里搜刮的一小笔财富。为了筹钱，工人们也许会抵押传家宝，卖掉他们的结婚戒指、土地或牲口，也会去借高利贷。美国军方准则中禁止类似的“额外”费用。然而，在对第三国劳工进行的上百次采访中，我几乎从未遇见过一位不曾为自己的工作支付少于1000美元的劳工，我也从未听闻有人曾因收取这类费用而受罚。

---

① 哈里伯顿公司成立于1919年，是世界上最大的为能源行业提供产品及服务的供应商之一，其总部位于迪拜。2002年3月，哈里伯顿完成了新一轮战略重组，将其全部业务划分为两部分。重组后的凯洛格·布朗·路特成为美国最大的工程承包商之一，其总部位于美国得克萨斯州休斯敦市。——译者注。

② 美国最大的军事承包商之一，美国最大的军事后勤承包商，美军飞机的维修保养和运输基本上由该公司负责。也与联合国等国际机构有公开的合作，例如在阿富汗配合国际刑警进行扫毒工作。——译者注。

③ 福陆公司创始于1912年，是世界最大的主要从事咨询、工程、建筑等其他多种服务的公有公司之一。——译者注。

④ 自从2000年通过《人口贩运受害者保护法》，美国每年发布《国际人口贩运问题报告》，评估全球各国人口贩运情况，以打击相关违法行为。——译者注。

⑤ 美国知名炸鸡连锁店。——译者注。

同样罕见的是一名按照约定收到全额工钱的劳工。在美军驻伊拉克主要基地工作的25岁塔可钟雇员告诉我，他曾付给尼泊尔的一家招募机构4000美元。“你一眨眼就能在伊拉克把钱挣回来！”他们向他担保。2009年5月，他抵达巴格达后，被安置进“绿区”[①]——位于美国大使馆后面的一个集装箱。在那里，他和其他25名尼泊尔、印度及孟加拉国劳工一起睡在肮脏的床垫上。大部分人得知他们为美军士兵做饭及提供服务能挣到的是每月275美元的低廉薪金——只是他们曾被许诺的薪水的零头，以及美国纳税人为他们的服务所缴纳的极少的一部分。

于是他付给另一名中介300美元，让他开出租车带自己去伊拉克北部的另一个美军基地。在那里，一个印度走私贩子要价300美元帮他找了一份做玉米饼的工作，每月500美元。“我现在安全了，”他站在分餐的小窗里，眼里含着泪说，“那都是过去的事了，明白吗？军队是我赖以为生的地方。”

对于那些熟悉美国墨西哥湾沿岸地区服务经济情况的人而言，这条劳力输送线不过就是一个跨国系统的最新延伸。几十年来，这个系统都在为科威特、沙特阿拉伯、约旦和阿联酋输送低薪劳动力。只是这些劳工还要面对迫击炮火和火箭弹袭击、随时可能爆炸的引爆装置，以及其他的战争风险——还有一点，他们，尽管透过层层中介，都是在为美国政府工作。

* * *

2007年10月，临近破晓，文妮、莉迪亚，还有其他斐济美容师降落迪拜。她们说，在机场的时候，来接她们的是某个跟库拉克建筑公司有关联的人——那是一个土耳其企业，在国防部的分包合同里占了好几百万美元，他们什么都干，从为军队修保龄球道到维修基地设施。这些女人被开车送到市中心的一家私人医院。“那里非常安静，因为那时是斋月[②]。”文妮回忆道。在一间小小的检查室里，护士给她们做了一系列血液检查，还接种了一些疫苗。文妮问为什么要检查和打针，“在伊拉克你会需要它们的。”其中一个护士解释道。

“天哪，我们听到那句话的时候都快疯了。”梅兰妮·格贝尔，一个娇小的

---

① 伊拉克战争后，美英等国家在伊拉克首都巴格达原总统府（共和国宫）附近建立的一个“安全区”，内驻有伊战后各国设立的使馆。“绿区”戒备森严，美伊等国军队在此层层设防，使得此间俨然成为一个“独立王国”。——译者注。

② 伊斯兰历的9月，每日从黎明到日落禁食、禁止娱乐活动。——译者注。

前酒店女招待，也是这些斐济女人中最年轻的一个，后来这样对我说。我们的谈话发生在她位于伊拉克北部塞克斯前沿作战基地的简陋住处，靠近塔尔阿法。她的床脚堆着一顶凯尔拉夫头盔和一件防弹背心。“我们曾经每天都在电视上看到伊拉克发生的事情——炸弹，垂死的人们”。同一天夜里，那些女人试着逃跑，但她们中有一部分人为了支付招募费用借了钱，而据称“子午线”还曾威胁一些人，说如果她们提前终止合同，就要支付超过1000美元的罚金。

几晚过后，有几个女人溜出去给她们的家人打公用电话。“你先深呼吸一下，亲爱的，”文妮对她丈夫说，用力忍住眼泪，“我不是到迪拜来工作的。一辆汽车把我们载到机场，我们要直接往伊拉克去。”在凯·普阿福茂——另一名斐济美容师——和她丈夫通上话后，他去找了斐济警方、劳动部门和一家全国性报纸。《斐济时报》就“子午线服务中介”的招募黑幕刊登了一篇报道。然而，尽管警方誓要进行调查，但对于那些身处9000公里外的美容师，他们所能提供的帮助十分有限。

第二天早晨，文妮、莉迪亚，还有其他女人飞抵伊拉克，她们发现自己正被护送往距巴格达北部40公里处的巴拉德。在那里，在一个被称为“蟒蛇基地”的地方——也因其遭受连续不断的迫击炮攻击而被士兵称作“玛格丽特酒镇”——她们接到了更多的坏消息。与她们曾被许诺过的每月1500美元至3800美元薪金不同，她们被告知自己每月只能赚到700美元，这一数额之后又被另一道分包程序缩减到了350美元。“我们都吓蒙了，”查妮尔·乔伊回忆道，“这太荒谬了！真的，奴隶劳工！在这里，一个战区，荒谬至极！”同样作为一名有资质的美容师，过去她在一家斐济酒店里能够挣到好几倍的工钱。她们在伊拉克签署的合同把她们的工作时间准确地定义为“每天12小时，每周工作7天”；她们的“假期”是“服役结束后的一张回程机票”；合同的附加部分是一份法律弃权声明：“我愿意，并且出于自愿，决定前往伊拉克工作，同时，我声明在斐济或斐济以外的地方，没有任何人要求我到伊拉克工作……我对我的工作感到满意……我愿意完成我的合约，直到那时，我才会回到家乡。”（库拉克建筑公司的一名律师否认他们曾雇佣过任何来自斐济的女性，尽管公司的名字出现在这些女人的合同上。他还附加了一句：“库拉克拥有60年的良好声誉。”）

差不多有两星期，这10名女性拒绝任何形式的工作。“我们决定要团结一致，”查妮尔回忆道，“沙漠姐妹——这是我们给彼此的称呼。”查妮尔是一名年纪较大的女性，一头浓密的赤褐色卷发，看上去很有威严。最终，她们同意接受一份修改过的合同，为她们提供每月800美元的工资。总好过被搁在这里什么都没有。第二天早晨，美容师们被分别送往不同的军事基地。两个人留在了“蟒蛇基地”；3个人飞去了提克里特[①]；两个去了摩苏尔的“变色龙”基地；另外3个人——文妮、莉迪亚和梅兰妮，在经停了提克里特与摩苏尔后，最终抵达了塔尔阿法。登机前，这些女人拿到了防弹衣，还接受了一堂火箭轰炸指南课程：如何灵活闪避，接着全力冲向最近的掩体，躲在那里，直到“解除警报”的鸣声响起。

文妮告诉我，只有在那时，她才真正意识到自己的处境。穿着她沉重的新装备，爬进一架军用直升机里，她决定之后每晚都向上帝祷告，祈求他让她活着回家。“我会受到伤害吗？”在黑鹰直升机升空的瞬间，她自问道，“我会被杀死吗？谁会来照看我的家庭，我的孩子们？求你了，主啊，保护我。”

* * *

并非每个“第三国人员”都能安全回家。据报道，自2001年起，在伊拉克与阿富汗有超过2000名劳工死亡，超过51,000人受伤。在美国历史上，这两个战区雇佣军的伤亡数量第一次与美军正规部队的损失持平，总计达到2010年前6个月里报告的伤亡数量的一半。由于许多第三国劳工的死伤从未被记录在案——考虑到要求合同工自行申报这一情况参差不齐的执行度——预期真正的数目还要更高。

康斯坦丁·罗德里格斯，38岁，来自前葡萄牙殖民地果阿，言辞温和。一颗反对派火箭弹轰炸的时候，他正在伊拉克塔基营的一家必胜客里上班。根据他前老板的说辞，他的两名孟加拉同事死了，罗德里格斯失去了一只眼睛和一条腿。残疾的他被送回南印度，那里还有一个年轻的妻子和一个孩子等着他供养。尽管在美军基地受伤的雇员通常有资格获取医疗护理和残疾赔偿金，但鲜有外籍劳工会意识到他们的权利，只有很少人能够设法完成获得赔偿所需的复杂手续。

即使大多数美国人对美军营地的这群外国劳动力一无所知，基地组织和其他极端主义团体却都留意到了这一现象。早在2004年，逊尼派激进分子就发动了一场针对第三国人员的屠杀。他们的目的是通过袭击卡车司机以妨碍美军后备供应链，并惩罚与“无信仰者”勾结的第三世界穆斯林，促使政府阻止他们的国民到

① 巴格达北部一地区。——译者注。

海外为联合部队工作。整个2004年的夏天，直至早秋，被反对军绑架的劳工名单中包括土耳其人、巴基斯坦人、印度尼西亚人、印度人、埃及人、马其顿人、保加利亚人和肯尼亚人。在一起尤为血腥的事件中，一队预备前往一处主要美军基地的尼泊尔工人被俘，11人被射死，其中一人被砍头。

除却这些艰险的处境，很多第三国劳工对自己的工作心怀感激。在我穿行于伊拉克和阿富汗的旅途中，我遇到过几十个类似帕斯·迪宗的工人。她是一名菲律宾清洁女工，受G3物流公司①雇佣在坎大哈空军基地的医院工作。（“帕斯？”她自我介绍的时候我重复了一遍，对此她快活地回应道：“是的，就像‘让它过去！②’”）她自我感觉正为战争做出重要的贡献，并挣到了一份远高于她在家乡所能得到的工钱。夜里，她会跟军营里的其他菲律宾人一起嚼点奶油夹心蛋糕当零食；火箭炮的攻击过后，她们用一个布满尘土的卡拉OK机唱20世纪80年代的流行歌曲。“我们总是不停地开玩笑说G3雇来的女士们会高高兴兴地死去，唱着歌，跳着舞。”和她一起工作的雷伊·维拉·柯卡思咯咯笑着，向我描述她们的老板如何在前一晚的迫击炮轰炸中引吭高歌《军人的财富》。

起初，文妮、莉迪亚和梅兰妮在伊拉克也适应得不错。几个月之后，她们3人向北飞到了塞克斯前沿作战基地，那里也是我们见面的地方。她们为另一家土耳其分包商工作，被一个20来岁，总在不停吞云吐雾的土耳其男人监管。她们住在装了空调的集装箱里，在“士气、福利与休闲”③大厅里打台球，到星期天的教堂礼拜上唱颂歌，在主要的就餐区域用餐，那里包含一个热三明治吧台、鸡翅和汉堡烧烤台、一个“健康选择”长台和多种口味的巴斯金·罗宾斯冰淇淋④吧台。陆军和空军交易服务局的美发沙龙被证实不坏，人造皮椅上坐满了士兵，M-16来复枪搁在他们的脚边，在等着接受7美元的足疗或5美元的剃刀修面时翻看马克沁重机枪的小册子。过时的时尚海报挂在墙上，满是20世纪80年代式样的麦当娜式造型（大圈耳环，厚重的刘海，配上鼓舞人心的话语，例如“简约是美丽的精髓！”和“我们随时恭候!”）

3个女人都知道该如何让自己的顾客放松下来。文妮会和士兵们做些文字游

① 一家西班牙物流公司，为高科技行业提供物流和运输服务。——译者注。
② 原文为pass away，与她的姓Paz发音相近。——译者注。
③ 军营里为士兵提供休闲娱乐的场所。——译者注。
④ 发源于美国南加州的知名连锁冰淇淋专卖店，以随时都能提供31种口味的冰淇淋而闻名。——译者注。

戏，“把男人丢进修甲里”[①]，或是展示塞穆尔的快照——塞穆尔是她12岁大的儿子，喜欢成盘成盘地吃她做的腰果炒鸡；莉迪亚在工作的时候会询问士兵们在美国的生活境况：有女朋友吗？有孩子吗？有男朋友吗？梅兰妮是3人中最害羞的一个，在结束她的修甲时段后总会像个活泼的旅游代理般问道：“你想过到斐济去度假吗？你应该去的。那是一个美丽的地方，像天堂，真的。哪天你可以到那里去度蜜月。”（她定期颂扬斐济天然瓶装水的优点，以至于她在整个基地都被称作“斐济水女士”。）

有些顾客则会开玩笑地顶撞回去：“既然斐济这么好，你又为什么要离开，跑来这个狗屎坑一样的地方？”要是老板到外头吸烟去了，而这个坐在淡紫色人造皮椅上的男人看着又挺可靠，女人就会告诉他。一名同情的顾客、一个美国独立承包商，联系了在纽约的同事；一封信被送到国防部，要求官方调查这些女性的应征和工作条件是否带有“剥削”性质。那之后不久，美国陆军和空军交易服务局的总监察长派出一名商业经理，对这些美容师进行探问。但这名经理坚称，由于3人各自持有护照，并在抵达迪拜后得知了她们的最终目的地，陆军和空军交易服务局并未触犯任何反对人口贩运的条文。（机构确实泛泛地指出：“为了保护合同工，有必要提供更好的安全保障和改进措施。”）

2008年4月初的一个深夜，我敲响了莉迪亚和文妮居住的集装箱的门，发现莉迪亚蜷缩在地板上哭泣：她的膝盖抵着胸口，下巴又抵着膝盖。在迟疑了一会儿后，文妮告诉我，一名监管人员对莉迪亚“为所欲为”了。根据两个女人含泪的叙述，并非出于她们意愿的性关系已经成了莉迪亚生活中的一个固定组成部分。她们说那个男人会辱骂莉迪亚，叫她“该死的婊子”，还会描述他愿意看到她做出的各种动作。莉迪亚颤抖着，那个通常十分自信的她被压垮了，躲到了内心里。“要是他今晚过来，你必须尖叫，”文妮对莉迪亚说，她的拳头击打着集装箱的铝制壁板，“你就用力敲这堵墙的这里，然后大叫!”

第二天，我拨打了美军紧急性侵热线。他们的电话被印在一份小册子上，在各个基地里散发，上面还印着“站起来反抗性侵……做出改变”的字样。没人接听。除了某几天里的某几通电话，这个号码只是单纯地响了又响。（之后，美国国防军中央司令部发言人在被要求做出评论时提到：“我们会确实追踪和调查任

① 修甲的原文为manicure，含有“man”（男人）这个单词。——译者注。

何被报告发生在我们的军事基地上的犯罪行为。”）

* * *

如此这般的虐待本不应发生。2006年初，在发布有关人口贩运的报告后，国防部针对临时合同工的工作情况展开了一项调查。政府调查员列出了“广泛存在的”虐待行为，包括非法没收劳工护照、“欺诈性的雇佣行为”、“额外的费用征收”以及“远低于标准要求的工人生活环境”。

同年4月，后来的伊拉克总指挥官乔治·W. 凯西（George W. Casey），发布了一道针对在伊私人承包商和分包商的命令，要求制定有关人道待遇的准则。第三国劳工首次获得了享有“可衡量的、强制性的生活指标（例如卫生设备、健康状况、安全保障等）”的权利，包括“每名劳工至少应有50平方英尺的生活空间”。全体美军都将接受训练，帮助他们分辨人口贩运和虐待，而主要承包商们则被勒令为他们的雇员设置一套强制性的反对贩运认知课程。

然而，事实证明国防部对违反准则者的“零容忍”政策毫无收效。在2008年12月的一起事件中，美国军方人员发现了一处基地外的仓库——由凯洛格·布朗·路特公司的一家分包商——纳贾拉国际餐饮（Najlaa International Catering）运营，填塞了1000多名劳工，按情况来看他们应该都是人口贩运的受害者。大多数人被遣送回家，但纳贾拉保住了自己的服务合同，赢得了一项新的价值几百亿美元的交易，为“绿区”运营一个美国国际发展署①餐饮场所。

一名来自约旦安曼的纳贾拉联合公司代表告诉我，劳工们所遭受的非人待遇都是源于暂时的“资金问题”；而KBR的一名发言人则表示，公司“绝不向我们的美国政府客户们隐瞒事件的任何细节，包括由KBR和纳贾拉共同实施的弥补措施”。此外，KBR一名发言人还声称：“我们积极鼓励雇员通过公司现有的恰当渠道和步骤提出他们关心的问题。”

然而，在某些案例中，显而易见地，经理们被自己的上级劝阻不要关心类似问题。麦克·兰德，此前是KBR的一名工头，在他为自己的菲律宾、印度工人的生存处境提出申诉后不久，他就接到了来自官方的斥责：“（公司）期望你能够克制自己对合同工的工作及生活环境表现出进一步的关心，因为那不是你的职责

① 承担美国大部分对外非军事援助的一个独立联邦政府机构，继承国际合作总署的职能。——译者注。

所在……倘若再有试图妨碍（合同工）经营管理的行为，将可能导致其他惩罚措施，甚至包括停职。”一名在阿富汗的高层分包商工作人员告诉我，劳动法“在这里并不存在”，就算这些法令应该得到强制执行，在这里也很难优先考虑这些事——这份工作“就是为了让作战的人得到他们需要的东西”。

尽管如此，奥巴马政府已经决心要就承包商的可靠性进行讨论。在2009年就职后不久，奥巴马总统力求兑现他的竞选承诺，终结“这些缺乏规划、远见和管理的分包行为”，这种行为“已经一再地削弱了在战场上的我们的军队付出的努力”。2009年6月，当美军上将麦克里斯特尔接过美军和北约军事力量在阿富汗的指挥权后，他着手削减第三国劳工在战争中的作用。他推动了一项名为“阿富汗化”的政策，尽可能以阿富汗本土工人替代现有的第三国人员。传统势力认为允许阿富汗人——或者，在伊拉克，允许伊拉克人——到美军基地工作会对军队的安全造成严重威胁。但军方最新出台的反叛乱声明扭转了这一局面。倘若塞拉利昂①和孟加拉人占去了当地人能够胜任的工作，并因而造成当地居民与美军疏远，从而为美军基地带来更多安全威胁呢？麦克里斯特尔看到了一个与没有工作的广大阿富汗民众建立联系的机会。

“阿富汗化”被证实为一项难以完成的任务。腐败意味着美国纳税人的资金迅速流失到了塔利班反叛分子手里。甚至让阿富汗人进入和离开基地都成了一个损耗极高的过程，拖慢了重大建设项目的速度。截至2010年3月，在“阿富汗第一”政策②处于进展巅峰的时候，根据国防部统计，相较于去年6月，身处阿富汗的第三国人员的人数事实上增加了近90%，高达17,512人。

另一方面，在伊拉克境内“削减”合同工的操作，为那里的第三国劳工造成了新的困局。去年夏天，军方合约管理办公室的理查德·E. 诺兰上校就曾表达了类似的担忧：一旦这些第三国劳工的雇佣方失去了与军方的合同，或被勒令减少工人的数量，这些劳工将被丢弃在美军基地。我曾遇到过几个处于类似境况的劳工，其中一名卜派炸鸡的员工曾被同情其处境的老板告知：打包行李并带着它们去一名美军指挥官的办公室，跪下去，哭鼻子，看能否有希望搞到一张回家的机票。

在阿富汗坎大哈空军基地，我和菲律宾人约尔·森特诺谈了话。他坐在星期

① 西非国家。——译者注。

② 北约为鼓励开发利用本地服务和资源以确保盟军撤出后阿富汗正常化的政策。——译者注。

五美食餐厅[1]后面的一张野餐长椅上，把头埋进自己的双手。一家国防部分包公司解雇了他，却拒绝为他提供一张回程机票。（“衷心感谢你为团队做出的贡献。”他的解职信上写道。）森特诺属于战争催生的一种新劳工：在美军基地上无依无靠地漂泊着，寻找工作，负担不起回家的机票，也害怕在家乡等待他们的高利贷分子。

* * *

2008年4月初，文妮和莉迪亚被告知她们将要飞回斐济了。（就在我开始采访这两名女性之后不久，美国军方抱怨她们在基地上“制造麻烦”。）对她们而言，能够回乡是天赐之福。“我们这会儿就在数日子了，”莉迪亚对她的顾客们说，“新鲜水果、海滩，还有我们的家人。”她们登上了一架美国军用飞机，飞抵摩苏尔等待办理手续。她们说自己被搁在那个地方过了一个月，她们的护照和身份证明都被她们的土耳其分包商收走了。这意味着她们失去了自由行动的权利：没有身份证，美军可以轻而易举地对她们实施扣押，即使她们只是去一趟公共厕所，或是到A.T.&T.[2]电话亭去给家人打电话。即便如此，莉迪亚还是想办法和她丈夫还有儿子保持偶尔的联系。“别担心，妈咪没事，我很快就会回家来了。”她对他们说，对此她5岁的儿子回答：“你会给我买一把大枪吗?”

终于，在5月的第一个星期，她们登上了回家的航班。她们带了一些纪念品：她们的服务局名牌；在一处沙袋掩体前的快照合影；从一个伊拉克分包商那里得来的香水；还有一件尺寸过大的黑色T恤，是给莉迪亚的儿子的。T恤上面用英语和阿拉伯语写着：“提请注意，待在100米开外，否则你会遭到射击。”

文妮回家后，她发现全家人都围坐在起居室里一张大大的仪式专用地毯上，旁边放着一盏灯笼——所有人，除了她的小儿子塞穆尔，他躲在旁边一间房里的一张毯子下面，为自己在她不在期间长胖了而感到羞愧，并且害怕母亲认不出他。“我是你妈妈，”文妮哄着他，“从那东西下面出来，到这儿来！”当他终于露面时，文妮把他搂在了怀里。

---

① 美国主题式休闲餐厅，以红白相间的雨篷和黄色店标闻名，最早开在纽约。原本是为了那些单身族消磨周末时光而设的，但30年来以其独特的休闲环境和精美的餐饮吸引了越来越多的家庭和商务人士来聚餐。——译者注。

② 美国电话电报公司。——译者注。

文妮和孩子们以及丈夫共同度过了几周，烹制大餐、唱颂福音。最终，她回到了雷维尔美发沙龙重新担任发型师。莉迪亚和她丈夫有了一个女孩。“我用了，嗯，大概4个月来摆脱我的回忆，”她回忆道，“我在白天睡觉，夜里醒来，太多令人沮丧的往事……我只想送我儿子上学，再接他回来。”梅兰妮在几个月后才回到家，同样如释重负。她忙着准备结婚事宜，还在斐济纯净水疗浴场找了一份工作，那里的顾客们被指导着“轻柔地踏入流水……将烦心事和外部世界抛到脑后，如同身处一片遥远的海岸”。

随后，在2009年秋天的一个下午，文妮听到警方正在收音机上呼吁曾被“子午线服务中介”欺骗的人们前去揭露他们的遭遇。她听到，据统计，这家公司欺骗了两万多个斐济工人为虚假的“中东工作”支付巨额费用。据《斐济时报》报道：“子午线”的主管，一个名叫蒂莫西·洛洛希亚的大块头当地人，在过去5年里从他的受害者身上榨取了超过160万美元；这些受害者中不只有穷苦劳工，还有教堂会众、部落老人，以及为他们的部民寻求海外工作机会的村社中心。在瓦马洛绿荫苍翠的农业地区，一个村落发言人出示了一系列收据，证实洛洛希亚从13个穷困的村落敛取了相当于27,000美元的费用——一笔来自斐济的意外之财，用来交换从未落实过的在科威特的工作机会。由于洛洛希亚的招募阴谋造成了极大范围的损害，斐济警察局副局长设立了一个专案组调查这起事件。

当几位华盛顿人权诉讼律师透过我的调查得知这些美容师的经历后，他们安排文妮飞往美国，就她的事件细节举行听证。我旁听了几天她与劳工问题专家的谈话。最终，她被带去与国务院官员进行一场面谈。那次会面中，文妮有针对性地谈起她被骗的经历，以及随之而来的虐待。她还谈到了自己的孩子们，和与他们分离的那段在沙龙里服务美国士兵的岁月。

会面之后，特使路易斯·德巴卡（Luis CdeBaca）——国防部监督和打击贩运人口处办公室主任，向美国陆军和空军交易服务局及国防部长办公室通报了这项指控，并敦促他们进行调查。“我们必须保证国务卿希拉里·克林顿得知这些指控的存在。”他在2010年2月给国防部官员的一封邮件中这样写道，并确保“监督政府专案”[①]在他们之前收到这封邮件。不久，陆军办公室里开始流传一份由美国陆军检察长学校散播的加密幻灯片文件，讲述这些女人的遭遇。“军方政策

① 成立于1981年的美国民间组织，致力于调查和揭露政府的腐败及其他不当行为。——译者注。

反对任何涉及人口贩运的行为，”简报写道，并用红色标记加了一句，“没有哪位领导人会对此类事件不闻不问!”

然而，当记者向陆军刑事调查指挥部就去年夏天这起事件的细节提问时，他们被告知针对这些妇女遭受虐待的指控在早些时候接受过调查，而且“并未被证实”。（根据一份来自陆军和空军交易服务局的内部报告，在机构针对女性劳工招募进行的优先调查中，“针对强奸的指控从未浮出水面”。）刑事调查指挥部办公室拒绝回答是否曾有受害者接受过调查，以及，在最近一次的接触中，一名官方发言人就无法提供该案件的任何记录而道歉。根据这名发言人的说法，“刑事调查指挥部认为性侵的指控是相当严重的问题，只要有确实证据表明军方人员或与其相关的势力涉嫌卷入类似案件，我们都将全力展开调查”。莉迪亚和文妮都说她们没跟任何来自军方或陆军和空军交易服务局的人就性侵的索偿有过交谈。

* * *

自文妮和莉迪亚从伊拉克回国后的3年内，数以千计的第三国劳工试图揭露他们经历的一切，这着实有些令人吃惊。此前未经报道过的因食物短缺和克扣工资引起的劳工暴动席卷了各美军基地。2010年5月1日，在巴格达最大的军事基地，一个由阿联酋博莱美国际有限公司运营的劳工营里，超过1000名合同工——主要是印度人和尼泊尔人——暴动了，用他们的拳头、石块、木棒和“他们能够着的一切东西”——引用一名美国军方警察的原话。

营地上一个饱受饥饿之苦、名叫苏布拉马尼安的工人回忆说，暴动始于一场针对食物短缺的抗议活动。这位劳工每天工作12小时，清理军队的快餐吧台。他时年45岁，过去是一名来自泰米尔纳德邦[①]的稻农。暴动那天，大约晚上7点，苏布拉马尼安回到博莱美营地，和其他几千名工人一起排队领取晚餐。但厨师的食物发光了，至少还有500人饿着肚子。这不是第一回了；在过去一年里，空空如也的盘子成了营地上的常态。有几人冲向了管理处的办公室，要求更多大米；当管理处拒绝后，他回忆道，又有几十个人加入了争吵，接着是几百人，最终超过了1000人。工人们开始朝管理人员扔碎石块。4英尺见方的夹板被扔向窗户，砸碎了玻璃。工人们砸烂了通往储存补给的地窖的门，拿走了尽可能多的食物。

① 印度邦名。——译者注。

暴动在营地迅速蔓延开来。一度有400人在敲砸办公室的窗户、投掷石块、砸烂电脑、撕毁公司文件，还摧毁了通往营地的大门——在那里，一块蓝白相间的大型标语牌写着“以你想要被对待的方式对待他人……不要毁坏为你们的舒适而建造的博莱美公共财物”。（KBR在一项调查中提到如下情况：“博莱美的雇员们……在被告知他们将暂时得不到额外的食物供给后开始躁动。”“在对事件进行充分评估后，”一位公司发言人在一份书面声明中补充道，“KBR已就避免此类事件重演向博莱美管理部门做出通报，并要求他们与合同工携手落实补救性措施。”）

只有在美军警察抵达后——乌干达安保人员更早一步——营地才重归平静。一些工人试图藏起来，尽管他们无处可去——只有被遍地碎石围绕的零散、惨白的集装箱。夜里，劳工们紧挨着挤在破旧的铺位上，五颜六色的毛巾挂在他们之间权充隔档。

“几乎营地里的每扇窗户都被摧毁了，到处都是吃的，”乔纳森·特利维特中士，目击现场的美军警卫人员之一回忆说，“他们几乎摧毁了整座营地……令人震惊。”特利维特25岁，长相英俊，挂着一副印第安纳州[①]人表示不满的笑容。之后他带我参观了营地一圈，现在军警安排了两倍的巡逻力量以保证不会有任何“异于寻常”的事情发生。（“爱你们，伙计们。”他问候大门处的守卫。）他的警队尽了最大的努力去调查暴乱者的动机，但大多数工人，包括苏布拉马尼安在内，都害怕得不敢开口，并且他们中的大多数人都只能说很少的英语，或者压根儿不会说。那天夜里稍晚些时候，特利维特中士麾下的3名军警因他们在镇压暴乱中的表现收到了陆军嘉奖勋章。

暴乱过后几周，挑衅的情绪散播到了基地的其他地方。在邻近的营地上——海湾餐饮公司，另一家分包商——工人们掀起了一场行为相仿的暴动，朝他们的老板丢石块，控诉公司没付给他们正当的工钱。同一周，海湾餐饮公司的更多雇员在运转途中停留的巴拉德营地纵火，以烧毁营房来抗议工钱拖欠；好几幢大楼被彻底烧毁。

这一局面并非没有先例。2008年，在另一个邻近的劳工营地上，阿拉·努里·哈本，一个失了方寸的伊拉克商人也曾面对过一群类似的暴动劳工。当时他

① 美国中北部州。——译者注。

为一家名叫“精英家园集团”的公司在巴格达运作一间仓库，数百名由KBR承包的外籍劳工生活在这里。他承认，仓库里的生活条件非常糟糕。哈本一边翻阅着那次事件中拍摄的照片，一边告诉我营地上那些尼泊尔人的愤怒是如何迸发的——撕开床垫，扯下电源箱，砸坏公司的电脑。齐亚德·阿尔·卡拉维，KBR在巴格达另一处承包营地的经理，描述了由他监管的1000名印度和斯里兰卡人如何睡在拥挤的地板上：“老鼠和苍蝇袭击我们……我们没有床可以安睡，也没有桌子可以用餐……没有通信工具，没有电视，没有肥皂用来洗手或洗澡，没有来自公司或KBR的访视……工人们除了走出去抗议外别无他法。”

随着一波又一波暴动的兴起，工人们被训斥，被遣返回家。KBR坚称自己的“商业道德和准则”要求雇员及合同工们得到应有的“尊严和敬重”，并且坚守美国政府对雇员待遇的指导原则；同时，该公司“遵循严格的政策、程序和训练”以保障国外劳工的福利。然而，即便在KBR和军方都对情况做了调查之后，一切仍鲜有改变。美国中央司令部的一名发言人承认尽管每座基地上都有一套指挥系统负责“与有关机构共同协调，以确保达到最低标准的生活水平”，但政府“在监管美军基地生活设施标准的行为中并未发挥正式作用”。政府官员甚少了解到这些暴动，它们大多发生在由私属卫兵看守的营地里。同样被蒙在鼓里的还有大型媒体。“我们认为会有记者来的，”伊姆蒂亚兹·舍利弗对我说，“他们把这叫作‘伊拉克自由行动’，可我们的自由在哪儿呢？”舍利弗来自斯里兰卡，38岁的齐瓦瓦水泥集团公车司机，也是一位父亲。尽管如此，大多数劳工仍然相信美国军方希望为他们伸张正义。事实上，大多数人把美国陆军和海军看作他们唯一的保护人。“美国人是友好的民族，”我们蹲伏在一个闷热的掩体壕里时，长着一张圆脸的舍利弗不止一次对我说，“如果他们知道正在发生的事情，他们会来帮我们的。”

* * *

回到斐济，文妮和莉迪亚要求责任方负责的诉求几乎没有成果。前不久，文妮在街上还撞见了她的其中一个招聘员，“撒谎的混账，”她径直跑到他面前，咒骂道，“你怎么还有脸在这儿乱晃？”莉迪亚和其他几名女性冲进“子午线服务中介”的办公室，要求那里的男人们为他们的行为做出解释，并从一家斐济社交网站上撤下他们上传的一张照片。照片上的莉迪亚、文妮和另外3名美容师站在一处美军基地，旁边还突出了“莎莎之夜！摩苏尔，伊拉克。难怪我都没在镇里见到她们了……保重，姑娘们！”在她离开之前，莉迪亚警告这些男人，这个世界没那么大。“下一次，”她对他们说，“看看你们还敢不敢愚弄这些姑娘。”

斐济的新闻媒体谴责“子午线”的主管蒂莫西·洛洛希亚是个“能说会道”的“诈骗犯”。但某些斐济官员似乎已经宽恕了类似的行为，希望能够收到来自美军作战处的汇款。“政府知道有越来越多的人正在往科威特和伊拉克去，而且那是一件好事，因为这为不少没有工作的人提供了被雇佣的机会。”2005年，斐济劳动部部长肯尼思·辛克（Kenneth Zinck）曾如是说。2010年7月，洛洛希亚（他并未回应发表评论的要求）要求对非法雇佣的指控做无罪辩护。

在经历了这一切之后，洛洛希亚的雇佣帝国依然挺立。最近，他在自己的房子外面张贴了一张海报，宣传在迪拜的工作机会。他还在苏瓦开设了一家新的办事机构。在那里，每天早晨，成群的工人在他的大门外排队。他们带来自己的护照，口袋里装满了借来的现金。洛洛希亚按警方要求并在门口设立了大型白色标语——“在得到进一步通知前不得进行招募活动”——没能阻挡他们的步伐。大多数人都曾听说过洛洛希亚不怎么光彩的过去，他们也知道他在当地报纸上一直被贬低为“斐济人最希望受到惩罚的人”之一；但他们同样听说过他为自己的新公司“菲尼克斯物流有限公司”潜在的安保人员和军队物流工支付每月6000美元的底薪。故而，在雨季的中旬，人群络绎不绝地朝着他的非法办公室拥去——他们大多是怀有热望的年轻人，穿着松垮垮的牛仔裤，戴着棒球帽，或是裹在传统的“苏鲁”裙里；偶尔也有一个女人混迹在他们中间，她的脑袋里充斥着在“黄金城”生活的美梦。

（杨懿晶　译）

有个秘密，一天杀死四位女性

丽兹·布罗迪（Liz Brody）

《魅力》

最佳个人服务奖

在美国，每天有4名女性被他们的伴侣杀害。叶德莉·拉芙（Yeardly Love）是个22岁的大学生，她的男朋友狠劲摇她，把她的头不停撞向墙壁；34岁的萨曼莎·米勒（Samantha Miller）圣诞节当天被射中头部；19岁的考特妮·德拉诺（Courtney Delano）怀孕6个月时被杀害；23岁的萨拉·科伊特（Sarah Coit）于本文付梓当天，在公寓里被连捅多刀。今年，将有1400名女性被他们曾经所爱之人杀害。为什么男女关系之间的暴力是如此恐怖地常见？《魅力》（*Glamour*）杂志不仅解释了原因，而且告诉读者他们能做什么。

中西部地区的一个周五，太阳还未升起，兼职做服务员的大学生亚历山德拉·布里格斯（Alexandra Briggs）坐在只有一间卧室的公寓里，仔仔细细地化着浓妆，脸、脖子、胳膊都得化。要化两层妆才能盖住她男朋友咬的牙印、用烟头烫的伤，及刚被他弄得发紫的擦伤；她的裤子遮着一处伤口，那是他用叉子扎的。化完妆，他载她去"原味薄饼屋"上早7点的班。"我病了。"她跟老板说。打卡后直奔卫生间。

布里格斯的眼睛是蓝色的，脸上有雀斑，是披头士歌迷，念的是刑事司法专业，5个月前她第一次跟马修·哈伯德（Matthew Hubbard）通过即时通信工具聊天。第一次约会后，她并没什么兴趣，但同是学生的哈伯德求她再给他一次机会，她答应了。

那个早晨，她已经是危在旦夕了。哈伯德后来在法庭上也承认了，布里格斯上班前他总是用一根小棍子打她，掐她脖子直到她瘫倒，陷入昏迷——确立关系后一个月这种暴力就变得很寻常了。"他把我抵在墙上，让我没法呼吸，说：'我要杀了你。没人能找到你的尸体，没人关心你。'"现年26岁的布里格斯回忆道。恍惚中，她遵从了哈伯德的命令去上班，假装肠胃感染，然后和他回家。她的经理谢伊·杜伊莫维奇（Shea Duymovic）推门进入隔间，见她蜷在马桶上，就坐在地上，"看着我，"杜伊莫维奇说，脸贴着布里格斯的脸，"我知道他对你做了什么。我不能再让这种事发生了。"

片刻过去了。布里格斯终于把脸转了过来，她看见老板的眼里充满泪水。她记得当时脑子里只有一个问题：谁会关心呢？于是情难自抑，她开始啜泣。"你想让我给你父母打电话吗？"杜伊莫维奇轻轻问道，布里格斯只能点点头。

那天不是时年33岁的杜伊莫维奇第一次担心员工了。她自己和布里格斯一样，年轻时也经历过一段坎坷的恋爱。"我知道，小布的处境糟透了。"杜伊莫维奇回忆说。她看见了布里格斯胳膊上的伤痕，注意到她开始戴眼镜，涂很厚的粉底。曾经活泼的她现在大部分工作间隙都在埋头玩手机。"她一进来我就看出来了，"杜伊莫维奇说，"要是她还跟他在一起，我估计她会死。"所以杜伊莫维奇介入了：陪在布里格斯身边直到她爸爸来，布里格斯养伤期间（她鼻子骨折、鼓膜撕裂）一直与她保持联系。哈伯德被判刑10年，布里格斯受虐公之于众那天，杜伊莫维奇也在场，她为布里格斯加油鼓劲。正如布里格斯今天说的："谢伊是我的天使。"

杜伊莫维奇是英雄。但她做的我们任何人都能做到——也是我们必须做的，因为令布里格斯讳莫如深的暴力实在是太常见了。

＊ ＊ ＊

事实是，在美国，每天都有4个女性死于她们的男友或丈夫之手。一年前的5月3日，22岁的弗吉尼亚大学长曲棍球运动员叶德莉·拉芙离世，她的男朋友因谋杀她而受审；他向警察供述，他狠劲摇她，把她的头不停地撞向墙壁。诸如此类的头条新闻源源不断：33岁的茜尔维·卡切（Sylvie Cachay）是纽约一名泳衣设计师，据传被她男友在宾馆浴室勒杀，并被丢弃在那里；34岁的萨曼莎·米勒圣诞节那天在田纳西州的军队基地被枪射中头部身亡；19岁的考特妮·德拉诺怀孕6个月时在密歇根州被杀害；就在《魅力》杂志付梓当天，23岁的萨拉·科伊特被她男朋友在曼哈顿公寓里连捅多刀。"我知道他要杀她。"一位以前的邻居对《纽约邮报》（*New York Post*）说道。而这只是冰山一角而已：进入21世纪的美国，平均每年有超过1400名女性被她们曾爱过的人杀害。

最值得警惕的是，对一些女性来说情况越来越糟了：尽管总体上女性"亲密伴侣谋杀"（这类死亡案件的官方称呼）自20世纪70年代有家庭暴力的意识以来已经减少了20%，但是仔细研究这些司法统计局的数据发现，恋爱关系中的女性而非已婚的女性被杀害的概率是上升了的。"对于被男朋友杀害的女性（尤其是白人女性）来说，谋杀的概率实际上是略微上升了的。"司法统计局的前雇员、西北大学的犯罪学专家詹姆斯·艾伦·福克斯（James Alan Fox）博士说。他为《魅力》杂志分析了政府的数据，而针对年轻已婚女性使用暴力的概率仍然高得令人无法接受。《魅力》杂志和哈里斯互动（Harris Interactive）[①]独家随机调查了2542名18岁至35岁的女性（包括单身、同居、已婚），其中29%的女性说她们曾在男女关系中被虐待，30%的女性说她们从没被虐待过，但是承认在某种程度上，伴侣曾严重伤害她们：语言诋毁、被掐、用刀子威胁等。这意味着，有超过一半的女性曾被伴侣伤害过。

为什么都2011年了还会发生这类事件呢？毕竟作为女性，我们显然已经不再是二等公民：依赖男人养活，忍受粗暴的关系，仅仅因为我们别无选择。我们现在的选择比以往任何时候都多，而男性也确实更加开明了。那么为什么女性比35

① 美国一家民意调查机构。——译者注。

年前更可能被男朋友杀害呢？我们该怎么做才能改变这种趋势？

《魅力》杂志想回答这些问题。为了纪念叶德莉·拉芙逝世一周年，我们鼓励女性说出男女关系中的暴力——不论是寻求帮助还是不戴有色眼镜地提供帮助。我们的行动从这些页面开始——整篇的真实故事、严谨的科学、应该如何说如何做的指南。其中最重要的一步：告诉别人。

为什么如今年轻女性处境更危险？

20世纪80年代，像法拉赫·福赛特（Farrah Fawcett）[①]《燃烧着的床》（*The Burning Bed*）这样的电影将男女关系中的虐待公之于世，至今已有不少年头。那时候，“人们都觉得家庭暴力和强奸是罕见现象，”帕特里夏·查登（Patricia Tjaden）博士说，10年前她开始领导久负盛名的“针对女性暴力的全国调查”（National Violence Against Women Survey）。“如今，医生、决策者、研究人员和公众间已达成共识，这些暴力是普遍存在的。”但是增强了的意识并没有转化为公众对这些罪行的谴责——反而是，在某些时候，我们的反应更像是一种文化意义上的“耸肩”。看看查理·辛（Charlie Sheen）[②]，在20年的时间里，他明显一直推搡、威胁——甚至有一次意外枪击——女人；而大多时候，他却享受着电视界薪酬最高的演员这一待遇。〔“我要割下你的头，放在盒子里送给你妈！”他多次对第三任妻子布鲁克·米勒（Brooke Mueller）说。〕梅尔·吉布森（Mel Gibson）[③]因殴打女友奥克萨娜·格里戈利娃（Oksana Grigorieva）而放弃抗辩（“你他妈活该！”他吼叫道），然后又主演了《海狸》（*The Beaver*），那是他近年来最主要的电影之一。体育界里，仅在美国国家橄榄球联盟（NFL），去年就有至少3名球员被指控实施家庭暴力。这让全国家庭正义中心联盟（National Family Justice Center Alliance）的创始人、律师盖尔·斯特拉克（Gael Strack）很抓狂，“就像是这样，‘我刚被指控实施家暴了，有什么大不了的？’”她说，“很多案件最后都不了了之了。”

---

① 法拉赫·福赛特（1947—2009），美国女演员。——译者注。

② 查理·辛（1965— ），美国著名电视剧演员。主要作品有美剧《好汉两个半》（*Two and a Half Men*）。——译者注。

③ 梅尔·吉布森（1956— ），美国著名电影演员，主要作品有《勇敢的心》（*Brave Heart*）等。——译者注。

但文化上的自满可能只是男女关系中暴力经久不绝的原因之一，新兴科技也脱不了干系。很多年来，专家都知道——也告诉了受害者——一个总是想知道你在哪里、你在干什么的伴侣是危险的伴侣，这类“监督”经常导致身体暴力。而近来，伴侣、同事、朋友间随时发短信发邮件已经为人们所接受了，女性可能会忽视这些早期的危险信号。不仅如此，全球定位系统和电脑的监控软件在尾行和约会暴力案件中的出现频率也大大提高。“施暴者现在可以全天候监视你。”辛迪·索斯沃斯（Cindy Southworth）说，她是“安全网项目”（Safety Net Project）的创始人，该项目聚集了“终结家庭暴力全国网络”（National Network to End Domestic Violence）中一群研究数码虐待的专家。

信不信由你，在随意勾搭的文化中，一些鼓吹者担心年轻女性可能不在乎“坏小子”行为。“有一个很大的误解是，如果关系不是认真的，虐待也不会严重，”“打破循环”（Break the Cycle）[①]的发言人克里斯蒂娜·埃斯科巴尔（Cristina Escobar）说，“仅仅因为你想跟人勾搭一下并不意味着你就不会遭遇到暴力。”事实上，查登说：“在同居的伴侣中暴力比婚姻关系中的要多。”

一些研究者认为，也许最让人吃惊的是因为如今的年轻女性在男女关系中不觉得受到了伤害，所以在事态恶化时她们可能选择自己扛着而不是寻求帮助。“我们在一个不同以往的时代长大，女人可以当领导，我们有自己的职业，有孩子——我们打破了玻璃天窗（glass ceilings）[②]。”一位24岁的学生告诉《魅力》杂志，根据警察的报告，她跟一个叫她“婊子”和“妓女”，殴打她、威胁她的男朋友生活了两年半。她解释了为什么这么做：“我们应该坚强而独立，刚开始被虐待时我觉得我一个人能应对。”

换句话说，年轻女性很难将她们视为男人手中的受害者。“她们不认为会遭遇像艾克·特纳（Ike Turner）虐待蒂娜·特纳（Tina Turner）[③]那样的事情，”家庭暴力全国资源中心（National Resource Center on Domestic Violence）的项目经理肯尼娅·菲尔丽（Kenya Fairley）说，“因为她们把虐待当成在工作中要克服的困难了。所以如果男朋友批评她，她觉得她能应对，就像应对老板一样。如今的

---

① Break the Cycle，是一家为青少年和20多岁的年轻人设立的约会暴力组织。——译者注。

② 玻璃天窗是指阻止女性或特殊群体往上晋升的瓶颈（社会的态度、行业的潜规则）等等。——译者注。

③ 二人同是美国音乐人，是夫妻，20世纪60年代在一起组建过乐队，后因家庭暴力问题二人离婚。——译者注。

女性一直独自应付虐待，直到她们急需帮助脱离苦海。”

这正是发生在圣迭戈一位22岁的护理专业学生阿普丽尔·辛吉瑟（April Singiser）身上的事情。在长达3年的时间里，她当时的男朋友总是往她身上扔食物，在她想离开时将她软禁在他的公寓里。她没告诉任何人——包括她的家人、朋友、同事——“（因为）我觉得丢脸，尴尬，”她说，“我不是那种人。不喜欢说：‘我才不管你有大块头。’”但是她试图跟他分手，他用刀尖抵着她，强行将她塞进他的本田思域里，她必须面对了；她也许很强壮，但他身高6英尺5英寸①，体重300磅，更加强壮。

“他跟我说：‘你不应该离开我；我要带你去一个印第安居留地，在那个地方杀了你，没人能找到你，’他用刀抵着我喉咙，”她回忆说，“我开车行驶在北805路上，大喊大叫，想着我该怎么做才能摆脱这一切？我是不是应该让他坐的那一边撞车？”在他的指示下，她下了高速公路，遇到了红灯。辛吉瑟夺门而出，跑向后面的那辆车，猛敲车窗玻璃——“他要杀我！”她叫道。这仅仅是她第一次寻求帮助。

辛吉瑟的前任现在在坐牢，明年2月出狱。她很担心——在他的脸书主页上，他的兴趣有“报仇”——但她也在茁壮成长，她在上学，是医学助理。“即使我想过我能应对，”在提到她刚开始不愿意跟人说自己的境况时她说，“但很明显我做不到。”

为什么她不一走了之?

也许这一议题老生常谈的问题是：为什么女人不离开呢？一些原因由来已久，爱——直面这一问题让人不舒服——是我们的调查中问为什么不离开虐待她们的伴侣时女性最常说的答案。而研究也逐渐证明情感与身体的虐待会怎么样在心理上改变人的大脑。加州大学圣迭戈分校精神病学副教授艾伦·西蒙斯（Allan Simmons）博士等神经学家利用核磁共振成像扫描技术发现，持续的虐待让受害者更偏内向，忘性更大，更容易陷入负面思维，看不到境遇改善的可能。许多幸存者回首往事都说他们当时身处迷雾之中，常用的话是：“我迷失了自

① 约1.96米。——译者注。

己。”“有一些生物学上的东西，”西蒙斯说，“这不是脆弱的迹象，跟战争中大脑发生的变化非常类似。”

38岁的临床心理学博士生丽娜·贝塞拉（Reena Becerra）曾有个男朋友叫麦克·瓦尔加斯（Mike Vargas），他用她的头猛击毛毡地面，还掐她。（尽管他还有18次类似行为，却只判了5年缓刑，不用坐牢——就这些案件而言，令人震惊但又并非孤例。）“人们认为，你没有孩子，人又长得漂亮——是什么让你不离开他的呢？”她说，“我一开始很坚强，充满自信。但5年时间里有人不断告诉我：‘如果你闭嘴，我就不会打你。’然后我就想，也许我应该闭嘴。”

终结家庭暴力全国网络组织的副主席勒内·雷尼克（Rene Renick）做咨询师已有20年，像贝塞拉这样的女性屡见不鲜。“你被孤立了，得到的反馈只源于那个一直传递扭曲信息的人，像‘是你造成的’这类的，这已经渗入你的脑海，”雷尼克说，“你陷入了一种循环，认为暴力是你造成的，但你不能终结它，只有他能。”

说出来真的很重要

37岁的瓦内莎·索尔特（Vanessa Saulter）每天都在庆幸自己跟朋友说了时分时合的男朋友虐待她的事情，也庆幸他们都站在她这一边。一天晚上，32岁的老朋友詹妮特·麦克奈特（Janet McKnight）甚至救了她的命。

索尔特记得，那个初春的夜晚刚开始并不坏。她和男朋友待在她的公寓里，但他们发生了争吵，他指责她出轨，之后他的情绪就变了。在一阵失控的马拉松式暴力中，他用拳头打她、勒住她，直到她望向位于3楼的卧室窗外——掉了下去？跳了下去？她不确定——只是发现自己穿了一只鞋，从3楼划过夜空落到了地上。

当她掉在停车场的水泥地上时，“他告诉我：‘我可以把你丢在这里，也可以把你带回楼上，’”索尔特说，她现在是北卡罗来纳州格林斯伯勒的本内特学院的住宿处主任，“我的腿没知觉了。我知道我需要帮助。”他把她扛回床上，但没有拨打911，而是又虐待了她12个小时。第二天早上，他割了她头发。

与此同时，麦克奈特在拼命找索尔特；她知道虐待的事情，总是担心索尔特不及时回复她的电话。她疯狂地打电话给索尔特的父母，让他们赶紧去她的公寓。等麦克奈特自己到了那儿，她说：“我看见她的头发遍地都是，墙上有洞、有血。我当时在想，她怎么了?”

索尔特的父母火速将女儿送往医院。她肋骨多处骨折，肺部塌陷，“她的背部有两处伤特别严重，”医学博士伦纳德·尼尔森（Leonard Nelson）医生说，“要特别大的力量才能造成这种伤。”

过了一年多，索尔特才在身体上和心理上恢复过来。“老实说，我觉得我永远也回不到以前了，”她将此归功于她朋友们的支持，“他们一开始就看到了苗头。他们会告诉我我可能会走失，我的照片可能会出现在牛奶盒上。时间一久，我渐渐明了。”

事情确实渐渐明了了，“如果别人一直用像‘不是你的问题。不是你造成的。这段关系不正常’这样的信息来抵抗，”专家雷尼克说，“他们就能帮助女性逃脱施虐者的魔爪。”

这正是刚从斯沃斯莫尔学院毕业的21岁女孩阿茜娅·特罗亚诺（Ashia Trojano）和她同岁的好朋友夸索娜·科布（Quasona Cobb）采用的方式。“我跟她说过很多次，比如‘这不正常——你甚至都不开心’”，特罗亚诺提及科布和科布男友基思·贝利（Keith Bailey）的关系以及他持续不断的暴行时说。

科布是一名酒店行政助理，也是纽约的一名大学生，她终于意识到了这一点。去年12月，她要求贝利搬出去。特罗亚诺支持她——一直支持着她度过接下来更加黑暗的岁月。科布后来跟警方说，贝利离开前一晚，拽掉了她一大撮头发，沿着走廊拖着她；接着，用脚踩她的胃，一手拿着打火机，用她的香薰油浸她，香草味或是葡萄柚味的。她惊恐地意识到他准备干什么。“我尖叫，我求饶，‘求你了别烧我。你要我干什么都行，好不好？我跟你在一起’。”她回忆道。最后他冷静了下来，睡觉了。科布立刻发短信给特罗亚诺：早上7点半过来帮我搬出去，贝利那时候应该去上班了。

特里亚诺一来，两个人便收拾了几件衣服装进包里，径直去42区报警了。然后科布打电话给她时年42岁在爱迪生联合电气公司（Con Edison）当助理分析师的妈妈阿琳·戈登（Arlene Gordon）。尽管她们一天要说5次话，但科布从来没跟妈妈说过贝利的暴行。这一次她说了，她们一致认为科布不应该再见男友了；不仅如此，护犊情深的戈登亲自监督贝利把自己的东西搬出她女儿的公寓。科布让她跟一名男性亲属一块去，但戈登说不用，她自己一个人搞定。科布4点半左右跟她妈妈通话了一次；等她5点1分再打的时候，没人接听，5点10分，也没人接听。所以科布打了911。

7点半，她得到了消息。科布说警察发现她母亲脸朝下趴在床上，身上着火了——热量很大，她头上的一个垃圾袋都熔进了她头发里。“她还活着，但气息微弱。她的头部遭重物敲击，”科布说，“她身上唯一完好的地方是修剪过的红色脚趾。”

“那是最难挨的一晚，”科布说，“我想一死了之。我怪我自己——为什么我不跟她一块去?”

5个月后，戈登还在住院。接受媒体访问时，她只说了两个字，却是充满战斗精神的两个字：“我想。”而贝利则面临十项指控，包括纵火和蓄意谋杀戈登。

这两位朋友至今关系密切。她们各自都有愧疚，但科布让特罗亚诺宽心，她至少救了一条人命。“阿茜娅是我的救星，”她说，“我每天都跟她说：‘你是世界上我最好的朋友。’”

你可以说的话

科布和男友相处的5年里，特罗亚诺一直有跟她讨论发生的情况。但有很多人（《魅力》杂志的调查中有37%的人）遭受虐待时没有跟朋友或认识的人说过。很难知道该说什么，但这里有一些话帮助过我们采访到的50位幸存者:

“我为你担惊受怕。”当24岁的妮科尔·凡·温克尔（Nicole Van Winkle）向一位老友吐露心声，说担心不回复男朋友的电话会被打时她的朋友这样说。“她说这并不好，但她没有看扁我，”温克尔说，“她只是倾听——这帮了我大忙。”

“等我拍完照你再走。”看见44岁的伊冯娜·科伊纳（Yvonne Coiner）身上的伤痕后，一位朋友对她这样说。这位朋友把照片给了一位咨询师，咨询师说她并不安全。“我需要听到这些，”科伊纳说，“因为你被虐待时，是处于麻痹状态的。”

“我为你骄傲。”39岁的佩特拉·约翰森（Petra Johansson）申请和虐待她的丈夫离婚时，她的朋友发了这条短信。“我永远也不会忘记的，”她说，“在悲惨的日子里我会把它拿出来一遍一遍反复看，才能继续前进。”

“我很难过，但是亲爱的，如果他打了你一次就会有第二次的。”一个朋友在注意到25岁的詹妮卡·特劳（Jennica Tulao）的伤痕时对她说。“我跟她说我想再给他一次机会，”特劳说，“就在这时，她跟我谈论打我这件事，这是我的转折点之一。”

“你想让你的孩子也经历这些吗？”阿什丽·雷默（Ashley Raymer）跟男朋友打了一架回家后，父亲问她。“我真的想当妈妈，”24岁的雷默说，“这个念头一直都跟着我。”

“你活着，我可以帮你以家庭暴力罪起诉，或者等你死了再以谋杀罪起诉。”38岁的丽娜·贝塞拉正考虑要回到虐待她的人身边时，律师对她说了这句话。“这句话唤醒了我，”她说，“我知道我身处危险之中，但我不知道到底有多危险。”

我们采访的很多幸存者都承认让朋友介入是多么难的事，但也说一个充满同情心、不做是非评判的支持者不亚于救命恩人。“就算不会突然间发生，”雷尼克强调说，“受害者也会说：‘有人告诉我，这并不好，我花了6个月才意识到这一点，但它埋下了种子。’它让女性开始思考是否脱离关系。”

说点什么——就算是蹩脚的、不舒服的话——也总比什么都不说好。“很多女性认为没有出路，”终结家庭暴力全国网络组织的主席苏·埃尔斯（Sue Else）说，“如果每个读到这篇文章的女性都说点什么，涟漪效应将难以置信。”

瓦内莎·索尔特的女性朋友们从来没有放弃她，正如她所言：“因为我的家人、信仰、密友，我最终得以自由。”

（刘锐　译）

伤之印记

鲍伯·特鲁利（Bob Drury）

《男士健康》

入围公共利益奖

在这篇令人动容的报道中，《男士健康》的特约编辑鲍伯·特鲁利揭露了此前在伊拉克及阿富汗战争中被忽视的一类伤情：由简易爆炸装置造成的生殖系统伤害。特鲁利以其深入的精彩笔触揭示了最为个人化的战争创伤，这篇报道也催生了战争政策的重大改变。尽管这是《男士健康》杂志首度获得“公共利益”类别的提名，这篇文章已在纸质及数字媒体两个领域荣获最佳“个人服务”类奖项。《伤之印记》同时也由亚马逊电子阅读器单行本书籍（Amazon Kindle Singles）出版，预示着杂志内容的发表形式正在发生变化。

在命运残忍的阴谋里，那是一个次要的细节，但它仍然啮咬着汤姆·贝特尔斯曼[①]。他曾走过那条该死的路径——两次。

第一次是紧接着他所在的突击小队的前方观察员被炸成碎片后。凶手是一个简易爆炸装置，或称其为IED[②]，被安插在通往一片石榴果园的一座窄桥下面；同一区域的另一个突击小队中也有人被简爆装置炸死了。那天下午，向果园发起的钳形攻势[③]因这两起死亡事故而中断——那里是一处已知的叛乱组织据点。他的指挥官下令整个斯特瑞克[④]中队撤回到邻近的村子重整旗鼓，彼时这支队伍刚抵达战场一个多月。

他们的位置是阿富汗坎大哈市的西侧。贝特尔斯曼，一个毕业于西点军校、有着一双深色眼睛的25岁陆军中尉，正紧张地进行着他的第一次作战指挥。那天夜里，他都来不及排兵布岗，或是考虑他死去的队员——他们只找到一根被炸弯的来复枪桶和一些指甲盖大小的碎片，肉体、骨头还有制服——中队指挥官就通过无线电要求与35名突击小队队长会面。贝特尔斯曼抓过他的来复枪，穿过此刻已被遗弃的村子，沿着尘土飞扬的小径走了大约20码（约18.3米），前往中队指挥官的营地。会谈结束时已过午夜，没有星光。但贝特尔斯曼知道回去的路。在这个阿富汗村庄待了12个小时后，这里开始有了家的感觉。

他倒并不特别担心那些简爆装置。当然了，叛乱组织会在天黑之后露面，安置他们的炸弹。但没人会在今晚潜过边界去埋一颗地雷，那太蠢了。

时下是8月，炎热、潮湿，贝特尔斯曼踏上压力盘的时候距离自己的营地只有几步远。那东西肯定被埋在那一整天了，覆盖在上面的尘土不过几英寸。他立即意识到发生了什么。他并没有被抛入空中的感觉——更像是上帝伸下手来，像捏一只虫子那样把他攥在了手里。

爆炸过后，他的意识还在，躺在弹坑的一个斜面上，头朝下的姿势。他任由自己的脑袋往后沉进了微湿的土壤里——被他自己的血浸湿的土壤，他知道的。就是知道。他抑制着想要检查自己腰部以下的冲动，但没能成功。他的左臂和左手都被炸成了碎片，于是他用依然完好的右手向下摸过去，在本该是他右腿的地

① 为保护士兵的隐私，此处为化名。
② “简易爆炸装置”（Improvised Explosive Device）的首字母缩写。——译者注。
③ 一种将己方军队分成两路，于两个方向对敌方发起进攻的战术。——译者注。
④ 美军为21世纪战场设计的新式八轮装甲车。——译者注。

方……空无一物，他的手指触摸到了一个坚硬的、几英寸长的小块，带有一个参差不齐的凸点——他的大腿骨就剩这些了，从他的骨盆髋关节处戳出来；他让右手移动过自己的上腹部，往下寻找他的左腿。那部分的残肢更长一些，但它也就到膝盖上部为止了。

“我知道我的人就在营地围墙的另一边。”现时的贝特尔斯曼对我说。自从那次事故后，他晋升成了上尉。他在轮椅上略微动了动身体，用左手擦了擦宽阔的前额——小手指不见了。“于是我大叫了起来：‘伙计们！伙计们！我需要你们的帮助。我撞上了颗炸弹。我的腿没了。’我知道自己还有其他地方也受伤了。”说到这里，贝特尔斯曼停顿了一下。他慢慢地拧下一瓶装水的塑料瓶的盖子，喝了一大口，陷入了沉默。

我们坐在马里兰州贝塞斯达市沃特里德陆军医疗中心的咖啡店里。没有其他顾客对他表现出特别的注意，因为不幸的是，在这个地方，伤情严重的士兵比比皆是。

为了打破我们对话的空白，我提起今晨早些时候探访的两名陆军和一名海军，都是20来岁，住在医院的大面积理疗部。每个人都因为阿富汗的简爆装置丢了条腿。这勾起了贝特尔斯曼脸上一抹令人沮丧的微笑。

“AK还是BK？[①]”他问——在膝盖以上还是膝盖以下？

“一个膝上，两个膝下。”

他笑了起来：“小伤。”

“那个海军告诉我，你在被炸弹袭击后要做的第一件事就是面部检查，”我对贝特尔斯曼说，我用双手抚触过自己的头，模仿着海军做给我看的动作，“你看看自己的眼睛、鼻子、嘴巴、耳朵是不是都还在。然后你摸一下自己的阴茎。他说要是你还有那两样东西———张脸和阴茎——你就没事。其他东西都好办。”

贝特尔斯曼沉思了一会儿。最后他开口道：“不对，耳朵和鼻子都能被装回去。你也能想办法活下去，即使少了这些东西。你甚至可以没有腿。相信我，你要检查的第一样东西就是你的阴茎。”

回到两年前，那个毫无特别之处的阿富汗村庄，被他中队里的3名随军医师围绕着，那确实是贝特尔斯曼的第一反应。“我不记得自己有说话，但显然在某

① “膝盖以上”（above the knee）和“膝盖以下”（below the knee）的英文首字母缩写。——译者注。

个节点上，我说：‘我没那个了。’但那不是真的。我的两边睾丸都没了，伤得太重，没法治好。可我的那个还好好的；它还能派上用场，感谢老天。我想让它干什么都成。只是……”

军医们抓着他的胸挂把他从弹坑里拉了出来，在他的残肢附近扎紧弹性止血带，以防他流血致死，给他注射了吗啡，包扎好他惨不忍睹的手臂，开始给他吊点滴。自始至终，贝特尔斯曼只能辨认出3个人的声音——他的军士长、他的中队指挥官，还有他的上士。每个人都在恳求他、命令他睁开眼睛。一段回忆插了进来，来自贝特尔斯曼孩提时代看过的战争电影。那些没能睁开眼睛的受伤士兵都死了；那些睁开眼睛的，活了下来。他决定了，他不会睁开自己的眼睛。

“但接着我想到了我的父母和兄弟。”他又喝了一大口水，水瓶空了，“老兄，要是我真的死在了阿富汗，我老爸会气疯的，我不想让我的家人失望；然后就是那伙军医的事了，我是他们努力要救的第一个还活着的人。我记得自己在想，我不希望这些军医不得不来救我又看着我死。我不想让他们失望。

“于是我想，好吧，我会睁开眼睛。我会试试看的。”

“你不能对一个简爆装置反击。”

阿富汗战场上标志性的身体伤痕印记始于你踏上一颗自制炸弹的瞬间。大多都是用硝酸铵化肥——一种在阿富汗随处可得的原料制作的。引爆炸弹的是一个埋在土里的压力盘，或是一根被位于附近的敌人拿在手里的控制电线——这种情况要少得多，会即刻将血肉、骨头、人体组织，还有你的一条腿或双腿的肌肉炸得粉碎。爆炸的威力极有可能会切断你一条腿或双腿的神经，因此你不会感到多少疼痛。令人意想不到的是，在震惊袭来的时候，你躺在自己的血泊里，你不会有多少感觉。除了一种隐约的压迫感，似乎一个强壮的男人正用他的双手环抱住你的小腿肚子，用尽全力地挤压。

在很多情况下，爆炸的威力会径直冲向你的生殖系统和骨盆区域，往你被包裹在两片凯尔拉夫防弹衣间的残破的肉体里卷进无数石块和尘土微粒，要是你的整个或者部分“玩意儿”没有被爆破装置炸飞，被炸起的流石碎片通常也会穿透软组织，极易引起阴茎、阴囊、睾丸和直肠部位的感染。如果伤势足够严重，甚至可能需要进行全部或部分的生殖器切除手术。

与在伊拉克的情况不同——那里最多见的简爆装置都是由针对车辆爆破设计

的炸弹部件组装而成，阿富汗的地雷，借用陆军战地工程师参谋军士长托德·伯奈特（Todd Burnett）的话，“更针对个人”。伊拉克有道路，而阿富汗的大部分地方都没有，至少不怎么平坦。那就意味着会有更多徒步巡逻的美军小队，以及更多的截肢者和生殖器受伤者。

2010年，根据一家位于德国的美军医疗机构——兰施图尔医疗中心的外科医生们收集的伤亡数据来看，比起2008或2009年，美军部队中接受了至少一项截肢手术的人数增加了一倍，3倍于前两年失去了一条手臂或腿——通常是双腿的人数。更糟的是，遭受严重生殖系统伤害的人数翻了三番，使得国防部和退伍军人事务部的官员们手忙脚乱地评估着保险赔偿方案，一条受伤的胳膊或腿价值5万美元，而阴茎或睾丸的损伤却无足轻重。（如果事务部认为其生殖系统的损伤足够严重，一名军人也许能够按月领取残疾补助。）

“每个人都为这类损伤的频率之高吃了一惊，”医学博士约翰·B. 霍尔库姆，一名参与这期报道的创伤科医生说，“双侧截肢，阴茎和睾丸的损伤。从未有过如此数量的类似伤情。”

伯奈特，46岁，曾服役于我们这个时代的两次战争。在过去3年里，作为联合抗简易爆炸装置机构的成员，他每季度都会前往阿富汗。他说在伊拉克的简爆装置事故与在阿富汗发生的相差甚远，“在伊拉克，简爆装置就是事故。而在阿富汗，简爆装置引发或结束一起事故”。换句话说，它被用来伏击。

和大多数士兵能告诉你的一样，一次交火也比一颗地雷要好得多。很少有哪支美军部队会输掉一场直截了当的战斗。而一次简爆装置袭击造成的生理和心理伤害却在爆炸过后挥之不去。

“叛乱组织在用他们的技术对抗我们的科技，”陆军中尉马修·罗尔（Matthew Roll）在一封发自阿富汗的邮件中写道，他在那里领导一个清除简爆装置的部门，“某些压力盘很难探测到，即使用‘哈士奇’（一种地雷探测仪）或一个手持探雷器也很难发觉。你不能对一个简爆装置反击。你要怎么对付一个看不见也没法朝它射击的敌人?”

罗纳尔德·格拉瑟（Ronald Glasser），医学博士，曾在越南担任内科医师，在他最近的一本著作《残破的肢体，受损的意志：从越南到阿富汗的医学〈奥德赛〉》中对战争造成的心理和生理创伤做了研究。他告诉我，在越南战争期间，平均每2.4名受伤的美军中就有1人死亡。在阿富汗，现有的国防部数据显示这一比例减少到了1/8，大部分要归功于战场医疗救治的进步。

“每个人都在谈论南北战争时期庞大的截肢人数，”格拉瑟医生说，“但我们在阿富汗的男女士兵中丢失肢体的比例与内战造成的几乎相等，甚至更高。还有生殖系统的伤害。老天，几乎每个人都受了伤。”

“你不可能被炸飞两腿，却不遭受外阴或会阴的损伤，”他的意思是腹股沟区域的伤害，“你提到感染？各种各样该死的东西都被爆炸轰进伤口里。你要怎么把它们清理出来？而且由于一开始的肿胀和类似的问题，你得过一两天，也许更久，才能知道有多少组织受到了损伤。收集这类信息并做出正确的医疗决定所花的时间越久，造成长期损害的可能性就越高。”

“军方不喜欢这个消息，”他继续道，“他们也不喜欢任何人听到这个消息。然而就治疗方案来说，我们不知道的事情太多了。就拿睾丸酮来说吧。你需要它，为了维持肌群，为了性欲。大量睾丸受伤或没了睾丸的年轻人都要指望终生荷尔蒙治疗，但每个病人需要的剂量是不一样的。你该给他们多大剂量？是啊，我们还在试着搞清楚这点。常识会说：‘睾丸酮下降？把水平再提起来呗。’只不过那样做可能会引起其他并发症。打个比方，要是你给一个可能会得前列腺癌的病人增加睾丸酮，那就是在火上浇油。目前还没人知道该怎么处理这种情况。

“但我会告诉你一件事。我们必须尽快学习搞定这些问题。战争就是那样——把在战场上磨炼出来的医疗技术转变为标准化的民用治疗手法。不同的战争，不同的战术，不同的伤害。沃尔特·里德，一名军医，发现黄热病是由蚊子而非人际传播的。这个突破让巴拿马运河的建造成为可能。烧伤领域的重大突破之一源于二战时我们的军舰在太平洋被击沉，那时燃油在海水表面燃烧。而由于自阿富汗返回的睾丸被炸飞的伤患人数众多，我们肯定也会从中学到点什么。但要付出什么样的代价？”

有一种代价即时可见：这些伤员让我们的敌人从生理和心理上都掌握了一项极其可怕却有效针对我们的武器。我们的服役人员都是年轻的、体格健全的男人，对他们的行动能力和男性气概的双重威胁精确地瞄准了他们最大的恐惧。我听过类似的报道：海军成员在徒步巡逻前，会给他们的大腿缠上松紧止血带，以便他们在丢了一条腿后能够立刻把它系紧到伤处。格拉瑟医生也听过类似的报道。“官员们不喜欢这种说法，因为他们把它看成一种受挫的迹象，但海军们可不在乎，”他说，“他们基本上都会说：‘管他妈的呢，无论如何我们都要绑着它们。要是我们的腿被炸飞了，至少我们能活下来。’”

在非正式的对谈，包括为这次报道进行的数十次采访中，不少士兵说，他们还听过有些男人会在坐船去阿富汗之前去一趟精子银行。“那些被调度到阿富汗去的人会跟那些将要被派过去的人说去冷冻他们的精子，”贝特尔斯曼说，“那从没发生在我身上。但我对我那些将要被第二次或第三次派去的朋友说了：‘嘿，存着吧，以防万一。’我真希望我去了。我希望军队强迫我去了。”

“你的老二是你首先要查看的东西。你得确保重要的东西没丢。”

无论在不在服役，没了阴茎都是一个棘手的话题。通常而言，军队的高级官员们都不怎么情愿谈论这类伤情。但透过一名共同的朋友，我联系上了一名退伍军人，他的阴茎在一次简爆装置袭击中受到了极其严重的伤害，以至于不得不被部分切除。这通电话持续的时间不长，吞吞吐吐的，而且我们两人都不大自在。他先告诉我不希望在一份全国性杂志上透露自己的身份，然后他说，意识到自己的男性气概遭到了损害，“一开始……那感觉比死还糟。”他说，“要是你不能走路，还不能，呃……你明白的，那还活着干什么?”

一个年轻的单身男人，他也失去了双腿和睾丸。“我还剩了点东西——还不到一半，一边和顶上的大部分都没了。但我的神经事实上都被破坏了。至少在我这个病例里，他们用我身体其他部位的组织和肌肉差不多重建了一个。他们还能往里面植入这个能帮你硬起来的东西。但没有神经，快感也就不存在了，或者只有很少一点。你记得那是什么感觉，你以为你感觉到了……但接着你发现你没有。有时我甚至意识不到我正坐在这个东西上，挂在我的两腿间，算是在上下动作吧。”他接着说道，“医生们还没放弃我，但需要有一个特别的女孩来理解所有这些事情。我还没准备好。我不知道我还有没有可能准备好。那糟透了。”

Walter Reed军队医疗中心的泌尿科主任、医学博士詹姆斯·扎西尔（James Zezior）上校告诉我，越来越多这类情况的病患开始来到这所医院。“当这些人逐渐走出他们的伤痛时，我们还要试着改进很多方面。他们得告诉我们什么能奏效。我们没有足够的关于这方面伤害的数据，尽管我们希望能有。我们有自己的学习曲线[①]”。

① 指越是经常地执行一项任务，每次所需的时间就越少。——译者注。

按照一名Walter Reed军队医疗中心管理人员的说法，这里有接近12个男人因为简爆装置爆炸或随之而来的切除手术失去了整个生殖器。医疗中心的数据显示，今年早些时候，一次全国性泌尿科会议指出有3/4的生殖系统伤害都应该归咎于简爆装置。自2003年10月至今年2月[①]，Walter Reed军队医疗中心的医生们已经见过大约40名阴茎受伤或失去阴茎的士兵，近60人的一侧或两侧睾丸受伤或被切除。

扎西尔博士说，涉及生殖器官和阴囊重建的医学科技与变性手术的性质相仿。“新的器官与原有的阴茎必然毫不相似，”他说，“它不具备自我勃起的能力。而且，要是在手术后神经不能保持完好无损，（患者）将很有可能无法享有良好的感触能力。那很艰难。要是他们能够找回哪怕一点感知能力，我们就会往阴茎里填入修复物体。”

还有更多的困难。有些人无法适应重建的阴茎，甚至产生排尿困难；此外，失去睾丸的后遗症还包括持续终生的、复杂且要求精确的荷尔蒙治疗。即使一个男人能够通过医学科技重新获得性能力，他的体验也会与过去不同，治疗结果也会因人而异。扎西尔博士说：“有很多不同情况的伤势，下肢、生殖器、会阴还有阴囊等处受伤，我们仍然在探求这样一种认识，即如何帮助男性在生理上获得性交的能力——哪种办法对哪些人、哪种伤势管用，同时又会对哪一种伤势造成伤害。”

正如你能够预见的，生殖器损伤会对一名士兵造成严重的心理创伤。同样，这一点也需要更进一步的研究。扎西尔博士回忆起刚开始的时候，Walter Reed军队医疗中心的医生们会更多地向病人谈起他们治疗的积极方面：他们在好转。但那些保证并不能解决他们主要的担忧：“他们的期望……嗯……更高。”

如今，因经历了严重生殖系统伤害来到医疗中心的战士们必须在重获意识后做好面对二度创伤的准备，他们会发现自己的阴茎受了伤，或者没了。在赫尔曼德省[②]的一次简爆装置袭击中失去双腿的海军陆战队准下士迈克尔·马丁内兹（Michael Martinez）说：“你的老二是你首先要查看的东西。你得确保重要的东西没丢。”

他是幸运的。他的生殖器幸免于难。

---

① 本文写作时间为2012年。——译者注。
② 阿富汗的一个省份。——译者注。

"让我们正视这一点：你要么因它而死，不然就得试着接受并活下去。"

马丁内兹经历的战争故事十分典型。15个月前，他所在的小队前去增援另一支遭遇埋伏的海军纵队，在回来的路上，他撞上了被他称为"我的地雷"的炸弹。

"我是分队里的第四个人。在我前面的伙计们都踩了那个简爆装置，可什么事也没有。而我，是那个'幸运'的家伙。"

马丁内兹就着贝塞斯达一家高档餐厅的晚餐讲述了他的故事。那天他穿着时髦的蓝色西装和黑色礼服鞋，打着条纹红色领带。当他走进餐厅大门的时候，几位坐在角落小隔间里的漂亮女士朝他行了注目礼。他身体里的修复物是难以察觉的。

喝咖啡的时候，他做了一番有趣的评论："在医院的时候，我注意到伤情越糟的人态度越乐观。有些人，这么说吧，他们被击中了，或者被炸飞了，但他们只承受了碎弹片的轻伤……他们认为自己活不下去了。可还有些家伙，他们丢了两条腿和一只手臂，他们的心态棒极了。我们经历的事情越糟，我们越感激自己还拥有的东西。"

第二天早晨，我和陆军上尉、理疗博士、Walter Reed军队医疗中心理疗截肢部门主任布拉德利·利特兰德（Bradley Ritland）共处时，这段对话仍然缠绕着我的思绪。太阳才刚升起来，马丁内兹已在努力复健。一根皮带样的弹性绳索的一头系在他左边的假肢上，另一头系在一名理疗师身上。马丁内兹拉着理疗师在一条铺了地毯的跑道上行走的样子好像一只大型雪橇犬。

"在我们负责照管的200名处于不同康复阶段的截肢患者中，我们总是知道迈克尔会是第一个到这儿来的，而且一直带着笑容，"身材瘦高，29岁，来自明尼苏达州的利特兰德这样说。

利特兰德和他的工作团队——12名理疗师，外加两名技术顾问，管理着医疗中心底层采用了最先进技术的大型复健场所。椭圆形的跑道环绕着大量的跑步机、负重器械、理疗床和踏步机。之前，利特兰德已经带我浏览过医院的最新报告，了解了目前在Walter Reed军队医疗中心和其他美军医疗机构里接受治疗的截肢病患人数。（目前的数据包含了自6月起新入院的32人——令人震惊，而简爆装置在阿富汗的袭击次数增长到了前所未有的1600起。）我被接受多重截肢手术的人数镇住了：超过一半的阿富汗伤员都丢了不止一处肢体。

感谢退伍军人事务部的一项规则变更，如今政府为那些重返Walter Reed军队医疗中心“调整”的截肢人员报销大部分的旅行费用。而随着假肢修复技术的改进，治疗成果也会随之增进——同时，Walter Reed军队医疗中心已被公认是美国境内拥有最前沿的设备和最顶尖的假肢修复团队的机构之一。利特兰德朝马丁内兹点点头，后者正挣扎着保持他的平衡，沿着跑道拽着他的理疗师，这会儿他的弹性绳索系在了他被修复过的右脚膝关节上。

“你无法想象安上义肢后的进度，”利特兰德说，“迈克尔的膝盖在尽力赶上他真实的走路动作。微处理器知道他处于步态模式的哪一个阶段，并会依据传感器收到的反馈做出调整。我们的义肢团队会对每条腿做出微调，以符合每位患者的进展情况。”

* * *

几个小时过去了，Walter Reed军队医疗中心的复健中心里满是缺少了某些身体部分的年轻人。随着这个小型却排他的团体在过去几个月里的迅速增长，一个非正式的辅导项目也同样在扩大——资格较老的病患帮助那些新来的、承受了相同损伤的人。“我基本上都会让这些新来的人自己待着，除非他们过来跟我说话。”22岁的马里克说。他是一名来自新泽西的陆军中士，在阿富汗东部瓦尔达克省的一次简爆装置袭击中失去了他的大半条左腿。“我不想侵入他们的领域。要是他们问起，我会告诉他们我的复健经历，帮他们一把。”

马丁内兹说，有时，一名理疗师或其中一名心理医师会要求他去帮助新来的人。“我记得自己刚来的时候。有时候你想跟人说说话，但其他时候你就想自己待着。”

那么，我问他，他会跟一个失去了阴茎的退伍同伴说什么呢？

这一次，健谈的马丁内兹没有太多回答：“你能对一个还没有到达人生顶峰就经历了这种事情的小伙子说什么呢？我不知道。”

一天早晨，在Walter Reed军队医疗中心，有人向我提起一名最近刚接受了睾丸再造手术的受伤士兵——“他们造过最大的一对，但是样子好看。”这让我想起我在国防部参加过的一次演示，理应承担保护士兵责任的来自国防部和军方的官员与文员在检视防弹内衣和凯尔拉夫前挡护片的样本。他们把这些样本摊放在一张会议桌上，以便我们能够检查它们。

威廉·科尔（William Cole）上校，项目经理，解释了凯尔拉夫防火平角内裤和一系列装甲护具发明之间的区别。他说，根据美军基地的现场试验，比起会让皮肤发炎的护甲，陆军和海军战士们明显更倾向于防弹内衣。最近，800件套装已被送往阿富汗的一处陆军部队。一些海军也已经收到了他们的平角内裤。

一名穿上了其中一套海军防护内衣的海军高级医护兵在一封邮件中对我说："我读过的每一份报道都说平角内裤能抵挡炮弹碎片并保护生殖器。我认识的一个海军护士对我们的上校说这些短裤是她负责照看的大多数伤员还能保留生殖器和大腿的主要原因，有时大腿的主动脉都能保持完好无损。我知道今后每次出任务的时候我都会穿上自己的平角内裤。"

这项保护措施是否曾经有可能使贝特尔斯曼幸免于难？在我们最后一次会面时，我考虑着这个问题。我们谈论了这些伤情引发的长期精神负担。"有过一些黑暗的日子，"他说，尽管他的阴茎还能正常运作，"这是一个巨大的生活方式的变化。"

接着，他评论说并非每个受伤的士兵都能接受同样的再造。"在这里，在Walter Reed军队医疗中心，我被和我经历了相同磨砺的其他男人围绕着。"他说，他感到坐在自己的骨盆髋关节上"经常不舒服"。他还正学着在一个水桶般的设备上行走，一条碳纤维腰带把他绑在这个设备上，另一头接在被紧密接合在他右臀的人造髋关节上。

"要是在爆炸前，每天伴随着这种疼痛醒来，我肯定会整天抱怨个没完。"他说，"但我也是个现实主义者。当然了，我再也不能踢足球了，我也当不成突击队员了，（我的）荷尔蒙都紊乱了。但我只有27岁，我还是能过一种很棒的生活。我可以旅行，我会去的。我有一个很棒的女友。我可以开车。然后我看看其他受伤的人——好多小伙子只有18岁，或20岁。他们才刚高中毕业。他们有年轻的妻子，有时还要加上年轻的孩子。他们不是军官，他们没有军事学位，也没有学校里的关系网络帮他们找工作。"

贝特尔斯曼正在申请斯坦福、哈佛、伯克利和麻省理工商学院的研究生。他希望运用自己的知识为义肢领域带来改变。只要他还是Walter Reed军队医疗中心的门诊病人，他加了一句，他就会每天24小时地为那些开口求助的病友提供帮助，有时也为那些没有主动要求的。

"我会在健身房里见到一个膝盖以下被截肢的家伙，他的理疗师告诉他再加把劲，而他想歇一会儿。我会朝房间那头大吼：'你在开玩笑吗？你有两个膝盖和一个脚踝。我可没有那些玩意儿，你有看到我在休息吗？'"

"让我们正视这一点：你要么因它而死，不然就得试着接受并活下去，"最后他说，"你最好试着接受你现在的样子：这个不一样的人。我已经做到了，而且我愿意帮助那些还没有做到的人去做到，让他们乐观起来。"

为此，贝特尔斯曼和他的女友已经计划好了他们完美的万圣节装扮。他们会打扮成丹中尉和嬉皮小妞珍妮[①]——阿甘唯一的挚爱。

（杨懿晶　译）

① 美国电影《阿甘正传》中的角色。——译者注。

断裂

苏珊·因斯（Susan Ince）

《好管家》[①]

入围个人服务奖

几十年来，有关骨质疏松症的文章在妇女杂志上屡见不鲜，但《断裂》中的故事还从未被讲述。作者苏珊·因斯通过详尽的报道和周到的分析，揭示出传统疗法的问题所在，并描述了为确保得到适当的诊断和治疗所应采取的措施。本文讲述的故事涉及服用可疑接骨药物的骨质疏松患者，同时还记录了那些更为年长、有明显病症的女性长期受忽视的情况。而《好管家》发表这篇文章，更是冒险批评了其一重要的广告商——两者的合作关系就此终止。但该杂志履行了以飨读者的使命，帮助他们理解了一种长期被误诊并被滥用药物的疾病。

① 《好管家》（*Good Housekeeping*），是创刊于1885年的美国著名妇女杂志。该杂志以提供读者食谱、健康咨询和提高读写能力著称，还设有自己的研究院。英国版自1922年起发行。——译者注。

一个阳光明媚的春天的早晨，快8点时，住在佐治亚州罗马市的珍妮·马修斯走出家门，准备去门前的车道上取回报纸。这天是2009年的母亲节，马修斯满心期待着与她的母亲、孩子和孙辈一起去教堂，而后一家共进午餐；但她的脚刚踏上门前的第一级台阶，大腿骨一下子彻底折成了两半，断裂后交错不齐的骨骼末端指向了截然相反的方向。瘫倒在地、痛苦呻吟的马修斯甚至还从未绊倒过自己。

哭喊、求助，终于，一个她素昧平生、此后终生难忘的邻居赶来，并拨打了911急救电话。45分钟的原地不动和大量吗啡，终于让马修斯得以忍痛被抬入救护车。她紧紧把着自己断裂的腿骨，不让它们从皮肤下凸出。

在医院，大夫往马修斯断开的腿骨间插了一根杆子。但一年之后，她依然深陷痛苦，无法正常行走。2008年11月，医生给她安插了新杆，并开始每天注射促进骨骼生长的药剂特立帕肽（Teriparatide，品牌名为Forteo）。

现任贝里学院（Berry College，近贝里山）公关与市场营销副主席的马修斯当时惊呆了。大约在她腿骨断裂的4个月前，她开始感到腿部疼痛。她前后试用过7种办公椅，并在晚间热敷大腿，最后她向一名整形外科医师咨询。后者认为她可能得了关节炎，于是对她的臀部进行了X线检查，但没有发现任何异常；他给马修斯制定了详尽的物理疗法，然而所有这些拉伸动作正是最糟糕的举动——她的外科大夫后来说道。马修斯的痛感其实来源于之前未被检测出的应力性骨折，它正是最后导致骨骼彻底断裂的真凶；而常规的X线检测无法查出这一点。

通常情况下，只有严重的外伤——比如车祸——才可能直接折断大腿骨，毕竟这是人体最长和最结实的骨骼。但为什么马修斯的大腿骨会以这种方式断裂？而且，她已在近6年之前开始服用药物——先是阿仑膦酸钠（Alendronate），后来换成伊班膦酸钠（Ibandronate）——来降低自己骨裂的风险。

不过，和马修斯有着相同困惑的人不在少数。她得知，一个互助组织里的许多成员都与她有着极为相似的经历。这些人大多数是妇女，在她们五六十岁时，某一次走路、弯腰捡东西，甚至床上翻身都能使自己的大腿骨轰然断裂。其中一些患有骨质疏松症，但是其余的人和当时57岁的马修斯一样，在遭遇这突然的打击之前一直十分健康。该组织的创始人珍妮弗·施耐德（Jennifer Schneider）的情况也是如此：59岁那年，这名内科医生在纽约的地铁上遇到一阵颠簸，然后倒地……而她们大都被告知自己患有骨质疏松，或是骨骼密度低。和马修斯一样，在一番常规的扫描检查之后，她们得到了一组治疗骨质疏松的双磷酸盐（Bishosphonates）药物，包括福善美（Fosamax）、伊班膦酸钠片（Boniva）、利塞膦酸钠片剂（Actonel risedronate）以及每年注射一次的密固达唑来膦酸注射剂（Reclast zoledronic acid）。事实上，这个互助小组的所有女性都至少使用着上述药品中的一种。

＊ ＊ ＊

近10年前，联邦政府已经出台指示，呼吁医院为65岁及以上的女性提供骨密度检测。尽管如此，佩吉·基南（Peggy Keenan）的医生从未向她提及过此事，哪怕她经常去医院检查血压、胆固醇和其他关键指标。作为一名美容师，基南曾经终日步行于密歇根州大急流市（Grand Rapids）的大街小巷，同时还是健身房跑步机和健康秤上的常客；她未曾担心过自己的骨骼问题，或是要求医生做一番测试。就这样，2006年的一天，当时72岁的她在带西施狗遛弯时滑倒在一处冰面上，重重地摔落在地。她的肩膀骨折了。

基南对她的主治医师满是感激，因为在没有动手术的情况下，骨折便治好了；而且她得以立刻回到健身运动中去。直到此时，她的医生依然对骨质疏松的可能性只字不提，她自己也不曾想到询问这一点。“毕竟，那种程度的跌倒，任何人都会骨折。”她如是想。

可是两年之后的一次全家野餐时，基南腰部位置的两根骨头发生断裂：当她和孙子米切尔（Mitchell）一起从树屋向下爬时，不慎跌到了地上。此时，一名手外科专家建议她立即做骨密度检测，基南由此得知自己的骨质疏松症十分严重。如今76岁的她已经接受特立帕肽药物注射达两年，最近还开始注射密固达。“我告诉米切尔：‘要不是因为你，我可能到现在都不知道自己患有骨质疏松，更别提接受治疗了。’”基南说道。不过，她还是为没有更好地注意健康生自己的气；同时，她也对自己接受的医疗有所怀疑：“我不是要责怪医生，但他在我的问题上失职了。”

珍妮·马修斯和佩吉·基南，两位女性，两个差异甚大的故事——但通过她们提供的教科书般的案例，我们得以看到美国的骨骼健康问题已发展到何等扭曲危险的地步。制药公司花费上百万美元试图说服中年妇女（以及她们的医生），她们需要保护自己以免遭骨骼断裂的厄运；与此同时，年纪大些，风险也更高的女性却被忽视。甚至，当65岁、75岁的老年妇女在一次医学意义上的“低冲击性的跌倒”，折断了自己的股骨或遭受其他部位的骨骼断裂后，其中仅有1/5的人会得到针对骨质疏松的医学评估或开始接受相关治疗。“我们看到，一些女性在四五十岁时便已在服用其实不必要的药物；与之相对，一些六七十岁、经历过骨骼断裂的妇女却得不到重视——没有人关注这种情况为何会发生，”科学博士安娜·托斯特森（Anna Tosteson）说道。她现任达特茅斯健康政策和临床实践研究所（Dartmouth Institute for Health Policy and Clinical Practice）的医学教授及骨骼健康政策问题的专家。

* * *

20世纪80年代之前，骨质疏松症始终是一种相对受忽视的疾病。诊断建立在已发生的事实之上：如果你上了年纪，折断了股骨，那你就得了这病——接下来一年中，你面对的并发症死亡率为25%。直到1992年，一个专家小组在世界卫生组织（WHO）的召集下聚首罗马，讨论如何才能在骨骼断裂发生之前最大限度地辨识那些患骨质疏松症的高危女性。而讨论的核心在于如何利用骨骼内的矿物质量来找出那些易遭骨头断裂的人。（能够测量骨矿物质密度的机器在当时已被研发出来，但它们价格昂贵，少有医疗中心拥有这样的机器。）“我们不得不在某处划出界限，”参加了此次会议的托斯特森说道，“每个领域都有这样的讨论。比如，为了预防心脏病，你得问：‘在哪一个临界点之上，血压进一步升高被称为高血压?’”

这些与骨裂风险进行斗争的医生，试图在骨密度得分上设置一些阙点以辨别更易遭受骨骼断裂的人群。后来，他们在T值评分上达成一致，这种方式在统计计算中被广泛使用。而在我们的这个案例中，T值指的是一个被测者的骨密度相较于年轻、健康的成年女性（其骨骼应处在密度和力度的峰值）的偏离程度。被测者的得分可能落在以下几个范围内：正常、骨质疏松（或严重疏松），以及前两者之间的区域；而潜在的麻烦正来源于这个区域。“我们本来可以把中间范围叫作‘低骨密度’，但我们却给了它一个名称：‘骨量减少①。’”托斯特森回忆说。

如今，她和当时参会的其他专家都觉得，这是个“不幸”的决定。因为在许多医生和病人眼中，“骨量减少”的说法创造了一种新疾病，并最终产生了专门针对这种疾病的治疗药物。而那届世界卫生组织会议设下几个T值阙点的目的，

① 英语中“osteoporosis”对应“骨骼疏松症”，“osteopenia”对应“骨量减少”。——译者注。

仅仅是为了帮助调查者进行预防性研究、对几个不同骨密度的组别进行比较。“研究对象并不知道自己属于哪个组别。” 现任辛辛那提大学骨骼健康与骨质疏松中心主任、医学博士内尔森·沃茨（Neilson Watts）说道。

他们当时并没有试图给出谁需要使用药物的建议，托斯特森强调说。然而很快，这恰恰成了新分类法的用途。

在那届世界卫生组织会议召开3年后，即1995年，默克药业公司（Merck）认为美国食品药品监督管理局（FDA）将批准其药物福善美上市，于是开始准备推广这一首次经过认可的非激素类治疗骨质疏松的药物。该公司还建立了非营利性的骨骼检测机构，用以鼓励机器骨测。为了让这项技术为更多人所用，默克药业与制造厂家合作，降低价格，好让医生负担得起这类机器，从而将骨骼检测这一步骤推向了众多医生的办公室；不过，其中许多都是低端检测仪，它们不同于那些扫描股骨和脊椎骨密度的昂贵机器，只能对脚跟、前臂或手腕进行检测，因而所示结果有时无法准确反映断裂风险最高的骨骼部分的情况。

这项营销手段大获成功：广大女性纷纷接受检测，而她们拿到的报告上往往写着被测者的骨密度落入世界卫生组织所设下的正常、骨量减少、骨质疏松三项类别中的哪一类；有时，这三类更是被转化为绿、黄、红三色，以显得更为醒目。很快，福善美成了默克药业的主打产品。

这盘棋在两年之后下得更大了。1997年，该公司把一份申请报告递交给美国食品药品监督管理局，希望推出另一种含量较低的福善美版，作为针对绝经后的女性——也就是骨质疏松风险人群——的预防类药物。结果申请获得了通过。于是，一个巨大的新市场就此打开：这一药物适用于各类有患病高风险的中年妇女，有家族病史者、身材矮小者、生活习惯不佳（吸烟、过度饮酒）者、长期服药和身患某些疾病的女性，当然还往往包括那些被检测为“骨量减少”的人。骨质疏松症影响了1000多万美国人，而骨量减少者比这一数字的3倍还要多，达到3400万。

主要问题是：由于骨量减少的“得分”范围宽泛，它囊括从接近于正常标准到几乎可被视为骨质疏松的任何骨密度值。就拿伊利诺伊州布鲁明戴尔（Bloomingdales）村的一名杂志发行专家丹尼斯·玻芭（Denise Boba）来说，她在2009年接受了一次臀部的骨密度检测，结果得分为-1.1分。尽管玻芭只有48岁，饮食健康，勤于锻炼，且一直服用维生素，但医生在得知她母亲患有骨质疏松症后，立即给她开了福善美。“医生让你对脆弱的骨骼充满恐惧。”玻芭说道。

同时，即使医生不吓唬人，福善美的推销广告也足以让这份恐惧深入人心——它们指向所有处在更年期的女性。这样的情况一直持续到美国食品药品监督管理局出面干预为止。比如，默克药业公司1997年的一份病人手册上赫然写着："绝经是导致骨质疏松发生的最直接、重要的原因。"美国食品药品监督管理局认为该声明有虚假和误导性，要求默克药业停止散布带有该标题的手册。与此同时，华盛顿大学医学教授、骨健康专家苏珊·奥特（Susan Ott）博士还观察到如下情形："有些女性因为骨质疏松已直不起腰来，她们是真正需要服药的人群。然而你却从来看不到针对这些人的广告。"

到2005年为止，福善美的销售额已达32亿美元。默克药业公司成功使得骨质疏松症为众人知晓。然而，它针对的却常常是错误的对象。

新的忧虑

不管你年纪几何，没有人会质疑在饮食、锻炼和医疗等方面注意骨骼健康的好处。然而，双磷酸盐药物却令一些专家质疑，这些药品是否已成为我们这代人必备的荷尔蒙疗法：广大女性从更年期开始就服用它们，这俨然已成为一种人生仪式。然后，当双磷酸盐药物已在数以万计病人的杯子中泡腾了多年之后，如今研究却发现它们存在着令人担忧的威胁。

诚然，是药三分毒。但是，奥特博士说道，在没有证据表明这些药物能降低骨骼断裂概率的情况下，被查出骨量减少的女性服用双磷酸盐实则遭受着出现副作用的风险。事实上，许多骨量减少者的骨裂率非常低。股骨断裂的平均年龄是80岁，而并没有研究显示，从50岁开始服用双磷酸盐能够防止一位患者的臀部在30年后断裂——甚至是10年后。"最好防护效果的实现，"她补充道，"仅仅是在服药女性已经患上骨质疏松之后。"（不过，如果你的T值已经接近骨量减少和骨质疏松两者间的临界点，也就是说已存在着很大的风险因素，她和其他医生可能会建议使用双磷酸盐药物。）

另一方面，正如许多女性的亲身经历所证实，双磷酸盐的副作用可能会让人陷入悲惨境地。胃部疼痛和烧心感是最主要的症状。当对于自己是否需要服药有所怀疑的玻芭开始服用福善美时，她小心翼翼，唯恐和她母亲一样受到消化问题的困扰。每次服药后，她会等上一个小时（而不是说明书上所推荐的30分钟），然后再吃其他东西或躺下。尽管如此，烧心感、反胃酸和胃痛依然持续困扰着她。这类情况持续八周后，医生把她交给一位胃镜检查专家，想看看玻芭的不良反应是否与其他因素有关。这位专家没有查出任何问题，但她注意到至少每周都有一名双磷酸盐使用者来找她检查胃部。玻芭的医生于是让她改服伊班膦酸钠片。不过如今，玻芭已停止服用任何药物来对付自己仅仅略低于标准范围的骨密度。

除了烧心和胃肠道问题之外，双磷酸盐药物的副作用还包括严重的肌肉和关节疼痛。此外，由于时至今日这类药物已被广泛使用了十余年，一些令专家们非常担忧的新问题也开始浮现出来：

食道癌。来自英国的研究者在比较了约93,000名患者使用双磷酸盐药物的情况后发现，服用此类药物3至5年患食道癌的概率大致翻番——约从1/1000增长至2/1000。尽管这类情况仍属罕见，但研究者担心他们对这些药物在三五年之后将产生何种效果还知之甚少。“我们尤其担忧那些更年期后存在骨裂风险的女性。过去，她们会得到荷尔蒙理疗；而如今，她们开始服用双磷酸盐药物。但我们不知道它们的长期效果会变成怎样。”牛津大学的医学博士简·格林（Jane Green）说。她是这项研究的首要作者。

断裂的大腿骨。曾经给珍妮·马修斯看病的那名整形外科医师坚信，马修斯之所以遭受极为罕见的大腿骨断裂是由于她服用骨关节药物。双磷酸盐类药物的作用原理是减少破骨细胞（osteoclasts）[①]的活性，这类细胞行使骨吸收的功能。然而长期来看，抑制骨骼本身正常的吸收和形成过程可能并不有益于健康。那些在日常生活中受到损伤的微小部位可能永远无法得到修复，同时不断积聚的矿物质会使得骨骼失常，更易断裂。“有充分的证据表明，使用这类药物（双磷酸盐）可以在5年之内使你的骨骼更为坚固。但是，我们十分担心10年之后的情况，它们可能会变得更加脆弱。”奥特说道。

在一群已有着骨骼断裂高风险的病人中建立关于服用药物与骨裂的直接因果关系，其难度可想而知。不过在去年10月，美国食品药品监督管理局承认了两者间的关联，同时向医患双方发布了关于双磷酸盐药物潜在风险的警告；在此之前，骨质疏松症患者曾强烈要求该管理局发布明确的警告，同时整个美国社会都

---

① 与成骨细胞相对，两者协同，在骨骼发育和形成过程中发挥重要作用。——译者注。

呼吁骨密度研究者站出来，将他们的研究结果公之于众。当然，和所有类似声明一样，美国食品药品监督管理局表示对此类药物处方与否留给医生们决定。

今年5月，瑞典研究者发布报告称，已找到了双磷酸盐药物与大腿骨断裂之间最明确的联系。他们回顾了152万女性的相关数据，发现遭受和马修斯类似的罕见大腿骨断裂的女性（尽管这个群体总人数很低）中，有78%服用了双磷酸盐；同时，在经历普通大腿骨骨折的女性中，仅有10%使用了该类药物。即服用双磷酸盐药物时间最长者，有着最高的风险。国家骨质疏松基金会（National Osteoporosis Foundation）建议服药女性对应力性骨折须有所防范。“如果你正在服用双磷酸盐药物，有一天开始觉得肌肉或骨骼里有痛感，那么你得去做个检查，看看有没有应力性骨折的风险，”该基金会主席、医学博士罗伯特·雷克（Robert R. Recker）说道，“我指的是核骨骼检测——常规的X线检查无法显示出应力性骨折的征兆。”如果真的查出了问题，“你应该停用双磷酸盐，改用刺激骨骼形成的药物——特立帕肽，同时大大限制自己的身体活动，直至骨骼愈合。”

受感染的颌部。在南加州大学一项专治棘手病症的牙科项目中，牙外科博士帕里什·赛德吉萨德（Parish Sadghizadeh）经常颌骨组织坏死，以及在拔牙和创伤性手术（比如骨骼外科手术）后受到严重感染的女性患者。多数情况下，这类患者因某种癌症的治疗，须通过静脉注射接受更高剂量的双磷酸盐。然而，在对2009年的病例进行了一番回顾后，赛德吉萨德发现208名口服双磷酸盐的患者中，有9人最终发展成这种坏死，即颌部组织死亡。

尽管这些数字可能因为该项目主要针对的是严重病例而有所偏高，但一项最新研究证实了这一联系。4月进行的一项针对超过50万美国卫生保健组织（HMO）成员的研究发现，尽管组织坏死的情况尚属罕见，但它发生在双磷酸盐使用者中的概率要多高出9.2倍。为何一种骨科药物可能会增加组织坏死和感染的概率目前还不清楚。最早提醒同行注意该问题的纽约口腔外科医生、医学牙外科双博士萨尔瓦托·鲁杰罗（Salvatore L. Ruggiero）怀疑这些药物对于颌骨的影响更大，因为这部分的骨骼有着更高的更替率；因此，双磷酸盐药物可能会影响这个正常的自愈过程。

如果你正要开始服用双磷酸盐，请与你的牙医核实，看看自己的牙齿是否有什么大问题需要解决。如果你已经长时间服用该类药物，问问你的医生“过一段药物假期”是不是合理。但千万不要疏忽任何必要措施——比如，如果你已经患了齿龈脓肿，你可能会遭受足以致命的感染。最好向牙医说明你所使用的药品，好让他们采取额外的防护措施。

近年来出现了多起患者状告制药公司的诉讼案，原告都认为自己饱受颌部问题以及其他并发症困扰的元凶是双磷酸盐药物。在针对默克药业公司的诉讼中，到目前为止该公司大都占据上风；不过也有一原告胜诉的判例，目前默克已经提起上诉。而大多数诉讼还都悬而未决。当被问及如何看待自己成为被告时，这些制药和售药公司都指出了他们在防止患者骨裂上的成功，以及为患者生命安全所做出的贡献。

隐形的患者

具有讽刺意味的是：与上述这些因太早开始吃药，或者吃得太久而饱受困扰的女性相反，还有成千上万真正需要服药的患者——她们却没有得到足够的治疗——在65岁以上的女性人群中，有近九成遇到过臀部骨裂的情况。“尽管如此，其中接受过骨密度检测的人不超过一半，”路易斯安那州立大学医学院家庭护理专业教授、老年医学专家、医学博士赫伯特·曼西（Herbert Muncie）介绍道，“不要责怪美国的医疗保障方案（Medicare），它已包含每两年一次的骨密度检测——且不需要患者承担部分医疗费用（copay)。”

更重要的是，这类测试对于更年长的女性要有用得多。也许你和你的母亲有着类似的T值得分，但你们遭遇骨折的概率却大为不同。“密度只是骨骼随年龄增长而变得脆弱的表征之一。”雷克博士说道，上了年纪的人的骨骼在蛋白质含量、对骨架的支撑，以及荷尔蒙（决定矿物质何时、在哪里得到分配）等多方面都会发生变化。“即使一个40多岁和另一个70岁左右的女性的T值得分都是-2.5，但后者比前者遭遇骨骼断裂的可能性要大10倍。”他补充道。

即使上了年纪的女性遭遇骨折，医生也不一定会想到骨质疏松症。“我经常看到三番五次骨折的患者——光是听这些经历就够让人痛苦的了——但她们并没有被当作骨质疏松患者来治疗或检查，”芝加哥西北大学（Northwestern University）芬伯格医学院（Feinberg School of Medicine）骨裂、骨质疏松和新陈代谢性骨疾病项目主任，老年医学专家彼特里斯·爱德华兹（Beatrice Edwards）博士说道。

上述女性所遭受的是脆性骨折（fragility fractures），它意味着你不仅需要测试，更需要切实的治疗。“如果你在日常活动中，或者因为一次小小的摔倒便折断了骨头，那么你就已经身患骨质疏松，不管你的骨密度得分为何，”沃茨医生说道，“如果有人心脏病发作，为了降低再次发病的概率，你会为他们进行治疗，即使他们没有患高血压或高胆固醇。那些‘骨骼病发作’的人同样需要治疗。”

为了弄清医生们为何对治疗这些骨折患者显得无动于衷，爱德华兹博士对一批芝加哥驻院医生进行了焦点小组访谈。他们的回答是对这样的情况尚无准备，或者他们并不认为这是一种急性病症；更能说明事实的是，他们也承认自己不愿进入家庭医生的地盘。然而，家庭医生往往也没有机会实施帮助：爱德华兹博士通过一份针对70名患者的问卷调查发现，经历骨折和紧急就医后，仅有1/10的患者会去她们的家庭医生或骨科专家那里接受骨骼检查和治疗。与来自密歇根、现年76岁的佩吉·基南一样，所有受访者都认为类似的摔倒会使得所有人遭遇骨折或骨裂。

更可怕的是，让患者理解她们所面临的风险的医生少之又少：纽约哥伦比亚大学医学院托尼·斯塔比尔（Toni Stabile）骨质疏松研究中心主任埃塞尔·西里斯（Ethel Siris）博士于2010年领衔的一项国际研究发现，在年过45岁且经历过骨折的女性中，仅有1/3认为自己比同龄人遭遇另一次骨折的风险要大；更令人费解的是，其中还有1/5的受访者觉得自己的风险更小；但实际上，这些女性再次骨折的风险是同龄人的两倍。

如果这项问卷调查几年后再进行一次，也许患者（和他们的医生）不会显得那么无知。美国骨质疏松协会已经启动了“拥有骨骼”（Own the Bone）项目，旨在向医生强化这样的理念：密切关注低骨量或骨质疏松症患者，这样的骨折治疗将能有效避免再次骨折。

对于许多女性而言，这便意味着服用双磷酸盐药物——不过在这些病例中，服药的好处大于风险。“每一种药物和医疗手段都有潜在的副作用，”芝加哥西北大学芬伯格医学院的外科整形医师安德鲁·本塔（Andrew D. Bunta）博士说道，“相比于此类药物能够防止的骨折数量以及由此带来的更高的晚年生活质量，它们的副作用和风险小之又小。”

上文提及的西雅图医生奥特是最早，同时也是对于长期服用双磷酸盐药物发出最强硬警告的骨科医生；即便如此，她依然，而且经常给患者开这类药物。“如果给合适的患者使用，这些药品的确能够预防骨折。”她说道。

如今，随着女性患者不断督促医疗机构正视骨预防和用药的风险，以及从业者终于开始锁定那些真正需要关注的患者，危险而又畸形的骨健康现状正在缓慢地得到改善；不过，不管你的风险来自于用药过多还是过少，你都应该为了让自己得到最好的医疗而发声。

当美国食品药品监督管理局终于在去年10月发出关于股骨骨折的风险警告时，乔伊·沃吉尔吉桑（Joy Vogelgesang）已经使用双磷酸盐药物长达5年。沃吉尔吉桑来自夏威夷金奥浩岛，现年56岁的她和人合伙经营着一家书店。在她看到公告后的第一次会诊时，医生没有对她的服药清单做出任何修改；而当沃吉尔吉桑提及双磷酸盐这项骨骼药物时，她的医生立刻表示可以停止服药。“她肯定了5年来服用该药物可能带来的好处；但如果我不说，可能就会一直这么吃下去。”沃吉尔吉桑说。

佩吉·基南如今则积极倡导自我救助，并鼓励朋友保持力量并进行平衡身体的锻炼；同时她督促年长女性向医生要求检测骨骼：“你不能完全把自己交给医生——你必须了解情况，提出问题，这样才能确保自己得到正确的治疗。”

（黄炎宁　译）

德韦恩·戴德蒙：跃动的信念[①]

克里斯·巴拉德（Chris Ballard）

《体育画报》

入围人物特写奖

德韦恩·戴德蒙（Dewayne Dedmon）是身高近7英尺、天赋异禀的运动员。他一直梦想打篮球，但他的母亲——一位虔诚的“耶和华见证人教派”信徒——却禁止他打篮球。18岁时，他反抗了她。在《德韦恩·戴德蒙：跃动的信念》一文中，克里斯·巴拉德一丝不苟地记录了戴德蒙从天真的少年变成超级新星的成长历程。这是一个关于信仰的故事——既是对上帝的信仰，也是对个人转变的信仰。克里斯·巴拉德是“篮筐国度”[②]的作者，亦是《体育画报》（*Sports Illustrated*）的高级作家，他的叙述性新闻作品屡获“国家杂志奖”。

① 原文是Leap of Faith，字面意思为“跃动的信念”，也指自己不确定是否正确或能否成功的事；此处是双关，既有本意，也代指戴德蒙对打篮球的信念。故按字面译出。——译者注。

② Hoops Nation：一有关篮球的网站。——译者注。

你必将生命的道路指示我。

——《诗篇》16:11[1]

2008年4月的一个下午，迪特尔·霍顿（Dieter Horton）第一次看见这个长胳膊的瘦削孩子。男孩坐在安蒂洛普山谷学院[2]小型体育馆露天看台的第一排，双膝并拢，静静地等待着。30分钟后，他站了起来，此时霍顿才发现他多高——至少有6英尺8英寸。再走近一看：这孩子到底是谁?

安蒂洛普山谷学院位于加州的兰开斯特，地处安蒂洛普山谷的中心地带，虽然翻过圣加布里埃尔山只要一小时，距洛杉矶北部只有一小时车程，但毕竟是一座自成一体的小城。对于山谷里每个6英尺6英寸的青少年，霍顿都知道他的家庭地址、女朋友的名字、喜欢吃什么馅的比萨。霍顿做加州大专[3]的篮球教练已经11年；赢得过州冠军，输送了约20个孩子到一级联赛[4]的学校，2005年至2006年赛季创造州大专纪录，以37比0击败富勒顿学院。霍顿年轻，有雄心，帅气干练。他不知疲倦地搜罗人才，他的体育课学生已经习惯了他边上课边打电话。但是这里有个教练不熟悉的高塔似的孩子，可能来自当地高中、全美业余体育联盟（AAU）[5]，或者城市休闲联赛。

霍顿跟一个球员说完话，那个男孩走了过来。他穿一双大号高帮球鞋、一条脏兮兮的短裤、一件大得像穆穆袍似的T恤。他弓着背，似乎想缩成标准身高。他说："教练，我叫德韦恩·戴德蒙，我想打篮球。"

霍顿顿时记起了这个名字。山谷流传了很多年的故事，说某个孩子家里不准他打篮球，但是教练一直不信。他听到过很多故事，大多数来自孩子们。每年都有很多目中无人的少年找到霍顿，向他保证如果给他一件球服自己就能一场比赛砍下20分。为了剔除这些白日做梦的人和吹牛皮的人，他告诉他们："下周再过来。"10个中只有1个会照做。

---

① 录自《圣经》。——译者注。

② Antelope Valley College，是位于加州兰开斯特（Lancaster）的一所社区大学，是加州社区大学系统所属院校之一。——译者注。

③ Junior college：在美国是指只有两学年的初级大学，以提供职业教育为主。类似于大专。——译者注。

④ Division I，是美国大学体育协会（NCAA）最高一级的体育联赛。其中男篮目前共有32个联盟346支球队。——译者注。

⑤ The Amateur Athletic Union是美国最大的非营利志愿体育组织。——译者注。

“好，德韦恩·戴德蒙，让我们看看你有什么能耐？”霍顿说，“下个礼拜二下午3点过来试训。”

戴德蒙点了点头，说：“好的，先生，到时候见。”

短短几天，霍顿已经把他忘得一干二净。

* * *

盖尔·刘易斯（Gail Lewis）骄傲得想哭。她盯着贴在墙上的便签纸读了下去。她知道这是《箴言》①里的话。然后她盯着9岁的儿子，他坐在位于兰开斯特一栋几乎没有装修的三居室公寓的床上。他尚未成人，却已懂得自律。

他也不是第一次这么做了。德韦恩是个心地善良的男孩，也一直努力保持独立的品性；每次对大人说话不尊敬或者口出詈辞，他都回到房间思过。在房间里他浏览《圣经》，直到发现相关的经文，就认真地抄录下来。每当看到此情此景，盖尔就知道自己的决定是对的。

4年前的1995年，她加入了真道教会②。那时候她在某个医生的办公室当接待员，以此独自抚养3个年幼的孩子。她需要规划生活，为自己，也为孩子。她每周二带着德韦恩和他两个姐姐萨布丽娜、玛丽娜去王国聚会所③学习一个小时的《圣经》，每周四去牧师学校学习两个小时，每周末参加两个小时的公共会议。周六，他们全部要执行作为耶和华见证人④的最重要的义务：传教。如果被他们敲开门的人家表现出反感，盖尔只会为他们感到可怜。

她知道他们一家和很多人一样，都站在上帝正确的一面。她会引述数据：世界上有几百万耶和华见证人信徒，在美国1万多个会众中有100万信徒。盖尔和所有耶和华见证人一样，坚信他们活在一个邪恶世界的尽头，当末日来临时，只有真正的信徒才能获得永生。他们不承认三位一体，只承认圣父，他们将《圣经》

① 《圣经》中的一部分。——译者注。

② Truth，美国一宗教社区，1913年成立。——译者注。

③ Kingdom Hall，耶和华见证人聚会礼拜之地。——译者注。

④ Jehovah’s Witnesses，是19世纪70年代末查尔斯·泰兹·罗素在美国宾夕法尼亚州的阿勒格尼发起，属于基督宗教非传统教派的一支。耶和华见证人认为信仰应完全依据《圣经》，强调《圣经》的主题上帝的王国，只有上帝的王国能真正解决人类的难题。对基督的理解与传统基督教派主张存在较大差别，经常强调传道与上帝的救赎安排。截至2012年末，耶和华见证人的信徒在239个国家和地区，人数超过790万人。——译者注。

视为他的话。《圣经》说，你只可以服务于一个真主，不可以对除了耶和华之外的任何人任何事物效忠；所以，和所有的耶和华见证人信徒一样，盖尔不能在选举中投票，不能向国旗敬礼，她不能当公务员，也不能参军。即使不输血会死，她也不能接受输血，因为《圣经》说人必须“戒血”。

关于体育的问题。尽管没有明确禁止体育，但是在团体里从事体育活动是鼓励孩子效忠于耶和华之外的事物，因而会威胁到其他更重要的事务：下午是用来集会的，而不是训练；周末是用来服务的，而不是比赛。尽管盖尔曾经打得一手好排球，舞也跳得不赖，但她知道，现在让她的孩子从事体育活动是不对的。

所以，在美国这个父母会把篮球放进孩子摇篮的国度里——有着如厄尔·伍兹（Earl Woods）、马尔夫·马利诺维奇（Marv Marinovich）这样从孩子小时就开始培养他们成为体育明星的父亲，盖尔·刘易斯却背道而驰。她禁止个高、健壮的儿子参与体育。

* * *

周二下午2点半，霍顿走进安蒂洛普山谷体育馆。他走向摆满了生锈的哑铃和古鹦鹉螺设备的脏乱健身房想要健身。安蒂洛普山谷学院建于1929年，位于一处住着苜蓿种植户的大片荒地，现已从一所高中的附属物成长为有12,000个学生的教育机构。和其他很多加州学校一样，安蒂洛普山谷学院也为资金而苦苦挣扎。教室拥挤，设备陈旧；更衣室太小，美式足球联赛期间，运动员都得在角落里排队洗澡。在这种环境下篮球教育还能获得如此大的成功的确是霍顿和前任教练牛顿·舍莱特（Newton Chelette）引以为豪的。

霍顿匆匆走过变了形的体育馆地板，注意到有人在看他。后来他惊讶地发现那个男孩提前30分钟就到了。不过那个时候，霍顿惊奇的是竟然又见到了戴德蒙。

教练想，嗯，他来了。他拿起球传给戴德蒙，说：“好，开始吧，先从左右手轮换①开始吧。”

戴德蒙盯着他。

“你知道什么是左右手轮换吧？”霍顿问。

① Mikan drills，这个训练名称源自于NBA湖人队的中锋乔治·米坎（George Mikan）。这个篮球训练适用于任何位置，运用左右手轮流在篮下打板勾射。——译者注。

“不知道，先生。”戴德蒙回答道。

霍顿拿回球，演示了一下最简单的训练步骤：站在篮筐右边，走一步，用右手投篮；球入网以后接住球，移动到左边，用左手重复刚才的动作。

戴德蒙笨拙地走了一步，上篮失败。训练过程中，他步法紊乱，运球跌跌撞撞，跳投时手放在脑袋后面老远，要跌倒似的。

半小时后，霍顿想终止训练，但是他告诉戴德蒙再做一次左右手轮换。一开始很慢，戴德蒙从一边移动到另一边，拿到球，上篮投进去。动作不漂亮，但霍顿发现了闪光点，戴德蒙比第一次做左右手轮换时进步了一半。

但霍顿仍然看不透这个孩子。作为18岁的男生，他很害羞，特别瘦，不到190磅，而且从未真正受到过训练；但他有潜力，在安蒂洛普山谷学院这种地方不能太挑剔，尤其是对一个6英尺8英寸的孩子。霍顿对戴德蒙说他会给他灰衫①。这个办法没有风险，他既能为我所用，也不占用大名单的位置；尽管霍顿的印象中，只有1/3的灰衫最终能脱颖而出。

“灰衫”这个术语让戴德蒙有些疑惑。接着，两个人去了霍顿的办公室，那是在拖车拐角里的一间房，墙是仿木的，正对着一片空地。霍顿坐在老旧的金属桌子后面，向他解释大学篮球：资格意味着什么，大专和一级联赛学校的不同点是什么。他很诧异戴德蒙知道的东西那么少。他从来没听过大十联盟②，甚至没听过太平洋十联盟③。

然而，那天下午，戴德蒙明白了最重要的一件事：他可以作为一个半读生加入安蒂洛普山谷学院，跟球队一起训练。他能领到微薄的财政补助，但剩下的，比如交通、找工作、提高篮球能力就得靠自己了。

---

① Gray-shirt，是全美大学体育协会的一个术语，大意是指球员推迟进入大学，直到第二学期。——译者注。

② Big Ten Conference，始创于1896年，是美国大学体育一级联盟（NCAA Division I）中最古老的联盟，也是公认的六大联盟之一。联盟内的11所大学主要分布在美国中西部地区，西至爱荷华，东至宾夕法尼亚。——译者注。

③ Pac-10，是美国的大学体育联盟之一。它的原型是创立于1953年的西部大学体育联盟（AAWU：Athletic Association of Western Universities），后来联盟名字曾先后改变为Big Five，Big Six，和Pacific-8。1978年联盟扩充到10支球队，定名为Pac-10。——译者注。

＊＊＊

对盖尔·刘易斯的孩子来说，世界很小。灰尘满布的斜坡和地平线上的荒地就是世界的边境。从圣加布里埃尔山看，安蒂洛普山谷就像是一块平原，似乎上帝施加其意志但却产生了不同的结果。这里有购物广场、公路、人造湖，湖的旁边有一座风车守护着。一切都显得脆弱。风滚草长进了公路，布满石头的荒凉后院只有仙人掌提供一抹绿色；镇子散乱地延伸开来，公路出口刻着名字；街道的编号超过了40,000。对这里的一切来说，没有什么中心；在兰开斯特，14.5万人住在94平方公里的区域里。

尽管盖尔经常搬家，但不超过山谷的范围。从棕榈谷北部到兰开斯特，从一间公寓到另一间。除了拜访长滩郊区的朋友，他们很少去“下面”，也就是当地人所说的洛杉矶。因为手头紧。生活只由教堂、学校、家庭构成。

盖尔一贯要求严格，尽管偶尔也会放松。在德韦恩请求之后，她告诉他八年级可以玩一个赛季的排球。这似乎危险不大，训练跟集会不冲突，她也希望运动能消耗他一些精力。

有一天，球队要输球了，助理教练冲德韦恩吼了。是真的吼。之前他也被吼过，但不像这次。他也回吼了。盖尔决定，到此为止。“你再也别打排球了。”她宣布。后来，她说：“不允许我的儿子这样让我难堪。他要吸取教训。”

＊＊＊

一起赛跑，别人比你早18年出发，你怎么赢呢？那天和霍顿一起训练之后，戴德蒙开始从大多数孩子在初中就学过的基本功做起：低位转身、中轴脚、抢位挡人。霍顿改造了戴德蒙的跳投，不准他从罚球区外投篮。霍顿说，先从臀部开始，然后手臂弯成“L”形，再伸直成“I”形。每一投他都数着，1、2、3。从一方面来看，戴德蒙是教练的噩梦；从另一方面来看，他又是教练的美梦。他没有坏习惯需要纠正，因为他没有习惯：他是白板一块。

一天，霍顿带了一双18码的阿迪达斯高帮运动鞋，他花35美元从东湾[①]官方网站上买的。戴德蒙高兴坏了，“跟过圣诞节似的。”霍顿回忆说。秋天的时候，戴德蒙拿到了队服和热身服，同样高兴极了，到哪都穿着：上课、坐公交

① Eastbay，是美国著名的运动鞋供应商。——译者注。

车、学习。

戴德蒙不仅有了新衣服，也有了新朋友。他和同是替补的埃德温·赫雷拉（Edwin Herrera）、贾森·洛根（Jason Logan）关系尤其密切。他们在Primos[①]吃汉堡，自称是“三友”（Three Amigos[②]）。洛根喜欢有趣而绅士的戴德蒙，对他的篮球技术则没想那么多。“能看出来他永远也上不了场，”洛根回忆说，“他跳不起来，有时候甚至灌不了篮。”

10月份，和霍顿一起锻炼加上自己锻炼六个月后，戴德蒙第一次和球队一起训练。他们很凶猛。训练要练到完美才罢休。如果一个人训练不努力，全队一起冲刺跑，整个下午都只练防守。戴德蒙喜欢。他在地板上跑来跑去，就像奥运会选拔赛一样，球一丢立马反抢。队友目瞪口呆：这个新来的小孩不知道只是在训练而已吗？正如安蒂洛普山谷学院的助理教练蒂姆·阿特克森（Tim Atkerson）所说，戴德蒙“完全不像一个刚刚高中毕业的孩子应该有的样子”。

有什么需要做的，戴德蒙都照做。他帮助打扫体育馆。比赛结束后他留下，让小学生扔球，他空中接力。助理教练们的孩子尤其喜欢他。他把孩子放在肩膀上，记得他们的名字，让他们感到特殊；这些孩子也把他当成孩子，认为他不过是个个头很大的孩子。

只有一个问题：旷课。戴德蒙老是旷课，学习糟糕；他也缺席了一些训练。霍顿很恼火，直到他得知戴德蒙住在15公里开外的棕榈谷东南部，没有固定的车去学校。他家只有一辆车，大部分时间是他妈妈上班用的。所以戴德蒙乘车只能靠有车的朋友或者搭乘40分钟的公交车。

霍顿不明白。这个孩子有那么多东西需要奋起直追，而他却因为某些原因不想上学。

* * *

事情要从鞋子说起。德韦恩还是个孩子的时候，一天下午，他称自己找不到鞋子了。没有鞋子他怎么去王国聚会所呢？“太糟了，你得光脚去了。”盖尔说。

“但是，妈妈——”

“没有但是。走吧。”

---

① 快餐店名。——译者注。

② Amigo，西班牙语，意为朋友。——译者注。

她让他穿着袜子上车。在盖尔·刘易斯家，集会是不能缺席的。

事情每况愈下。德韦恩变得不听话。他开始和一些母亲不喜欢的孩子混在一起，那些孩子粗鲁无礼，让他也惹上麻烦。而现在，她一冲他发火，他并不是抄写经文，而是跳上自行车一走了之。有时候从第十七街一路骑到第七十街，到一个朋友的家里。有一次，盖尔把他锁在门外一下午，她回到家，发现他坐在门廊上，气呼呼的。她说："孩子，进去吧，你得吸取教训。"

在学校也是像这样反抗。因为老是搬家，德韦恩转了3所学校。他开口闭口不离体育，但现在是说篮球而不是排球。他求盖尔让他打篮球，盖尔坚决不同意。她视自己为一肩挑的女人：既当妈又当爹，既是叔叔又是姑姑。她知道儿子进入了容易受影响误入歧途的年纪，她有责任守住底线；如果德韦恩父亲在的话，情况会不同。

身高6英尺3英寸、体重210磅的托马斯·德韦恩·戴德蒙很显眼，但他英年早逝。他在军队工作过一段时间，生了6个孩子，3个是和另一个女人生的，3个是和盖尔生的，他跟盖尔没有结婚。盖尔觉得托马斯慷慨体贴但也懒惰，对孩子影响不好；等她开始为生活改头换面，努力回到正轨，拾得更多自尊的时候，她知道托马斯并不适合自己。

据盖尔说，几年后她听到消息，36岁的托马斯自杀了。而他们的小儿子德韦恩那时才3岁。

* * *

霍顿简直不敢相信：戴德蒙又长高了。2008年12月，他刚开始灰衫赛季，身高已近6英尺10英寸——比他第一次现身安蒂洛普山谷学院体育馆时高了几乎两英寸。

戴德蒙其他方面也在蜕变。有了资金补助和兼职工作，他有钱吃了，而且是不停地吃，尽管吃的基本都是快餐。他吃完就睡觉。人生中第一次他增肥了，肌肉也在缓慢增长。掰直了肩膀，挺起了胸膛，他变得更自信了。训练场上，他步法和爆发性都进步了。他的跳投还是不稳定，但姿势跟教科书似的：1、2、3，"L"形变成"I"形。"我从来没见过哪个孩子学得这么快，"阿特克森说，"隔两个礼拜再看他，能发现各个方面都有明显进步。"

是时候挑战一下这孩子了。安蒂洛普山谷学院有个格外健壮的球员叫基肖恩·里德（Kyisean Reed），后来和犹他州签约了。里德身高6英尺6英寸，立定起跳能摸到篮板上的方格。他和戴德蒙好几个月一直在训练中对位。12月末的一天，霍顿把球员叫到一块，说："如果训练中基肖恩能在德韦恩头上灌篮，今天就不训练了，即使训练刚刚开始。"

为了让队友一下午不用训练，大多数孩子都会立马让对手灌篮。但戴德蒙并非如此。那天，里德3次跳起想灌篮，都被戴德蒙在篮筐附近用力阻拦了。第二天依然如此，以后都是如此；如果里德超他一步，戴德蒙就会从后面飞奔而来，差点削了队友的头。里德有时候望着霍顿寻求帮助："他是要杀了我啊！"但是霍顿让他们继续打。里德从来没在他头上灌过篮。

戴德蒙的活力改变了球队的进程。他的队友开始向他靠拢。正如霍顿所言："这个6英尺10英寸的小伙子比谁都刻苦，打球太刻苦，几乎是在拼命。人们对此肃然起敬。"

然而，成长太快也有代价。戴德蒙长得太快，身体吃不消。他的腿腱紧绷，膝盖疼、背部酸。唯一的方法就是用低温赶走疼痛。所以，根据教练的建议，他坐在橘黄色的家得宝[①]水桶中，将自己置身于57华氏度的水中，每次待上20分钟；即使他的身体自腰以下都麻木了他也不抱怨。让戴德蒙做什么事，他都言听计从。

* * *

高三那年秋天，还差几个月就18岁的他，找到母亲。德韦恩说：我要打篮球，对此你无计可施，我现在自己做主了。

盖尔说：当然不是。《圣经》说，你不能同侍二主。

他说：我可以。

盖尔知道他听不进去，德韦恩需要的是男人的影响。所以她叫了王国聚会所的人。两个人来到德韦恩家，坐在狭小的厨房，面对着他。盖尔拿出零食，那两人解释篮球会怎样带走他的基督教教养，跟他说篮球会如何毁掉他。

德韦恩坐在那，听他们说。风险很大。他不仅仅是违背母亲的意愿，也是违背牧师们的意愿。在耶和华见证人中，即使是向国旗致敬或和非信徒约会这样的小错都能导致裁决委员会的处罚。远离"真道"会造成"脱离关系"：被所爱

① Home Depot，是美国一家经营家庭装饰品与建材的零售商。——译者注。

的人否认，被朋友嫌弃；还有一个更严重的危险——如果德韦恩仍然信仰“真道”，却反抗教会，他可能最终面临末日之战的神圣处决。仅仅是因为打篮球。

在他生命里，母亲一直是他的世界，教堂是他的向导。指示很明确。1983年的《瞭望塔》杂志说：“不要独立思考，不要质疑上帝的有形组织提供的劝告。”

但是德韦恩知道这很可能是他打球的最后机会。春天一毕业，他就要找工作了，工资可能只有最低工资标准那么多。兰开斯特的孩子都是如此，当然，如果他们没跟毒品扯上关系或者什么更糟的话。他熟稔那条路的境况。他不想加入其中。

他告诉母亲和那两个人：他已经下定决心，不会改了，他要打球。盖尔受到了打击。但她依然希望他只是一时冲动，随着时间流逝，她又会看到希望。毕竟，德韦恩基本上没打过球。他上场的时间基本都是垃圾时间，偶尔到中路去防守一下。在兰开斯特高中念高三这一年他几乎都是坐着度过的，坐在公交车上、坐在板凳上、坐在边线上。教练大卫·汉弗莱斯（David Humphreys）没怎么用这个球技没什么特别的瘦小孩，尽管他有6英尺7英寸高。汉弗莱斯正在努力赢黄金联赛冠军。

赛季结束后，德韦恩并没有放弃体育回到教堂，而是恰恰相反。春季里的某一天，他回到家对母亲说，他要上大学，去打篮球。

* * *

2009年秋天的一个早晨，霍顿的手机收到一条短信，是学校门卫赫尔曼·梅纳（Herman Mena）发来的。短信说，戴德蒙在这已经一个半小时了。时间显示是中午12点45分。

从家里搬出来改变了戴德蒙的世界。学期开始不久后的一天，梅纳借来一辆货车帮戴德蒙运家什：一条床单、一台旧电视、一架衣橱、一些衣物。他们帮他搬进了离安蒂洛普山谷学院几个街区远，别人转租的房子里。从那时候开始，戴德蒙实际上已经住进了校园。他早上7点就去学校，骑着他那要靠脚驱动的剃刀牌滑板车，像一只坐在轮子上的长颈鹿。晚上课上完后他留下来；梅纳帮戴德蒙开体育馆的门，他自己一个人举重、训练。他叫道：“我要成为一个得分后卫！”梅纳笑着摇了摇头。后来戴德蒙在梅纳身边找了份半工半读的工作，每周半夜清理食堂四五次——他是你见过的最高的门卫。

那年秋天，戴德蒙终于在一场正式比赛中有机会上场。球打得很难看，刚上场不久就犯了规，一会儿又犯，然后就下场坐板凳去了。接下来的一场比赛更糟糕。他打得拼命，每个球都争抢，满场飞奔，但是最终犯了4次规，只拿到两分。这是对付基肖恩·里德的方式，拼尽全力，永不放弃——但在真正的比赛里这招并不奏效。下一场比赛的上半场他就犯了3次规。霍顿必须再次弃用他。戴德蒙跑到板凳区，坐到学校的运动员学业顾问迈克·里奥斯（Mike Rios）边上。“教练，为什么把我换下场？”戴德蒙问。

“你已经犯3次规了。”里奥斯说。

“好吧，我能犯几次规?”

里奥斯笑了，搂住戴德蒙说：“孩子，你只能犯5次，只能5次。”

11月21日赛季第6场比赛对阵富勒顿学院迎来了突破。一个富勒顿球员不停冲撞戴德蒙，后来终于一肘子撞到戴德蒙的头部。这可是终极荣耀：富勒顿想把戴德蒙弄下场。当然，戴德蒙并不这么觉得。他推了那个富勒顿球员，被判技术犯规。但是戴德蒙没有下场，事态峰回路转。被激发了的戴德蒙在防守中更积极。他拿到全队最高的14分、8个篮板，帮助球队与对手战平并在加时赛中战胜了对手。更棒的是，他没有6犯离场。

这个孩子每天都在进步，而且似乎什么位置都想打。一天早晨，安蒂洛普山谷学院的得分后卫训练迟到，戴德蒙主动顶替他的位置。霍顿难以置信地看着戴德蒙组织进攻，就好像他一整年都在这样打球。“我们大概打了50场比赛，他每场比赛都能完美地拿5分以上——把握时机的能力和细心程度、底线抢篮板、半场投篮，不胜枚举，”霍顿说，“这个身高6英尺10英寸的孩子几乎没怎么打过球，他的篮球智商却是我见过最高的。令我刮目相看。”

比赛中，戴德蒙依靠进攻篮板，补扣得分。他极擅长长传，这是霍顿安排给他的4种打法之一。他最喜欢防守的角色，戴德蒙从右侧插入为队友做背向掩护。防守始终是他的主业。他可以一场比赛砍下14个篮板球，另一场比赛又盖了7次帽。洛根不仅在一对一的时候输给他的朋友，而且他发现自己投篮都很困难。

比起教练和队友对他的喜欢，戴德蒙在粉丝中更受欢迎。安蒂洛普山谷学院在大专中是个异类：它的比赛非常受欢迎，以至于要给特定的球迷保留位置，而当地居民、学生、校友挤满了有828个座位的体育馆，站在露天看台上。他们喜欢看戴德蒙快速转移，喜欢看他让篮筐都颤抖的补扣，喜欢他在打了个好球之后的吼叫。这孩子带着快乐打球，他们说。

* * *

盖尔很少去看儿子的比赛。高三没有，而现在，2009年他发挥出色的第一个赛季也没有。毕竟，比赛通常都是在集会和社区帮扶项目期间举行，这些事一个月得有70个小时。

和德韦恩失去联系让盖尔伤心，同样让德韦恩伤心的是，她从来都没见过他的队友，也不知道他在干什么。每次他们打电话，十有八九在争吵。循环往复。

“妈，你不在听。”他可能这么说。

“你从来不打电话给我。”她可能这样回答。

一次，他们真的陷了进去。终于，盖尔说：“你知道吗……”但是，在她说出什么会让她后悔的话之前，她忍住了，挂了电话。

那天刚到晚上，她给德韦恩打了个电话，因为《圣经》上说“不可含怒到日落”。等他接了电话，盖尔说：“德韦恩，你知道我爱你，我是你妈，而你仍然是我儿子，但我们需要达成共识。”

他说他也爱她。然而事情将变得愈加复杂。是时候告诉她夏天开始的选秀和南加州大学的事情了。

* * *

到2009年秋为止，鲍勃·坎图（Bob Cantu）在南加州大学已经做了8年助理。他协助招录了德里克·威廉姆斯（Derrick Williams）[①]和其他大牌球员，尽管在蒂姆·弗洛伊德离开特洛伊人[②]之后，威廉姆斯去了亚利桑那大学打球，但是，坎图依然梦想能找到像欧文·约翰逊（Ervin Johnson）[③]这样的球员。

约翰逊的传奇在教练圈子里家喻户晓：1988年，一个6英尺11英寸高的球员在巴吞鲁日一家杂货店干了两年后走进弗洛伊德在新奥尔良的办公室；他后来在南方联盟比赛中的盖帽、篮板、投篮等项目都处于领先位置，并在美职篮（NBA）中打了13年。

像约翰逊这样的球员屈指可数——7英尺高的迈克尔·奥洛沃坎迪（Michael

---

① 德里克·威廉姆斯，NBA职业篮球运动员，现为萨克拉门托国王队效力。——译者注。

② Trojans，即南加州大学特洛伊人（USC Trojans）队。——译者注。

③ 欧文·约翰逊，美国著名篮球运动员，湖人队球星，1993年至2006年在NBA打球。——译者注。

Olowokandi）[①]向太平洋大学毛遂自荐时才18岁，刚刚开始打篮球。这些年轻的大个子都已被搜罗，似乎没有遗珠了。但是，2009年7月，在德韦恩·戴德蒙为安蒂洛普山谷学院打第一次正式比赛之前，第一次看见他的坎图，就发现自己看见的不是一个身材瘦长从来没打过大学比赛的孩子，而是欧文·约翰逊。

场景是在南加州大学盖伦中心的一个大专展览场。这实质上是那些好学校的购物节：加州附近的30所大专院校带队过来打两天的比赛，让教练从中挑选转会对象。对霍顿来说，曝光能够让他的队员获得一级联赛的奖学金，这些奖学金能帮他向未来的新兵出售其项目。

戴德蒙去现场是临时想法，他没有数据、没有球员档案、没人知晓。然后，第一场比赛的第30秒，他投篮打板；之后又一个打板；之后他防守反击，灌篮得分。他错失很多次得分良机，他不时有点迷茫，但都无所谓。坎图和特洛伊人的新教练凯文·奥尼尔（Kelvin O'Neill）站在底线，被他迷住了。

第二天很多人和他们两人一样，但是南加州大学有优势——坎图和霍顿是老朋友。几天后坎图打电话给霍顿说："你不是开玩笑吧？你是不是刻意就这个孩子跟我过不去？"

"没啊，鲍勃，我跟你说过他。你就是不信我，记得吗？"坎图必须承认，这个故事不太可能。

等到秋天，话都传开了：安蒂洛普山谷有个高个毛头小子，活力惊人，而且还在成长中。戴德蒙离毕业还早这事已经不重要，而他尚未打一场大学比赛的事实也不重要。球员选拔期间教练开始成群结队地出现：克莱姆森大学、南加州大学、得克萨斯大学、华盛顿大学、西弗吉尼亚大学、路易斯安那州立大学。教练太多，阿特克森和同是安蒂洛普山谷大学主力的布拉德·威格斯（Brad Wiggs）自觉更像侍者而非教练，排椅子、取水、话家常。

戴德蒙起初很震惊，他没想过自己有什么好。而现在，与富勒顿学院比赛之后，他感觉像是有了归属。是时候做出行动了。那些遥远的学校他都考虑了，但他想待在姐姐们身边，她们两个是他最亲近的人；因此备选名单大大缩小了。然后他去参观了南加州大学。他和霍顿坐在高尔夫车上的司机旁，游览了校园，被建筑、宿舍、巨大的礼堂震慑住了。不过，最吸引他的还是小盖伦的训练房，美

① 迈克尔·奥洛沃坎迪，尼日利亚职业篮球运动员，司职中锋，2007年退役。——译者注。

式足球运动员都在那里吃饭。戴德蒙盯着菜单：腰眼肉排、鸡、意大利面。“你是说所有这些我都可以吃到？”他难以置信地问道。

“是的，德韦恩，想吃多少吃多少。”霍顿说。

简直就是香格里拉。戴德蒙的身体还在成长中，但他吸收卡路里的速度不够快；他一天大概也就吃3000卡路里左右的食物，还差很多，他的身体需要5000卡路里。仅仅是依靠奖学金打球这个想法就让他深受震动，更何况加上学校和教练团队的质量，以及他被交易的事实。尽管还需要5个月才能正式签约，他在口头上已经归属了南加州大学。

从那天起，不论外面是天寒地冻还是炎热酷暑，戴德蒙都穿着他的南加州大学长袖运动衫。他成了家乡的英雄。《安蒂洛普山谷报》报道了他，学生和他击掌，他的老师对于他的蜕变和不可思议的成长轨迹惊奇万分。毕竟，多数时候我们听到的是任性的年轻人终于有一天找到了上帝；然而戴德蒙却相反。正如历史学教授辛西娅·雷曼（Cynthia Lehman）所言：“他只是某一天走进体育馆，发现了篮球。”

* * *

2011年7月，一个暖和的午后，在洛杉矶市中心的洛杉矶贸易技术学院，“说不经典”夏季联赛[①]如火如荼地开展中。广播中说唱音乐聒噪着，约摸75个粉丝在木质露天看台上闲荡，高个儿年轻人穿着短裤、运动凉鞋、风帽，等待比赛开始。球场上挤满了一级联赛球员。加州大学洛杉矶分校的拉里·德鲁（Larry Drew）在这儿，内华达大学的马利克·斯托里（Malik Story）在这儿，洛约拉马利蒙特大学的昆西·劳森（Quincy Lawson）也在这儿。一头迷你莫霍克发型的德韦恩·戴德蒙身高超过7英尺，比其他球员都高。

过去的一年半发生了太多事情。和南加州大学签约后，戴德蒙在霍顿家过了第一个圣诞节，和霍顿5岁大的儿子查尔斯一起看了《圣诞怪杰》。后来，在安蒂洛普山谷学院2009—2010年赛季，戴德蒙受了重伤——被人一肘子把前额打骨折，一部分窦腔也被肘击塌陷了，因而错过了先锋联盟的最后7场比赛。

2010年4月，霍顿被南加州大学聘为助理，不久之前，特洛伊人的教练问戴

① Say No Classic，是1972年成立的南加州篮球联赛，也是美国大学体育协会（NCAA）认可的美国夏季篮球赛事。——译者注。

德蒙能否赶在新年之前到达，为2010—2011年赛季的后半段做红衫球员[①]。这就意味着他要加紧学习了，上网络课程，早点从安蒂洛普山谷学院毕业。所有这些，那位曾培养过他的教练现在都帮不了他，因为霍顿和戴德蒙的合约如今被美国大学体育协会（NCAA）的规定严重限制了。所以戴德蒙申请了他在王国聚会所上过的学科，使用卡片和雷曼的学习小组成功学完课程。有一个学期他还是优等生。

1月份他到达南加州大学，参加下半赛季，他又一次像对待比赛一样对待训练，不断奔跑与碰撞。首发前锋尼古拉·武切维奇（Nikola Vucevic）和亚历克斯·斯蒂芬森（Alex Stepheson）不知道这个高7英尺、初来乍到的疯子是怎么回事，但可以确定的是：他促使他们前进。南加州大学打出了一系列令人惊奇的比赛，晋级美国大学体育协会的联赛，教练认为戴德蒙在训练中发挥的影响是晋级的原因之一。

戴德蒙在能够进入训练餐桌的情况下，每天吃5顿，大口喝蛋白质奶昔。他的体重从222磅增至258磅。在体能训练中，他开始手撕套衫，借此扩展他在3分线外的射程。他变成了敏捷的传球手，篮下低位打法也很出色，还是球队里球场长度跑步比赛中第二快的球员，仅次于得分后卫莫里斯·琼斯（Maurice Jones)。

“他是我见过的最有活力的大个子球员。”奥尼尔说，他在大学联赛和美职篮中有20多年的执教经验。他觉得戴德蒙的比赛欲望可以和本·华莱士（Ben Wallace）[②]有一拼，而他的潜在技巧又与凯文·加内特（Kevin Garnett）[③]不相上下。奥尼尔想慢慢调教戴德蒙，但是因为武切维奇宣布参加美职篮选秀，奥尼尔没法子：戴德蒙的学习曲线再一次被缩短。

尽管戴德蒙身高7英尺，在太平洋十二联盟大学中打球，但他并没有出现在大学联赛专家和美职篮球员招募专家的视线里。毕竟，大多数从大专转会出去的孩子都有华丽的数据；而戴德蒙在安蒂洛普山谷学院的23场比赛里场均6.6分、7.8个篮板。去年4月份，选秀快递网站[④]的乔纳森·吉沃尼（Jonathan Givony）被

① Redshirt，在美国大学体育中，红衫是指推迟运动员的参赛，从而延长他们的比赛资格。——译者注。

② 本·华莱士，NBA球星。——译者注。

③ 凯文·加内特，NBA球星。——译者注。

④ Draft Express，专注于美职篮、美国大学篮球联赛选秀以及球员考察等信息的网站。——译者注。

问及戴德蒙时就说："没有怎么见他打过比赛。"

即使现在，身在洛杉矶贸易技术学院，他也才打到第三场比赛，对对手来说他还是个谜。不过不久，他的队友第一次投篮打铁，戴德蒙跳起来暴扣。他做了漂亮跑位切球，拿到队友的弹地球，又一次扣篮。本节的第三次灌篮是运球到底线完成的，而这一球让篮球架都震动了。他把每一次快速反击都当成是神风敢死队在执行任务。防守中，他快速移动封盖别人投篮时腿像蜘蛛一样伸开。他一碰撞，便大吼："不——！"你在想他什么时候会筋疲力尽，但转念一想他这一辈子就在等此时此刻。如他所言："我落后得太多，必须一直奔跑。"

第二天晚上，戴德蒙将跳起16英寸高，投进制胜一球。8月，他将随队去巴西参加表演赛，在南加州大学挑战一支巴西职业球队的比赛中砍下全队最高的19分和4个盖帽，然后和他姐姐视频通话，说比赛的事儿。8月底，他一举成名。马刺队和美职篮的首席球探瑞安·布雷克（Ryan Blake）将给安蒂洛普山谷学院的办公室打电话，询问相关信息。戴德蒙将被塑造成一个强力中锋，能正面对抗、能投3分、能盖帽。他将是第一轮（甚至是顺位）的选秀位置。10月份，他会在训练中把右手弄骨折，但这反而提高了他的兴趣度，因为他是德韦恩，他将缠着软石膏打球，并集中精力提高左手技能，争取打上赛季的头场比赛。

其实，就在这年7月，戴德蒙还只是一个爱思考爱玩的男孩，他在脸书上的活动列表是"篮球"和"睡觉"，他依然不觉得他有那么厉害。他纠缠在两个世界中间。他说自己仍然会接受他自小信仰的一些宗教信条，比如不接受输血，不过现在，"我没有那么投入罢了"。他惊讶于打篮球这一决定所引起的连锁反应对生活造成的转折。"自从接触了篮球，我不用完全沉溺于教堂，"他说，"我不知道我的生活将去向何处，我不知道我会做什么。"他停顿了下，"太疯狂了。"

* * *

有什么比信仰和家庭更重要？

去盖尔·刘易斯在棕榈谷东南部的家，你要沿着138号公路行驶，经过炸鱼铺、黑人食品杂货店和假发专卖店。向右拐你会经过空地、公寓群，到达长角牛阁公寓，这160个小单元被一个铁门把守着。公寓后面又是一片沙漠，矮树丛和沙子变成的石头山；外面的标识写着："正在出租：每间公寓都有洗衣间。"办公室旁边的公告写着："未来的居民停车场。"湿衣服挂在晾衣绳上，灰泥墙上的凹痕隐约可见，光膀子的孩子扎堆在楼梯井里。

盖尔的公寓在一楼。一本棕色皮制封面的《圣经》放在厨房的桌子上。一面墙上挂着一张全家福，照片里的德韦恩才5岁，穿着蓝色西服，圆圆的脸蛋上挂着迷人的微笑。盖尔在招待一位客人，为其提供了瓶装水。她身材高大，性情温和，长相俊美，笑容莞尔，说话的时候不停用手捋着长发。尽管她很瘦，但仍然想再多健健身。她不劝人改宗，至少是今天。

她说她一直努力接受德韦恩选择的生活，但其中困难重重。去年秋天，南加州大学邀请她去校园游玩一番，经过教练们三番五次的恳求，她答应了。她从来没见过这么多校园建筑。“天啊，他们一定为这所学校花了很多钱，而且仅仅是为了教育而已。”她说。她喜欢那个戴着眼镜的秃顶教练，他人看着挺好，对她说她可以随时联系他。

有喜亦有忧。她很高兴德韦恩在自我教育，尤其是因为他的课程让他有时间参加晚间集会。她仔细考虑过这个问题，而且王国聚会所与南加州大学距离不远。但她还是希望他能多跟她说说。直到几周前一个记者联系她，她才知道德韦恩在打夏季联赛。“那让我很诧异，”她后来说，“我希望我的孩子还像小时候那样，对我言听计从。他们长大了就变得独立，有自己的想法了。”

这对母子现在关系好了很多。德韦恩偶尔给她发短信，他们也打电话。她去看过几次他在安蒂洛普山谷学院的比赛，日程允许时也打算去南加州大学看他比赛。她总在谈话中提及他的基督教教育，他说：“妈，我一直没忘过。”

“也许有时候你需要怎么想就怎么做。”她回复道。

她知道德韦恩可能被选进美职篮打比赛，她对此有所顾虑。“这会有点困难，因为你不能一人侍二主，”她说，“他可能得自己做主，他觉得自己可以二者兼顾，但很显然是做不到的。”

她说，如果他决定去美职篮打球，她不会挡道，但她希望他能像洛杉矶湖人队的前锋A.C.格林（A.C.Green）一样坚守道德准则——2002年4月，格林说他婚前一直保持处男之身。但现在她希望他能迷途知返。她对德韦恩说他必须要像热爱篮球那样热爱自己的信仰，他要像一个浪子一样，只须找到归家的路。“我告诉他：‘你背弃了信仰，但我会为你祈祷，直到你回来。’”她说，“我告诉他：‘我会一直祈祷，直到你回来。’”

很快，盖尔将客人送出了门，送进安蒂洛普山谷令人窒息的炎热中。公寓大门外的沙漠一直延伸到目所能及的地方，炎热而干燥。她回到凉爽的屋子里，继续阅读，为下一次去社区和那些迷失的灵魂对话做准备。

盖尔·刘易斯坚信：人人皆可得到救赎。

（刘锐　译）

纸老虎

卫斯理·杨（Wesley Yang）

《纽约》

最佳随笔与批评奖

将报道与个人叙述灵活交织，卫斯理·杨直面了那个惯常的成见——由蔡美儿（Amy Chua）[①]《虎妈的战歌》一书所称道的文化塑造出来的勤奋又成功的亚裔美国人形象——他把这个被模式化的形象彻底打碎了。不论是访问教亚洲年轻人学会自信的把妹训练营，还是追问“刻苦就能赢”的精英主义错在了哪里，杨的行文都提供了一流散文写作的典范——文字惊艳、令人信服，而又纵横捭阖。自亚当·莫斯（Adam Moss）2004年担纲《纽约》主编以来，这本杂志已经20次摘得“国家杂志奖”，但获得随笔与评论类奖项，这还是第一次。

① 蔡美儿，1962年（虎年）生于伊利诺伊州香槟市（Champaign），现任耶鲁大学法学院终身教授。她以自己的育儿经验写了一本自传体性质的书《虎妈的战歌》（*Battle Hymn of the Tiger Mother*，又译《虎妈战歌》），引起一场美国关于中美教育方式的大讨论。——译者注。

有时，无意间瞥见自己在玻璃窗上的映像，心里都悚然一惊。黝亮的黑发、丹凤眼、面饼般砥平的脸、肤色青黄，表情冷漠得近乎爬行动物。我曾努力说服自己说，这张脸不逊于其他任何脸容；但每每此时，这张脸对我而言总变得无比陌生。这的确是我的脸，我无可否认，但它和我到底有什么关系?

成千上万其他美国人也会对他们自己的相貌产生类似的疏离感，尽管各有各的原因。比如我，一个韩国移民的后裔，却不会讲父母们所讲的母语，也不会以诸如什么“大哥”“大姐”之类的敬语称呼长辈；我从不和韩国女人约会，也没有一个韩国朋友。尽管身为移民，我却从未想过像一个移民那样努力奋斗。

你可能会说我是亚裔美国人，用带点嘲弄的说法就是黄皮白心的香蕉或奶油蛋糕。尽管我不信一个人的出身会让他画地为牢，但我相信我们的神经回路里早已嵌入了对各种族的成见，借此来区分茫茫人海中的面庞。尽管我在绝大层面已然丧失了亚洲人的特点，但我的确长着一张亚洲人的脸。

有时我会怀疑，在其他美国人看来我的脸是否只意味着：一个淹没在大众长相中的隐形人，一个即使鹤立鸡群也依然全无个性的人，一个对美国文化假意尊崇，事实上却在鄙夷和利用的形象。我们不只是那些“玩转数学”或会拉小提琴的人，更是一群被压抑扼杀，甚至被欺虐的、循规蹈矩的半机器人，不论在社会还是文化中都无足轻重。

对于以上种种成见，我总在两种态度间摇摆不定：一方面，如果有人仅凭相貌就这么看我或其他任何人，对我而言，都是严重的冒犯；但另一方面，我自己也确实见到了不少合乎此类偏见的亚洲同胞。

要说我对亚裔价值观的感觉是什么，概括来说就是：去他妈的孝敬，去他妈的好好学习、天天向上，去他妈的常春藤联盟狂热派，去他妈的服从权威，去他妈的谦卑勤劳，去他妈的和谐关系，去他妈的为未来而牺牲现在，去他妈的诚诚恳恳、奋斗不息的中产阶级奴性。

我能理解亚裔为什么会用这种方式培养下一代。医生、律师、会计、工程师，这些都是只要足够努力就能拥有的肥差，追求这样的好工作难道有什么不对吗？在美国，从高校毕业的亚洲人比率以及他们家庭收入的中值数，都高于其他族裔，包括白人。这是一个胜利的故事，而且远比许多人记忆中获得成功的时间要短得多。约1400万亚裔美国人中，有2/3不是在美国出生的。1970年，也就是我哥哥出生那一年，生活在美国的韩裔还不足39,000人，而如今这个数字已将近百万。

亚裔美国人的成功总被当作美国梦的典型例证：证明无须他人施舍，少数族裔也能获得成功。尽管如此，说起亚洲人，其他族裔往往带着一股潜在的种族恐惧。

今年年初，蔡美儿撰写的《虎妈的战歌》一经出版，就引爆了有关种族成见歇斯底里的大讨论。然而，在数百万的回应中，却没有任何一条认真地思考过“亚裔美国人是否真的在主导这个国家”的问题。如果说从整体上看来，我们的确在精英化的中学和高校里独占鳌头，那么回到现实世界中，我们是否也是同样的主导者？对此我绝对不敢苟同，且原因不难找出。如果我们真是一群让人敬畏和恐慌的主宰者，那么为何正如我所亲身体验到的，太多的亚洲人都被看作懦弱文化的产物，轻易地被更强势的人群四处推搡，根本就像一群隐形人一样?

* * *

几个月前，我接到了一个名叫杰弗逊·毛的年轻人发来的邮件。他曾就读于史岱文森高中，最近又刚从芝加哥大学毕业。他想向我征求关于如何“成为一名亚裔作家”的建议。他是这样形容自己的：“我成绩优异、热爱文学，渴望做一名作家和知识分子；此外，我是全家第一个大学生，我父母的英语并不好，在我们所租住的法拉盛①，我们都没有属于自己的公寓。我的意思是，我为自己的父母、社区以及我自以为拥有的艺术天赋或别的什么而感到骄傲，但有时我又觉得自己好像操之过急了，这本是一个移民家庭在一两代后才能实现的事儿。”

一个明媚而清冷的周日下午，我搭乘地铁7号线到法拉盛终点站。这里所有的店面都挂着中文招牌，人行道上缓缓流走的人群表情漠然。毛就在主街上地铁的入口处等着我，我们一起去了附近的一家越南餐馆。

毛长着一张圆脸，戴一副矩形金属框眼镜。毕业之后，他就一直和父母住在一起。毛8岁那年，全家从中国移民来到美国。母亲是一位美甲师，父亲则是一位助理理疗师。最近，从法拉盛到曼哈顿②，毛经常穿行在这条熟悉的一个半小

① 法拉盛（Flushing），美国纽约皇后区境内的一个区域，近年来逐渐成为亚洲裔移民特别是来自中国台湾、韩国、中国大陆等地的移民聚居的地方，并发展出具有浓厚东亚风味的商圈。——译者注。

② 曼哈顿，位于美国纽约，是纽约市中央商务区所在地，世界上摩天大楼最集中的地区，汇集了世界500强中绝大部分公司的总部，南端的华尔街是许多大银行、交易所和垄断组织的聚集中心。——译者注。

时行程线上，去特里贝克为一个史岱文森高中的白人新生做家教。有时在这位亲切友好的年轻人面前，他感到悔恨交集。如果能重新回到刚入史岱文森的时代，他就更清楚自己该怎么做了：“只在学业上少花一半的工夫，就会比现在成功20倍。”

能否进入史岱文森这个全美竞争最激烈的公立高中，只能由考试成绩来定夺：纽约所有参加专业高中入学考试并渴望进入史岱文森的学生中，只有排在前3.7%的考生可以如愿。这里不给贫困生留任何名额，反过来，即便是校友或其他特权人士也不能享受任何优惠。这里不会鼓励“多样性”或其他朦胧的全面发展或“追求个性”的概念，一切都由成绩说了算。事实就变成：亚裔在纽约人口中只有12.6%，在这所高中里却占到了72%。

今年，569个亚裔考生凭借高分得以在史岱文森占据一席，同时考上的还有179个白人、13个西班牙裔以及12个黑人。富有戏剧性的超高比例，以及它可能带来的对纽约不同族群智商水平的暗示，都让人轻松不起来。但亚洲人恰恰不相信天分。他们相信，并且也证明了，不管是谁，只要经过持续不断的应试练习都能拿到高分。在整个法拉盛以及贝塞（Bayside）①，到处都能见到所谓的“填鸭学校”或只占一个店面的补习学院，它们在周末或暑假利用课后时间，训练学生的应试技巧。“学数学并不是学数学本身，”《纽约时报》曾援引一位来自常春藤预备学校的辅导员的话说，“这是在举重，在练你的数学二头肌。”毛的解释更加明确：“你只不过是学着去搞定每一场标准化考试而已。”

所以随着虎子们数量的增长，人们也产生了一种新的忧虑。和狂热的老早就有了专业意向的亚裔孩子在一起，非亚裔孩子的教育经历会更加狭隘。蔡珍妮，在一个同样竞争激烈的纽约公立高中里曾被选作班长，她记得自己经常听人们这么说：“这个学校太亚洲了，亚洲人早晚会把学校毁了。”几年之前，她在哈佛写毕业论文时重新回到了这个问题。她采访了公立精英中学的毕业生，发现白人一直在提防亚裔同学。（她引用史岱文森一位音乐老师描述亚洲人优势的话：“他们都天资平平，之所以能考进来，是因为他们受过培训。”）2005年，《华尔街日报》报道了加州库比蒂诺一所高中的“白人逃跑”事件，原因是亚裔工程师的小孩把学业竞争变得如此残酷，以至于平均成绩得B就足以让你跌进差生的

① 贝塞，位于美国纽约皇后区的一个中上流阶层社区。——译者注。

行列了。

大学有修正这种失衡局面的办法：普林斯顿社会学家托马斯·艾斯彭沙德（Thomas Espenshade）做过统计，亚洲申请者的SAT成绩必须比白人多140分，才会获得同样的录取机会。这对许多同样合格的亚裔申请者是不公平的，只因与他们一样长了亚洲脸的人获得成功，他们就得遭受惩罚；中上阶层的白人小孩就不用担心，毕竟有比填鸭学校贵得多的私立学校和私人教师，可以帮他们从教育体制中突围出来。

你可以像很多亚裔那样愤愤不平地说，这纯粹是一个教育公平的问题，并迫切要求推行无种族歧视的量化招生标准。1996年——也就是加利福尼亚通过选民倡议，废除大学里任何关于种族构成比例的规定的那一年，10年之后，加州大学伯克利分校的亚裔比例已经高达46%。这让人联想到常青藤联盟颇为相似的种族构成变化，本科生中有17%都是亚裔。但众所周知，常青藤高校在招生时会考虑各自的利益，有一些特殊政策也是无可厚非。假如有一天哈佛大学的亚裔学生比率也达到了72%，谁能保证它还能为自己的学生戴上像从前那样不打折扣的精英桂冠呢?

在史岱文森的时光就要过半的时候，一种模糊的不满情绪渐渐把毛笼罩起来。他总觉得自己是一个“没有姓名，没有面孔的亚洲小孩”，他就像“这个地方的一个小小的点缀”，他一直满足于埋头追逐史岱文森人的共同理想——哈佛大学。然而一旦升入高年级，他便开始怀疑，这个通往煌煌上庠的征程是不是唯一或最好的路。

“你不得不想象一定还有别的路，”他把脸从一碗越南河粉上抬起来解释道，“这就好比，我们还在相互较着劲，那些美国中西部的孩子却不必太用功，还加入车库乐队之类的活动——如果他们在学校里足够聪明而又用功呢……”

毛开始研究史岱文森受种族影响的社会等级制度。一项由学生报纸做的调查指出，在史岱文森，今年有超过一半的受访者都声称他们的朋友来自同一族群。他的注意力主要聚焦在白人（居住在曼哈顿的）族裔上，他们似乎既能应付繁重的功课，又丝毫不耽搁自己的社交生活。“一般来说，大多数讲述高中生活的影片都是这样的套路：漂亮的啦啦队队长跟了四肢发达、头脑简单的大块头，书呆子却躲在一边，孤独地打发着时光。然而在将来的某一刻，”他说，“这个呆头呆脑的人却最终统治了世界，那个大块头却不得不给洗车店打工。”

“但在史岱文森，这却是完全不可能的事：如果你看一看那些顶尖的女孩和小伙子，他们不只相貌出众，讨人喜欢，而且能拿到最好的成绩，同时又是校园剧团的红人，在学生会选举中也是翘楚。所有这些荣誉都汇集在顶端，就像是为进入上流社会所做的训练。这在我们中国孩子听起来异常刺耳，你能感觉到自己必须努力学习，但这又远远不够。”

毛看清了隐藏在官方版本背后的另一重等级制度，它解释了为什么一个人得不到别人所拥有的角色——做一个出类拔萃的“高中甜心”——这个神秘的等级最终会决定他的生活。“你意识到有些事情你确实不懂，比如追求女生，或按某种路数行事。然而对于有些人这是自然而然的事，他们在郊区上学，父母也融入了当地文化。”我鼓励他说得具体些，他提起上个圣诞节，他登门拜访自己的白人女朋友家。他们一家人“围坐在一起做饭，玩拼字游戏”。这个美式家庭生活的平凡景象让毛无比着迷：正是在这里，所有“关于社会规范和礼仪”的知识都流于无形之间。这是你在填鸭学校不可能学到的。

听毛说这些之前，我曾觉得，自己最多不过是被亚裔疏离感的最后余烬灼伤了一点而已。确实，想想所有你能在纽约找到的卓尔不群的亚裔先锋艺术家或设计师，这种疏离感注定会消失殆尽；然而这种感觉却出现在一个比我小十几岁的纽约客身上。或许亚裔美国人的世界，一些部分已然并入了美国主流社会，但大多部分仍然疏离在外，程度不啻往昔。

我们见面几个星期后，毛把我介绍给了他在史岱文森最好的朋友朱伟星（Daniel Chu）。朱去年从威廉姆斯学院毕业，已经凭借他的诗作拿到了创意写作奖。他从这笔18,000美元的奖金中拿出一部分到中国游历了一趟，不过他现在已经回到美国，和父母住在布鲁克林①唐人街上。

朱还记得他在威廉姆斯学院第一个学期的情景，他的低年级辅导员总时不时找他谈话，问他感觉还好吗？有什么不顺心的事儿吗？“我只是水土不服，”他说，“虽然我并没有那么开心，但也并不感到沮丧。”但后来他的白人新朋友会说同样的话。“他们会说：‘丹②，有时候，想知道你在想什么并没那么容易。’”

朱长了一张讨喜的脸，但说他举止矜持一点也不为过：他说话语调温和，

① 布鲁克林（Kings county, or Brooklyn，即“金斯县”，又称布鲁伦）。为美国纽约市的5个行政区之一，为纽约州人口最多的县份。布鲁克林位于曼哈顿东南部，东连皇后区。在纽约市五大区中，为人口最多的一区（250万居民）。若该区为一座城市，单以人口比较，则有可能为美国第四大城。——译者注。

② 朱伟星英语名字的昵称。——译者注。

面部也没什么表情。他把这一切归因于他的家庭环境。“当你从小生活在中国人家，”他说，“你就不爱说话。你闭嘴不言，只做父母让你做的事情。”

在史岱文森，他只待在一个纯由亚裔构成的圈子里。在这个圈子里，和谁交朋友都是由是否搭乘同一条地铁线来决定的。但进了威廉姆斯学院，朱慢慢意识到一些不一样的事：这些新英格兰荒原上的白人，来来去去对谁都面带微笑。“当你来到这样的地方时，会发现人人都是友善的”。

他决心以后要多笑。“这是我必须多加练习的，”他说，“比方说，当你做一笔交易，交上钱之后，一定要笑上一笑。”他说自己已经有了一些长进，但仍然差距不小。“我在努力挣脱18年中式教育的影响。在威廉姆斯学院度过的四年时光对我帮助不小，但依然有限。”他清楚自己的父亲，一个IT经理，在工作中受到了怎样的“礼遇”。“他是办公室里最好的程序员，”他说，“但因为说不好英语，他总被忽视。”

尽管朱既能讲一口流利的英语，还是威廉姆斯学院所在班级中公认最出色的诗人，但他依然对自己行为举止的其他方面抱有隐忧，正是这些东西招致了他父亲所经受的待遇。“我真心为这次交谈而高兴”，谈话中他如此说道——在他正为职场面试做准备时，记起这些自我形象带来的教训是十分有益的。

“我想我真正希望的是自己能有一技之长，这样就不会受到社交能力不足的影响。”他告诉我。朱出生在美国，是一个聪明勤奋、资质无可挑剔的年轻人，他对自己有能力赢回世人的尊重满怀信心。但想到他在威廉姆斯学院遇到的与他有着同样肤色的人，他怀疑这整个族群是否能获得同样的安慰。那种安慰，他说——“我想这是几代以后的事情了”。

* * *

20世纪90年代，当詹姆斯·洪（James Hong）还是伯克利大学一名电气工程专业的学生时，他曾到IBM公司参加了一系列面试。一个年级稍长的亚裔研究员仔细翻阅了洪的简历，向他询问了些基本问题。随后他一言不发地站起来，关上了办公室的门。

“听着，”他告诉洪，“我不想对你撒谎。我们这一代来到这个国家是为了给你们这些孩子一个更好的未来。我们竭尽全力，背井离乡，不怎么会讲英语就来念研究生。如果你也选择这份工作，那不过是抵达了我们所能抵达的极限。他们只是把我看作一个没有任何管理潜力的亚裔博士。你能拿到这个工作机会，但别接受。你们这一代应该比我们走得远一点，否则我们的努力就白费了。”

这位研究员提起了被人称作“竹天花板”的无形屏障，大量亚洲人仍停留在基础水平，很少一部分位居中间管理层，几乎没有人能跃升到领导者的地位。这个金字塔形的种族结构几乎贯穿了全美所有的企业。

亚裔美国人在白领工作场所无权挑起大梁的困境，并不是我们这个时代的热门社会话题。大量出自精英高校的亚洲人一旦毕业，就发现自己一度理解的贤能主义骤然失效了，这是亚裔美国人生活中暗流涌动的一波苦水。如果每个常春藤课堂里有15%到20%的学生是亚裔，如果常春藤在为整个国家孵化领袖，那么显而易见亚洲人理应在领导阶层中占据一定席位。

然而数量告诉我们的是截然不同的故事。一项最新调查显示，约占美国总人口5%的亚裔美国人，在公司官员的比例中只占0.3%，董事会中不足1%，学生会主席中约有2%，世界500强中亚裔美籍CEO只有9位。在亚裔比重甚高的一些特殊行业里，也存在着类似的不平衡性。硅谷1/3的软件工程师是亚洲人，然而在董事会成员中亚洲人的比例只占到6%；海湾地区最大的25家公司高管中也只有10%是亚洲人。据2005年的一项研究显示，在21.5%的终身职位科学家都是亚裔的国家卫生研究院中，只有4.7%的实验室或部门主管是亚洲人。在名为“黄种世界”[①]的一家网站讨论版中，一条评论简洁明了地概括了这个形势：“如果你是东亚人，只有登入顶尖学府才能争取到高薪好工作。如果你谋得了一份高薪工作，一个血统平凡，出身于二流大学的白人小子却总会爬到你的上头，只因为他是白人。”

詹妮弗·W. 阿林（Jennifer W. Allyn）是普华永道会计师事务所[②]多元化部门的总经理，她的工作目标是确保“所有的团队都感到宾至如归，获得有力支持，对工作全力以赴并充分发挥自己的天赋”。我向她提出了如下有关员工平等的定义：如果亚裔在目前的员工中占到17%，14年后当他们申请成为合伙人时，如愿以偿的申请人中也要有17%是亚裔。阿林承认，普华永道在短期内不可能达到那个标准——而且“其他地方也一样”。

“竹天花板”的部分阴暗面在于它似乎和种族主义无关。一项有关世界500强亚太裔美国雇员的调查发现，他们并没有被看作亚洲人，而只是被看成独立个

① “黄种世界”（“Yellowworld”），一家网站。——译者注。
② 普华永道会计师事务所是国际四大会计师事务所之一。——译者注。

体。然而报告称核心部门只有51%是亚裔，调查者中也只有55%的人认可亚裔在企业里充分发挥了自己的才华与见识。

真正可能的是，这些数据的矛盾之处才真实透露了那些无意识的偏见。比方说，没有人敢妄下论断称：高个子天生就更适合做领导。虽然只有15%的男性身高超过6英尺，但58%的公司CEO都在6英尺以上；同样，没有人会说亚裔不适合当领导，但近期发布的心理学实验结果却确凿无疑地证明，名字听上去更像白人的假设雇员升任领导的潜力远远大于水平相当却取了亚洲姓名的人。

或许传统的亚洲教育方式是导致这个现象的一个再简单不过的因由——正像阿林指出的——要想成为领袖，你少不了要有追随者。普华永道评判合伙人的首要方式是考察他的本职工作做得如何。“你必须是一个实干家。”正如阿林所说。他们希望依靠勤奋脱颖而出，在这一点上，他们可谓“超级实干家”。但是做领导需要不同的配套技能，“那些会把你带向无用之地的技能决定了你下一步的高度。”多元化顾问简·玄（Jane Hyun）说。她著有《打破“竹天花板”》一书。做领导需要一个人充分发挥创造性，能想方设法让一个机构得到改进，还要有人际关系网，自我提升以及自我决断的能力。要说亚裔个体不够有创造力也无力承担风险，这就是种族主义的说法了；但要说，一个教育上自古就专精于死记硬背和“修炼数学二头肌”的群体总体上不大可能战胜那些倾向于挑战权威和打破旧习的人，则是简简单单的文化观察。

萨奇·高安是纽约IBM市场部升职最快的一员。然而7年前，她发现自己进步的速度放慢了。“我已经到了一个临界点，长时间超负荷工作，做再多也不会给我带来长进。”她说。大约就是在这个时候，她参加了一个名为“亚太领导力培训”[①]的机构举办的研讨班。

LEAP剖析了导致亚裔美国领导匮乏的复杂社会因素，并设计了符合亚洲人口味的培训项目，其中甚至包括教导他们如何改变自己的行为方式，以迎合美国白人的期望。LEAP不断向入围培训项目的亚裔们保证，他们将会“保持自己的价值观，学习新技能”，同时成为“文化上毫不示弱的领导者”。

在对微软公司1500名亚裔美国雇员所做的一场演讲中，LEAP校长兼首席执行官锋山（J.D. Hokoyama）全面总结了亚裔在职场中遇到的各种困境。“有时

① 亚太裔领导人教育（Leadership Education for Asian Pacifics），简称LEAP。——译者注。

人们对自己和社会所持的观点不一定对，”锋山告诉听众，“但他们会把这些观念强加给我们，然后做一些非常具有破坏力的事：他们会按自己的观点替我们下决定，而非从事实出发。”锋山认为斥责这些观念有多不公正是远远不够的，亚洲人最终还是要靠自己来改写偏见，这才是最切合实际也是最公平的。

满怀抱负的亚裔领导者必须厘清“价值观、行为和观念之间的关系”。他举了一个亚裔在会议上从不发言的例子：“我和你一起去开会，发现你从不说一句话。我便问自己：‘嗯，你为何一言不发呢？或许你并不知道我们在讨论什么，这是一言不发的绝好理由。或许你对会议议题不感兴趣。再或者你觉得这场讨论超越了你的能力。’所以我想你在会上保持沉默，要么是你生性愚钝，要么是你不在乎，要么是你不屑一顾；或者可能是因为你从小到大都被教导说，领导讲话时，你唯一能做的只有——倾听。”

高安2006年参加了一个为期一周的课程。她所在小组的导师，一上课就提出一个问题：列举亚裔的特点。学生的回答有：光宗耀祖、恪守孝道、自我克制。随后导师要求小组成员列出领导所具备的特质，并提示学生注意两个名单的重合度有多么小。

起先，高安和一同参与培训的同学并没有太多共鸣，他们所列举的亚裔特征都是父母说给他们的，诸如“努力学习”“做一名医生或律师”之类的话。我的父母就不这么跟我讲，如果我学习太用功他们反倒会担心。高安小时候时常往返于纽约和东京之间；她的父亲是三菱集团的一员主管，母亲是一家乐队的钢琴手。她已经被美国文化深度同化了，一口流利的英语，自信而从容。“但是当我们的探讨越来越深入，从表象进入到更深层、更基础的价值观，我才发现原来我的成长教育竟带有如此深重的亚洲痕迹。我父母会说，‘不要制造难题，不要麻烦别人’，这个观念有多少亚洲味呢？它很好地解释了我不愿找人帮忙的原因。”高安身上的确有那么一点“埋头苦干”的劲头。她总愿意挑起最难的工作，却绝不邀功求赏。她不喜欢自吹自擂。

高安已经把这种新的自我意识融入到了她在IBM的工作当中，现在她学会了以一种全新的方式展现自我。“我把团队的成就写入了简历当中，它们充满了感染力”。

法学教授兼作家吴修铭从小在加拿大长大，母亲是白人，父亲是台湾人。白人和亚裔是如何看待彼此的——父母给了他一个有趣的视角。从法律学校毕业后，他做过几份书记员的工作，他清楚记得在其他年轻律师身上，等级关系怎样起着微妙的反应。“有个约定俗成的合法的假说，亚裔总是特别擅长做苦力。”他说，然后接着去定义“苦力”，一个表示艰苦劳动的中国词语，“正是通过这个古怪的自我选择，亚洲人转向了工作中最苦最累的环节”。

相反的是，他遇到的白人律师却总是善于高看自己：“白人有一种很重要的直觉：给人制造一种印象，他们只做最重要的工作。‘你就是一个发号施令者’，这正是被亚洲人所拒斥的傲慢行为。在我来到纽约不久后，就有人告诉我为了取得成功，你必须知道自己要打破哪些规则。如果打破了不该违反的规则，你就完蛋了。所以最简易的方法是对所有的规则一概遵守，然后把自己安放在较低的地位上。真正见功夫的是，推断哪些规则不是为你而设。”

规则之书并未成文，只是靠着约定俗成的文化形式在传播。遵循着规则来打破规则，这可能恰切地解释了我听说的“竹天花板”的工作原理。LEAP恰好非常擅长帮助已经在文化上融入美国社会的亚裔员工充分意识到，他们的文化和外表如何为自己铺设了升职的路障。不过我并不相信一个LEAP课程就足以带给杰弗逊·毛和朱伟星所渴求的尊严与成功。问题越基础，所涉及的社会互动因素越深入，所需要的补救方法可能也越基本。

* * *

假如你错过了美国中学在健身房和更衣室里训练男子气概的课程，该怎么办？假如生活没有赐予你一个上流社会的身份——不论在美国人的董事会还是居室之内都能呼风唤雨，你要怎么办？假如没有人教你如何和白人打招呼并让他们感觉舒服，该怎么办？抛开上述弱点不谈，假如你现在已不再甘于移民式的逆来顺受，屈居于美国人口中的二流地位，而是希望纵身跃入美式口味的混战之中，你该怎么办?

你将怎样挣脱18年之久的中式教育?

J.T. 德兰（J.T. Tran）在西利曼学院的硕士茶会上，向一屋子耶鲁学生抛出了这个意味深长的问题。他的回答是典型的亚洲风格：练习。德兰是一个把妹达人，化名亚洲花花公子（Asian Playboy）。他周游全世界，经营“把妹训练营”，主要面向亚洲男学生，教他们吸引异性的艺术。今天，他受亚裔美国学生联盟之邀来到了耶鲁大学。

“恐惧是可以克服的，”德兰向站了满满一屋的听众解释道，“许多男孩不懂得如何表达自己。”德兰每周来到一个新城市都会面对一个新群体：那些或善良，或聪明，或充满激情的小伙子，对怎么追女孩子却一窍不通。他们的妈妈长期以来要求他们闭门读书而不是外出社交和约会。如今，德兰的公司提供一项补救型培训服务——“吸引力ABC”（ABC's of attractions），包括3次时长4小时的讨论课，一次指导之下的晚间“实地”约会，J.T.的助手加雷思·琼斯（Gareth Jones）以及一个身材高挑，金发碧眼的“助阵女郎”——萨拉会强拉他们接近姑娘。学费是1450美元。

“我在亚洲学生身上见到最多的一样东西，我称之为亚裔扑克脸——面部表情缺乏变换。”德兰说，“你遇到几回这样的事？”他向人群发问，“你和白人朋友一起出去参加派对，他们问你‘杜德，你生气了吗？’”笑声充满了整个屋子。他解释说一部分是心理问题导致的。他回忆起自己教过的一个韩裔美国学生。他是一个对学生关怀备至，一心奉献的在校老师；但这一切都不为人知。“萨拉努力帮助他，比如说‘拜托，笑一个，笑一个’，他则会……”这时德兰装出一副看似在笑，却僵硬得令人无法容忍的表情。他是如此拙于微笑以至于他简直笑不出来。最后他终于战胜了自己，“当他最终拿捏住笑的感觉时，他看上去酷极了”。

德兰继续讲述了一个亚裔美国男子的苦恼，在挤满了克拉斯硕士[①]的客厅里，至少有一些人的经历是相仿的。这个故事讲的是亚裔美国人在性市场上的冷遇，一个他耗尽一生试图改变的冷遇。是的，这正是如何把妹；是的，这就是如何钓到白人姑娘；是的，这就是如何吸引那些头发灿若金阳，瞳仁深如蓝海的女人然后跟她们做爱这么回事。他并不会为自己的网站贴满了金发碧眼的性感女郎而辩白什么。这正是他喜欢、赞同和向别人兜售的：追求任何你爱的人，能让自己渴望的那个人也反过来迷上自己的技巧。白人男孩儿敢想敢做，他也想和他们一样。

但是仅仅这么做是不够的。真正需要改变的是对亚洲男的偏见，这偏见源于他们的行为举止，反过来也兼及了他们从小长大的家庭环境——他要做的是通过一个行为修正课，教他们学会当社会的主角，而这个角色正是他们不被看好的。后来他告诉我，这项计划叫作——“通过把妹推动社会变迁”。

德兰把自己说成是典型的亚裔失败者，身材矮小、其貌不扬、社交无力、性

① 克拉斯硕士，Master Krauss。——译者注。

爱乏味。“如果拿了B，我将感到如受鞭笞。”他记起了自己的童年。大学毕业后，他在波音和雷声公司[①]做起了航空工程师，然而美国政策并不垂青于他。工作五年后，在他之外的所有白人同僚都获得了提拔，“我知道我得学习更多的社会动力学知识，而不只是通过努力工作来切断这个怪圈”。

他在约会方面的努力更像是一场“悲惨的失败”。因此他随后转战到“诱惑力共同体”，一个在诸如把妹传媒[②]的网络留言板上集结的小组。该组织先是称为“失败者支持组织”，后来转变成了一个自我成长计划。魅力能教出来吗？自信可以推导出一个公式吗？抑或它只是一个有就是有，没有就是没有的东西，只是你个人经历的自然结果，或者只是由特定的行为模式孕育而出？论坛小组的成员纷纷把他们精通电脑科学和工程学的大脑转向了这个问题。他们详细记录了自己的约会，并交出来接受集体审查。他们在原始数据中寻找模型，然后借用社会心理学研究对这些体验加以梳理。他们最终建起一个模型。

去年情人节，在纽约“吸引力ABC”主办的周末训练营，这个模型终于面世。德兰和琼斯正在告诉学生什么是魅力男的标准形象（肩膀后仰、脖子高伸、双腿分开略宽于肩膀）。“如果你是个懒散惯了的人，这么做可能会很别扭。”琼斯说。他们讲解一个魅力男是如何走路的（步履绝不拖沓，双脚完全抬离地面，肩膀轻微晃动），他们定义了站在“猎物”面前的恰切距离——微微弯曲一臂的长度，他们解释了“得寸进尺把妹法”的重要性（你必须碰到她，不能因为害怕就不敢这么做），他们教授潜交流的要义——在你开口之前，你自身传达的信息就已经发言了，他们解释了声调的重要意义：“你的声音要抑扬顿挫，以传达丰富的感情。”

所有这些都是借助一系列练习教予学生的。“这都让你觉得异常做作，”琼斯在第一天的训练课上就这么说，“但是我要你抬起头，露出一个这辈子最夸张的笑容。”萨拉站在墙角背对学生，包括三个印度人，其中一个裹着头巾，三个中国人，一个柬埔寨人。这些学生必须像大男子那样昂首阔步地走向房间那一头，然后把手放上萨拉的肩膀——有力而轻柔地——将她扳过来，给她一个大大

① 雷声公司，美国国防部武器供应商，其客户也包括其他北约盟国，如加拿大、英国等，主要业务范围为：导弹系统、雷达系统、潜艇声纳系统、战斗机、无人侦察机等。——译者注。

② 原文为alt.seduction.fast，是第一份关于把妹的大众媒体，由Lewis De Payne（Ross Jeffries的学生）创办。——译者注。

的微笑，比此前任何一个笑容都要夸大，而后举杯祝酒，盯着她的眼睛并保持住。说话大声而且清新，毫不客气地占下整个空间。这正是大男子的拿手好戏。

每个学生走过这间市中心空旷小白屋的地板时，德兰都会问他们一个问题。“好的生活是什么？”德兰大声吼道。

那位学生随后用所能发出的最低沉而有力的声音做出回答：“打倒我的敌手，看着他们从我面前消失，听到他们的女人在我的床上扼腕叹息。”

为了练习抑扬顿挫的音调，学生们不断用不同的音调反复说“想做就做”。

“如果高兴你就说！”琼斯喊道，“想做就做，如果悲伤你就说！想要什么就去做！如果赚了500万你就说！想做就去做。”

拉杰，一个26岁印度处男，在音调训练中几乎不会调整自己的声音。但周日晚上的最后一场培训晚课上，我看到他在甘斯沃尔特宾馆冷冷地走向几个女人，拉她们畅聊了半个钟头。他做不到“电话收场”或浪漫吻别，然而他已经实践了很多别人做不到的事。

* * *

为了写这篇故事，我对几十个亚裔美国人做了访谈，其中有很多事业成功的艺术家和科学家，或是一表人才的社交领袖，或是性格刚强、厚脸皮、敢于冒险也洞悉民情的企业家。当然，这样的人随处可见——还需要我刻意点明？他们不比其他类型的亚洲人在道德上更加优越，然而他们弄懂了一些更有用的道理。

詹姆斯·洪从IBM面试官那里学到的关于“竹天花板”的一课令他印象深刻，在惠普干了几年之后，他决心自己创业。他的第一次创业尝试失败了，但是后来他想到了赚钱妙计——一个简单而又精妙的充满了煽动性的念头：创业网（hotornot.com）。洪和他的同伴最终以近2000万美元的高价卖掉了这个网站。

洪经营创业网的部分原因也是为了孵化新生力量，这个习惯在他的职员生涯中已经帮了他不少忙。“我们习惯于聘用伯克利毕业的工程师——几乎都是亚裔——他们都是一流企业家的坯子，但却纷纷投奔大公司谋求一官半职。”他说，“我想训练他们学习如何冒险，如何自己经营一件事。我记得我曾推荐一位职员读《猎艳》[①]——一本臭名昭著的把妹艺术家教程——因为在我看来，壮大

① 英文名称为The Game。——译者注。

胆量敢于冒险是企业家的必备素质。”

如果“竹天花板”终将被打破，那么亚裔最需要的无非是面对风险的应激能力，而不必一味迎合美国人的标准，因为亚裔冒险家不需要这么做。像陈士骏，视频网站（YouTube）①的创始人之一；凯和黄忠彦，《吉他英雄》（Guitar Hero）②的创办者；谢家华，在线售鞋网站美捷步（Zappos.com）③的创立者，2009年他以10亿美元将网店卖给了亚马逊。谢家华是一个身材矮小的亚洲男人，他说话简洁，不露锋芒，你很难想象他正在一家美国公司里如日中天；然而他证明了一个亚裔笨伯也可以成为令人敬畏的首席执行官以及最不可企及的管理领袖。

谢家华无须刻意遵守西方人为人处事的标准，因为他很早就接受了勇于冒险的西式价值观。小时候每天早上为了逃过练琴，他会播放之前拉小提琴的演奏带。他很得意自己在哈佛做过的比萨买卖，并声称那比任何一门课教给他的都要多。他能直觉到这个真实的世界需要自己做什么，并且确信父母的教导根本于事无补。

顺带说一句，你不必非要做一个硅谷能手才能捅破“竹天花板”。你可以做一个像黄颐铭（Eddie Huang）那样的厨师，他在下东区④的包豪斯风格的小餐馆，专门兜售可口鲜肉包。黄在奥兰多⑤长大，有一个铁杆虎妈、一位纪律严明的父亲。“小时候，打心眼里说，我的日子都是在挨打中度过的。”他说。在学校里他被黑人孩子所吸引，他们也深知体罚的滋味。他是橄榄球队里最小的成

---

① Youtube，是世界上最大的视频分享网站，公司于2005年2月15日注册，由华裔（中国台湾）美籍华人陈士骏等人创立，网站的口号为“Broadcast Yourself”（表现你自己）。2006年11月，Google公司以16.5亿美元收购了YouTube，当作一间子公司来经营。——译者注。

② 《吉他英雄》，一款为吉他爱好者专门设计的音乐游戏，通过模拟的音乐演奏让玩家亲身体验成为摇滚吉他明星的快感和喜悦。《吉他英雄》支持无线控制器以及多人模式，同时将有线上多人游戏模式，以及一些原创音乐曲目，并且进一步增加了实体感和新彩色按钮设计。——译者注。

③ 美捷步，一家美国卖鞋B2C网站，自1999年开站以来，逐渐成长为网上卖鞋的最大网站，超过了Amazon。尼克·斯威姆（Nick Swinmurn）和谢家华是创始人。2009年以10亿美元卖给了亚马逊。——译者注。

④ 下东区（Lower East Side），位于纽约市南区东部的一片街区，在最近几年已经成为以年轻的专业人士、艺术家和学生们为主的居住区。——译者注。

⑤ 奥兰多（Orlando），位于佛罗里达州的中部，它的东边是大西洋，西边是墨西哥海湾，著名的Clearwater beach在那里，现在人口约18万。——译者注。

员，到了七年级队长却称他为最佳选手。“我是防守截锋[①]和右后卫，我球风劲猛，让对手头疼，因为我有这样的心态：‘你要么接受我，要么就尝尝我的厉害。’”

黄的20岁很艰难，他在不断冲撞“竹天花板”。在大学里，《奥兰多哨兵报》的编辑邀请他撰写体育类稿件。但是当他抵达编辑室后，“编辑进来又走掉了。‘哦，不。’他惊呼道，‘你这张脸可写不了。’”随后，在哥伦比亚大学的电影课上，他写了一个剧本，讲述一位贩卖热狗同时痴迷于自己的小阴茎的亚裔美国小贩。“电影剧本创作老师像这样说：‘故事不错，你有伍迪·艾伦的影子，但你能把它改得更有犹太人特征吗？’”不久后，他从卡多佐法学院毕业，在一家公司里任职，同事们常常说：“你看问题真像个亚洲伙计。”

最后，黄决定开一家餐馆。做餐饮正是他爸妈最不愿看到的。在他辞去律师一职后，他们连续数月没和他说过话；但是黄从内心深处明白，踏上父母替他设想的职业轨道，在他是无能为力的。“我意识到，在美国饮食是我们唯一可以拔得头筹的，”他说，“像张大卫和我这样的人——我们不在乎。在美国，年轻一代是吃中国快餐长大的，他们崇尚中餐。他们可能不会崇尚别的什么，但中餐例外。”

与其苦苦挣扎让外界接纳自己，黄更愿意选择为自己买通来路，运用自己的法则。“我所学到手的就是美国是一个金钱社会，如果你能把自己的文化变成商品，你就赢了。”他说，“我知道不是每个人都赞同我的话，支持我的所作所为，但他们确实想去爱亚洲人。他们他妈的喜欢我的鲜肉包，我也没让他们失望。”

* * *

在公共图书馆长年累月沉湎在那些最不为人知的英文小说里，杰弗逊·毛时不时发现文学特殊的超然力量：一种搭乘想象的翅膀飞越于现实等级之外的大自由。他曾给我写信询问职业转型的意见——他打算集毕生之力做一个艺术家，但又感到前途未卜。我的回答非常矛盾：我意识到他身上有我年轻时的抱负，但我也知道那些曾让我翻身落马的地方。

---

① 防守截锋，英文为defensive tackle。——译者注。

和毛不一样，我并非囊中羞涩的第一代移民。我是在亚洲文化和同龄白人的处世之道双重缺席的情形下完成学业的（亚洲文化在我的家乡乏善可陈）；然而和毛一样，我想成为一个独立的人。我拒绝听命于任何一种文化，而试图自己决定命运。通过残酷训练来通过考核的教育在我看来是一种亵渎。美国白人也是同样地通过接纳有意为之的乐观原则来保证自己的优势地位。

相反，我打算生活在两个文化极点之间。我信奉詹姆斯·鲍德温（James Baldwin）①对作家的看法——“拥有比王国更长久的权力”。任何折扣都是令人蒙羞的妥协。我想成为这样的精神贵族，他为自己无法胜任商业这个中庸任务而感到自豪。谁不追求物质满足，谁就能为自己立法。

这种想法，当然，很疯狂。一个亚裔移民的孩子，出生在新泽西州郊外，在罗格斯大学接受教育，他不可能替自己立法。唯一可以最大限度接近的方式是拒绝受雇，因为一旦如此你便不会被低于自己的人百般使唤，你就不得不把钱花在刀刃上，因为你无力支付更多的钱；搬进新泽西市日渐衰朽的维多利亚时代的大楼，这样就能让古怪有别的感觉消弭在贫穷之间；然后和任何形式的资产阶级纪律撇清关系，因为这些习惯会让你确切感到自己被拴死在中产阶级的命运中，生不如死。

在我20岁时，我很自豪地从一种类型的美式生活转向了另一种（比如，做一份稳定工作），尽管他们已经离开我很久。学院生活像是另一种形式的死亡——再一次，我的成绩单取得了和“A”一样多的“F”②。我所来自的文化是中庸之道的化身，然而对一些人来说，没有中间路线，你上不了天堂就得入地狱。

我就是被贬入地狱的那一个。

所有这一切都很值得。没人有理由认定我应该是什么，或应该是谁。然而我感到有必要去获得别人的认同。我知道这不对也不可接受，因此我不得不加倍否认它。世界使这样的人消沉，也让我消沉。我10年没有健康保险。连续8年年薪不足12,000美元。我成年后的最初3年都没有碰过女人。我没有写过一篇杰作。

我回忆起我在这个城市遇到过的最奇怪的一次交谈。一次聚会上，一个女人走向我说，我发过的一篇文章打动了她。她坦白说，如果没有读过那篇文章，她

① 詹姆斯·鲍德温，美国“50年代的主要黑人作家和散文家”，《向苍天呼吁》是他的半自传体小说，“抨击了宗教对黑人的麻醉和欺骗”。——译者注。

② “A”“F”，美国大学评分标准，从A到F，成绩优秀水平递减。——译者注。

绝对不愿意和我交谈，并且始终确信只要向屋里扫视一周，就知道我是最不值得搭讪的那一个，我也确实让一些人避之不及。

但是她告诉我她错了：现在事情清楚了，我是一个富有情感和见识的人，她并不为之前的冷酷误判而请求我的原谅。相反，她想知道的是——为什么我把她在文章里读到的一个人物隐藏得如此之深？她坦白了自己的一些隐痛：她从未美丽过，然而不久前她决定，正是因为如此她才要“加倍热爱这个世界”。为什么我没有这么做?

这个喝醉了的白人女性，道出了多年来没人敢说的真心话，她点破了许多或有或无的事实的关键之处。我接触亚太领导力培训项目之后，对这次相遇有了更深的理解，并且访问了亚裔花花公子训练营。如果你是一个并不漂亮的女人，你不得不双倍努力来吸引别人的关注。你要么和这个不公正的现实僵持下去，要么你就着手付出努力。如果你是一个傲慢冷漠的亚洲人，没有人会尊重你，或觉得你迷人，或好奇你高难外表下藏着什么了不起的价值。他们只会把你简单归结为难以沟通的人。

只要瞥一眼这个世界对我言行举止的评价是何等不可理喻，我就没法不全力以赴去补救我的不足。练习仰头大笑直到看上去舒服自然，还是加倍努力去热爱这个世界?

我明白这个过程的诱人之处，但这并非我的选择。努力迎合他人的期望可能是实现文化认同的必要代价，但这不是我的计划。

我常常想我的所谓抗争不过是妄想和自我美化的胡言乱语，是艺术家常常拿来替自己的贫穷与无能买单的手段。但有时我也想这是持存完整自我的唯一方式，不只持存我的骄傲与任性，还有生活的意义。所以我给毛的答案是：最终，与其选择加倍热爱这个世界，我更关心不惜任何代价表达我不可动摇的独特性。我热爱我身上坚强不屈的那个魂灵，爱它胜过任何靠讨喜与逢迎所收获的报偿，同时我将为此付出一切代价。

实现自我成长，所要迈出的第一步就是承认你的缺陷。尽管早年的我一直在自我教育，但我并没承认我的缺陷。我自己没有问题，问题在其他人身上。去你们的吧!

* * *

蔡美儿结束了漫长而疲惫的巡回售书活动后回到耶鲁，在此过程中，因为网上论坛称她为怪物，她接受了一次电视采访。那个时候，她已经练就了顶着公众围攻的压力表达自己的特殊能力。“我并不认为中国父母就是高明的，”她在一年一度的亚裔美国学生联盟的集会上宣布道，“我相信很多方法都能练就一个好家长。”

她和学生们讲得最多的，尤其是围绕这本书进行的对话，大多数集中在她自己的育子选择上。同样受欢迎的还有她的父母是如何教育她的。蔡明显是中式教育蛮力缔造的产物，《虎妈的战歌》一书就提及了大量的父母教育她的实例——亚太领导力培训项目的学生对此应该毫不生疏。“你要诚实，谦虚，简单，”她的妈妈告诉她，“永远不要抱怨和替自己找借口。”她的父亲教导她：“如果你在学校里碰到了不公平的事，就加倍努力，变得加倍优秀，以此来证明自己。”

在这本书里，蔡描述了她对公司法的厌恶，这正是她上大学之前一度专注的事。“我在公司的整整3年里，总觉得自己虽然穿得人模狗样，却在逢场作戏。”她写道，这种不舒服的感觉甚至可以一直上溯到她的学生时代，“我并不在乎别人是不是在挑战权威，只要教授叫到我，我一定会就地僵住。我也不会自如地质疑和提问，我只想写下教授说过的每一句话并记在心里。”

在耶鲁全美学校管理者协会的集会上，蔡把自己成年后的不遂心和童年时代的成长环境联系在了一起。“我爸妈从来不会在餐桌上谈论政治和哲学。”她对学生们说，即便她逃离了公司法进入法律系，“我仍然充满迷茫，完全感觉不到激情”。最后，她因为成为备受赞誉的老师和多本外交政策书籍的作者而一举成名。不过显而易见的是，她对于法学学位并不比公司法更擅长。“这花掉了我大把大把的时间，”她说，“而且遭受了无数次拒绝。”她回想起自己漫长的学院求职之路，那时简直“连一场面试都应付不来，根本不会展现自己”。

换句话说，《虎妈的战歌》一书提供了所有驳斥它所要面对的文化论战的资料。中式教育帮助蔡念完了精英学校，却让她在真实世界面前措手不及，她对此直言不讳。她解释说自己准备写一部“自供罪状式的”回忆录——写出的成品一定混合着相互矛盾的写作冲动，半是挑衅，半是自责。西方读者对这种混合体嗤之以鼻，并把蔡看作一个滑稽的亚裔丑角。《虎妈的战歌》却有着最地道的美国成色——传统的中国人绝对想不到会去触及这样的题材。“即便你讨厌这本书，”蔡指出，“但它毫不顺从。”

“枪打出头鸟”是中国俗语，“锤敲露头钉”是日本人的说法；西方相似的谚语是“吱吱叫的轮子先上油”。蔡曾讲过她的故事：她被打压的经历，然而现在她已经从打压中崛起，变得不屈不挠了。

这种自豪的抗争颇有益处。尽管由她激发的关于亚裔美国人生活的大探讨仍然充满争议，但我们需要更多参与类似抗争的人，他们愿意置身在聚光灯下，制造声音、暴打他人、引诱女人、做错事、办企业，停止像狗一样追求办公室里的一纸文书以证明自己的存在感，停止思慕那些废纸将确保每个人的幸福，并勇于去做一个有趣的人!

（郭婷　译）

生命的棋局

蒂姆·克罗瑟斯（Time Crothers）

《ESPN杂志》

入围人物特写奖

在《生命的棋局》中，14岁的菲奥娜·穆泰西（Phiona Mutesi）从乌干达最糟糕的贫民窟来到西伯利亚，参加2010年的国际象棋奥林匹克竞赛。这是世界上最负盛名的国际象棋团体赛。这次比赛是她经历过的最困难的比赛，但正如蒂姆·克罗瑟斯所言，能够参加比赛已经是克服万难。尽管《ESPN杂志》因其设计与摄影屡获嘉奖，但这是该杂志第一次在报道与写作领域获得“国家杂志奖”提名。克罗瑟斯基于本文写出的书《卡特韦[1]的皇后》（*The Queen of Katwe*）已于今年10月出版。

① 卡特韦（Katwe）系乌干达首都坎帕拉（Kampala）的一个地区。——译者注。

9月末，她和9名队友飞赴西伯利亚，队友都是20来岁，比她大多了。她赢了比赛，得以让她登上此飞机，她不知道这意味着什么。没人告诉她有奖励或惩罚，她一如既往地只管比赛。她不知道自己已经入围国际象棋奥林匹克竞赛，不知道奥林匹克竞赛为何物，她不知道胜利将她带去边远的俄罗斯城市汉特—曼西斯克（Khanty-Mansiysk），她不知道俄罗斯在哪。知道这一切后，她只问了一个问题："那里冷吗?"

* * *

神爱教堂随时都可能坍塌。破烂不堪的主体架构令人提心吊胆地倾向一边，它由几块木头、绳子、钉子以及信仰搭建而成。教堂和周围其他事物一样摇摇欲坠。在这个9月的周六清晨，37个命途多舛的孩子聚在教堂。他们来是为了玩一种在他们遇见罗伯特教练之前从来没听说过的游戏，该游戏纯粹是舶来品，他们的本土语言卢干达语都没有这个词。

国际象棋。

他们跨过门，脸上绽开了笑容。这里是他们的家，也是避难所，是他们唯一知道的社区。他们都是朋友，都是下象棋的兄弟姐妹，这里相对安全、舒适。身处神爱教堂，几乎可以忘记外界的喧嚣，卡特韦是乌干达首都坎帕拉8个贫民窟中最大的一个，也是地球上最糟糕的地区之一。

教堂里只有7面国际象棋棋盘，棋子太少，有时候得用一个小卒子顶替国王。不牢靠的长椅两头各跨坐着一个孩子，用突起的膝盖抵着棋盘，大腿上放着吃掉的棋子。一个5岁小孩在和一个7岁小孩下棋，前者穿着破旧的丹佛野马队[①]7号队服，后者穿着磨损了的T恤，上面印着"J'Adore Paris"（我爱巴黎）字样。大多数孩子都赤脚，有一些穿了拖鞋。有一双鞋上面还有不带蕾丝的翼状装饰。

这是速度很快的街头象棋。几秒钟没有动棋子就会引起一阵骚动。比赛过程特别安静，只能听见吃掉棋子的碰撞声，偶尔会争执一枚棋子在棋盘上的位置，棋盘上磨损太多，没法分辨黑色格子和白色格子。被吃掉的棋子放在棋盘上的声音表明有人投降了。新一局比赛立马开始，胜者没有任何庆祝。

罗伯特·卡滕德（Robert Katende）教练在场，本杰明、伊万、布赖恩也在，

① Denver Broncos，一支位于科罗拉多州丹佛的职业美式足球队。——译者注。

靠近讲台的地方坐着菲奥娜。房间里就两个女孩，菲奥娜是其中之一，她同时辗转于3场比赛之间，以富有攻击性的方式主宰着比赛，将死小对手的同时还用脚趾在地上画着一朵花。菲奥娜14岁，她面无表情，毫无明天就要飞赴西伯利亚和世界顶级象棋选手比赛的迹象。

* * *

冰？2010年国际象棋奥林匹克的开幕式设在一块冰雪场地。菲奥娜从来没见过雪。泡泡里有激光闪烁，有人跳舞，人们打扮成国际象棋棋子在一块巨大的棋盘上列队前行。菲奥娜双手捂着脸颊看完开幕式，如入仙境。她问这里是不是每天晚上都这样，教练说不是，平时这块场地举办冰球比赛、演唱会和马戏表演。菲奥娜一个都没听说过。

她回到15层高的宾馆，这是她进过的最高的建筑。她惶恐地乘电梯。从房间窗户向外眺望，惊奇地发现从6楼往下看地上的人是那么小。她花了很长时间洗澡，洗去身上的污渍。

* * *

菲奥娜·穆泰西是绝对的弱者。非洲人是世界的弱者，乌干达人是非洲的弱者，卡特韦是乌干达的弱者，最后，女性是卡特韦的弱者。

她每天早晨5点醒来，跋涉两个小时，穿过卡特韦，给壶装满饮用水，走过经常被乌干达的瓢泼大雨肆虐的低地，很多居民为了避免溺亡睡在离屋顶很近的吊床上。没有下水道，坎帕拉城区的污物直接排进贫民区。没有卫生系统，苍蝇到处飞，恶臭难忍。

菲奥娜从狗、老鼠、长角牛旁边走过，这些动物都与她在日益拥挤的逼仄空间里争夺生存机会。她小心翼翼地走过这个女人只是性工具和生育工具的地方，其中一半的青少年女性已为人母。这是一个人人都在其中移动但不曾离开的地方。有人说：生于卡特韦，死于卡特韦，或因疾病，或因暴力，或因疏漏。每当菲奥娜在旅途中感到恐惧，她便想起另一个生存的考验。她通过翻译说：“国际象棋很像我的生活，棋走得好就可以远离危险，但一着不慎，满盘皆输。”

菲奥娜和家人4年内在卡特韦搬了6次家，有一次是因为他们的家什尽数被偷，有一次是因为他们的陋室要倒了。他们现在的家是一间长宽各10英尺的房子，唯一的窗户被铁条封住，墙是砖砌的，屋顶波纹状的锡由长条木板固定。在这个被赤道一分为二的国度里，门是常年开着的，挂着一面门帘。浣洗的衣物挂在横亘房间的晒衣绳上。除了电话号码，墙面上什么都没有，也没有电话。

菲奥娜家里的东西有：两个水罐、一只储衣桶、一个小的煤炉、一只茶壶、几枚杯碟、一支牙刷、一面镜子、一部《圣经》、两条发霉的床单。后者供5个常睡在棚子里的人用：菲奥娜、妈妈哈丽雅特、正值青春期的弟弟布赖恩和理查德、6岁的侄子温妮。她家里，只能看到袋装的咖喱粉、盐、茶叶这些食物。

* * *

菲奥娜走进比赛场地，这是一间室内网球场，摆满了数百个棋盘，她很快发现自己是来自149个国家1000多名选手中最年轻的一拨人之一。有人告诉她，这是国际象棋高手齐聚一堂、人数最多的比赛，对此她很忐忑。她是乌干达队的二号种子选手，但她此次不是跟孩子比赛，而是成年女性。她一直在想，我真的属于这里吗?

她的第一个对手是加拿大国内冠军金娜·卡格拉玛诺夫（Dina Kagramanov）。卡格拉玛诺夫生于前男子世界冠军加里·卡斯帕罗夫（Garry Kasparov）的家乡阿塞拜疆的巴库，6岁开始学国际象棋。24岁的她已经是第三次参赛，打精英象棋赛事的时间比菲奥娜活着的时间还长。

卡格拉玛诺夫瞧准了菲奥娜缺乏经验，开局设了个套，获得一个卒子的优势，菲奥娜顽强拼搏但最终没能逆转。赢了比赛之后，卡格拉玛诺夫惊讶地得知这是菲奥娜第一次和成人打国际比赛。卡格拉玛诺夫说：“她是一块海绵，能吸收你给的任何信息，然后以其人之道还治其人之身。人人都能学怎么走棋子，怎么反击这些走法，但以她这个年龄像她那样思考是一种天赋，这种天赋让她有机会跻身一流棋手之列。”

* * *

每当有人问起以前的记忆，菲奥娜只记得失去。“我记得大概3岁的时候去爸爸的村庄看他，那时候他已病入膏肓，一个礼拜之后他死于艾滋病，”她说，“葬礼之后，我们一家在村子里住了几个礼拜，一天早晨，我刚醒，姐姐朱丽叶就跟我说她头疼。我们弄了点草药给她，然后她就睡觉了。第二天早晨我们发现她已经死在床上了。这就是我的记忆。”

她还说了8岁那年得了重病的事。哈丽雅特求她姐姐借了钱，带菲奥娜去医院，尽管从未确诊，但哈丽雅特坚信女儿得的是疟疾。菲奥娜昏迷了，医生从她的脊椎里抽出液体，哈丽雅特当时觉得她又要白发人送黑发人了。后来她告诉菲奥娜："你死了两天。"

多病的哈丽雅特有时候要离家好几天，挣钱给家里买米、茶等一日三餐。她凌晨2点起床，步行5公里买鳄梨和茄子，然后去集市卖出去。菲奥娜留在家里照顾弟弟妹妹。

菲奥娜不知道自己的生日。卡特韦没人在意这类事情。日历都很少，钟表更少。大多数人都不知道日期或者星期几。每一天都是一样的。

在菲奥娜的生活中，主要挑战就是寻找食物。2005年，那时她才9岁，但因为家里负担不起已经辍学了，一天下午，她秘密跟踪布赖恩走出家门，期望他能找到当天的第一顿饭。布赖恩最近参加了一个由体育救助组织（Sports Outreach Institute）运营的项目，这是一家基督教传教组织，旨在通过体育向世界上的穷苦人民提供赈济和宗教。菲奥娜看见布赖恩走进一条满布灰尘的走廊，坐上长凳，开始玩一些黑色和白色的物体。菲奥娜从来没见过这些东西，觉得很漂亮。她被这个游戏迷住了，躲在角落一直偷看，同时也在想那里会不会有食物。突然，她被发现了。罗伯特教练说："小姑娘，进来，别害怕。"

* * *

来到这儿很幸运。因为太贵，乌干达女子队之前从未参加过国际象棋奥林匹克竞赛。但是根据乌干达国际象棋联盟成员的说法，今年国际象棋管理组织世界国际象棋联合会（FIDE）①的主席资助她们。菲奥娜需要这样的良机。

第二个比赛日，她早早来到赛场查看。她看见阿富汗女选手穿长袍，印度女选手穿莎丽服，玻利维亚女选手穿斗篷和戴黑色长礼帽；她注意到一个盲人选手，心想她怎么可能打比赛；她看见一个伊拉克人跪到地上向麦加的方向祈祷。她走向自己的桌子时，有人让她出示证件证明她确实是参赛者，也许因为她看起来年纪很小，或者因为她留着短发，穿着宽松的毛衣和运动长裤，被误认为是个男孩。

和中国台湾选手林雨桐（音）比赛之前，菲奥娜脱掉了鞋子。穿鞋比赛她

---

① 世界国际象棋联合会的法语简称，The Fédération internationale des échecs。其英文名称为，World Chess Federation。——译者注。

不舒服。比赛中途，菲奥娜犯了战术性错误，损失了两个卒子。后来她的对手也犯了类似的错误，但是等菲奥娜发现已经迟了。之后，她沮丧地盯着棋盘，棋局走势已然可以预料得到，她输掉了自认为可以赢下的比赛。菲奥娜离开比赛桌，奔向停车场。卡滕德提醒过她不要一个人离开，但她还是独自登上摆渡车回到宾馆，然后跑进房间，把头埋在枕头里号啕大哭。那天晚上，卡滕德尽力安慰她，但菲奥娜还是悲伤至极。这是她第一次为国际象棋而哭。事实上，她记不起上一次是什么时候哭的了。

* * *

罗伯特·卡滕德小时候跟他奶奶住在坎帕拉城外基博加的一个村庄里，是个坏小子。直到4岁那年，他回到住在坎帕拉的纳库拉布耶贫民区的妈妈身边，才知道自己的名字是什么。之前别人只知道他叫卡滕德。

卡滕德的妈妈1990年去世，那一年他8岁。之后10年，他一直漂泊，从这个姑妈家到那个姑妈家，从这所学校转到另一所学校。他小时候在基博加就开始玩足球，踢的球是用香蕉树树叶做的。他成了一名中锋，速度与技巧俱佳，每次他当时的监护人没钱供他上学，校长都因听说他足球踢得好而开后门让他入学。

15岁时，他和守门员相撞，头部受了重伤。他昏迷了，学校里的人都以为他死了。第二天，卡滕德从昏迷中醒来，但在医院住了3个月，医生告诉他以后再也不能踢球了。他们错了。

受伤后第九个月，尽管头痛难忍，卡滕德还是回到了足球场。足球是他唯一可以挣钱的机会。2003年，一场俱乐部足球比赛后，他的教练跟他说体育救助组织有个工作岗位。作为一个重生基督徒①，卡滕德找到了人生使命。他开始为牧师队踢球，被分配到卡特韦，他用足球和赛后有粥吃的承诺吸引贫民窟的孩子。几个月后，他发现有些孩子只是站在边线看，于是他开始寻找一个能让他们都参与的方式。一件几乎被遗忘了的旧物让他找到了解决办法：一副中学时代朋友送给他的国际象棋。卡滕德透露道："对于国际象棋在卡特韦能不能玩起来我是有顾虑的，我在想，以他们的教育和环境，这些孩子真能下棋吗?"

足球比赛结束后，卡滕德给国际象棋让孩子们下，刚开始有6个男孩，后来

① Born-again Christian，福音派教徒或由其他信仰转为基督徒的人。——译者注。

他们被称为“先驱”。两年后，该项目有24个孩子。这时候，一个赤着脚穿着破旧脏裙子的9岁女孩往走廊里偷看，卡滕德教练示意让她进来。

* * *

国际象棋。国际象棋。国际象棋。经过一天的奥林匹克竞赛，选手们回到宾馆，讨论的还是国际象棋。他们不是在讨论国际象棋，就是在下国际象棋。

在宾馆大厅，金娜·卡格拉玛诺夫走向菲奥娜，交给她两本有关高级国际象棋的书。接着，借助卡滕德的翻译，两位选手剖析了第一轮比赛，卡格拉玛诺夫解释了她走棋的策略，还问了她凭本能走出的招数。

菲奥娜在西伯利亚度过的每一天都一样，被国际象棋环绕，除了每天3次去宾馆的餐厅吃不限量的自助餐。刚开始吃的几次，菲奥娜吃得太多，都吐了。即便是晚餐期间，她也用盐罐和胡椒罐演练国际练象棋招数。

* * *

“第一次见到国际象棋，我想的是什么让这些孩子一声不吭？”菲奥娜回忆道，“然后我看着他们下棋，又高兴又激动，我也想有机会那么高兴。”

卡滕德向菲奥娜展示了棋子，解释每粒棋子的规则限制，怎么走棋。卒、车、相、马、王，最后是棋盘上最厉害的后。那时候菲奥娜哪里知道这32个棋子、64个方格会带给她什么?

菲奥娜每天步行6公里去下棋。她刚开始下棋时，下得太急躁。为了尽快打败对手，常常冒险牺牲关键棋子，即使她执的是后手的黑子。黑子在开局阶段通常是采取守势的。菲奥娜说：“我输了肯定有50场比赛，然后卡滕德教练劝我下得更像女孩一点，要冷静、耐心。”

菲奥娜赢的第一局棋是和约瑟夫·阿萨巴（Joseph Asaba）下的，他之前曾用一种叫“傻瓜同伴”的战术击败过她，这个令人感到被侮辱的战术可以只用4步就能赢下比赛。一天，约瑟夫没注意到，卡滕德教给菲奥娜反制“傻瓜同伴”的防守策略能吃掉约瑟夫的皇后。直到约瑟夫因为输给了女孩而哭了，菲奥娜才发现自己将死了约瑟夫。项目里的其他女孩害怕跟男孩下棋，而菲奥娜却享受其中。最终，卡滕德把菲奥娜介绍给项目里最强的两位选手伊万·穆泰萨西拉（Ivan Mutesasira）和本杰明·穆库姆布亚（Benjamin Mukumbya），他们答应教她。“第一次见菲奥娜，我想当然地觉得女孩都很弱，女孩无所作为，但后来我意识到她下棋不逊于男孩，”伊万说，“她下棋很有攻击性，像个男孩。她喜欢进攻，你跟她下棋的时候，就能感觉到她总是逼你后退，直到无棋可走。”

消息还是在卡特韦传开了：卡滕德参与白人运营的组织。白人在乌干达被称为Mzungu[①]，哈丽雅特开始听到一些恼人的传闻。“我的邻居跟我说国际象棋是白人的游戏，如果我让菲奥娜一直去那里下棋，Mzungu会把她带走，”她说，“但是我养不起她啊。我有什么选择?”

一年之内，菲奥娜已经能打败她的教练了，卡滕德意识到是时候让她和其他人面对本项目之外更好的比赛了。他拜访了当地的寄宿学校，那里的孩子背景更优越，拒绝和贫民区的孩子下棋，因为他们浑身发臭，而且看起来会偷他们的东西。但是卡滕德不停的请求终于奏效，10岁的菲奥娜跟穿着花哨的西装上衣、灯笼短裤的少年们下棋，轻松获胜。然后跟大学生下棋，也击败了他们。

她是在试验和错误中学着下棋的，由一个多年来断断续续仅仅把下棋当休闲的教练培训。教练透露说他以前甚至不知道完整的规则，直到项目开始不久后有人给他一本《国际象棋初学者》。菲奥娜靠直觉下棋，而不是像很多棋艺更精的选手那样依靠开局收尾的套路。她能成功是因为她拥有珍贵的国际象棋基因，能够预见棋盘上很多步棋以后的局势，也因为她专注比赛，好似命悬于此。在她身上，也许就是如此。

2007年，菲奥娜第一次赢得乌干达青少年女子冠军，那一年她11岁。她连续3年夺得该头衔，本来有可能四连冠，但乌干达国际象棋联合会没有资金举办2010年的赛事了。她依然处于学习曲线的初期，国际象棋专家认为她前途不可限量。“像她这样热爱国际象棋，像她这样的年纪已经是全国冠军意味着她的前途比我认识的任何女孩都要远大，”曾在俄罗斯和国际象棋大师一起训练过的乌干达国家队教练乔治·齐雷姆布齐（George Zirembuzi）说，“菲奥娜输掉比赛时真的感到伤心，这一点我很喜欢，因为该特质将让她渴望变得更好。”

尽管在一些不该做的事情上，菲奥娜难以置信地擅长，但她也像大部分乌干达女人和女孩一样，不习惯分享心中所思——通常，也没人关心。每个跟她自己有关的问题她都试图以耸肩来回答；被迫说话时，声音很小，总是盯着自己的脚。她意识到国际象棋让她与众不同，这使她在卡特韦成了目标，卡特韦是乌干

① 班图语，非洲大湖地区的人用其指称欧洲白人。——译者注。

达最危险的地方。所以她习惯于沉默是金。“跟外界打交道时性格还是相当内敛的，因为背景关系，她感到身份低微，”卡滕德说，“但是下棋时我总是提醒她，棋子很轻，人人都能举起它。让你脱颖而出的是在什么地方选择放下。国际象棋是菲奥娜在生活中能控制的东西。国际象棋是她感觉优越的一个契机。”

* * *

国际象棋不是一项适合观看的运动。奥林匹克竞赛期间，20分钟没有走棋是常事。选手离开比赛桌往往是为了上厕所，或者倒一杯茶，或者用心理战震慑对手，假装都不用坐在棋盘边就能赢下比赛。但菲奥娜从来不离开比赛桌。她不知道什么是心理战，幸运的是，别人也没法对她用心理战。

但她急躁。这种比赛对她来说进展太慢，不像在乌干达下的那种棋。头两场比赛她在位子上如坐针毡、无精打采，急切盼望对手加快速度。

第二场比赛后菲奥娜的崩溃让卡滕德有所警惕，卡滕德为乌干达国际象棋联合会的决定而懊恼，他们把菲奥娜列为二号种子，因此她必须面对其他队伍的顶级选手而不是经验较少的低位种子选手，他认为菲奥娜能打败那些低位种子选手。

菲奥娜的第三场比赛面对的是埃及的女子象棋大师哈立德·莫娜（Khaled Mona）。菲奥娜喜欢莫娜的快速打法，但被引入对手的节奏，下得太快以至于犯了致命错误。莫娜下得天衣无缝，仅用24步就取得胜利。还没到一个小时，菲奥娜便缴械投降。卡滕德看起来很焦虑，但菲奥娜意识到今天她是被一个更好的选手打败的。她非但不灰心，反而深受鼓舞。菲奥娜直接走向卡滕德说：“教练，有一天我也会成为象棋大师。”

说完这些话，她看起来如释重负，也略有点吃惊。

* * *

因为国际象棋，菲奥娜之前已经离开过一次卡特韦。2009年8月，她和本杰明、伊万代表乌干达去苏丹的久巴参加非洲国际儿童国际象棋竞赛。其他几位有资格参加比赛的选手拒绝和贫民区的儿童一同前往。

这是菲奥娜第一次离开乌干达，第一次去机场。“感觉就像带一个19世纪的人进入当下的世界，机场的一切她都觉得奇怪；监控摄像机、行李传送带还有那么多白人。飞机飞入云霄时她问我：‘加利先生，我们是不是要去天堂？’她满脸真诚。” 乌干达国际象棋联盟秘书长戈德弗雷·加利（Godfrey Gali）说。

在苏丹的宾馆，菲奥娜生命中第一次独睡一张床。她之前从未用过抽水马桶。在宾馆餐厅，有人递给她一份大菜单，对于以前从来没得选择吃什么的人来说这是一个奇怪的概念。“我从来没有想过我来的地方是这样，”菲奥娜说，“我感觉像是一位皇后。”

该赛事中，乌干达三人组是最年轻的队伍，他们将对战其他16个非洲国家。第一场比赛，菲奥娜对战享有非洲最强年轻女性选手盛名的肯尼亚选手。尽管每走一步她的手都在抖，菲奥娜还是建立了位置优势，孤立了对手的王，然后将死了惊讶的对手。菲奥娜四战全胜。本杰明和伊万也未尝败绩，3个来自卡特韦的孩子赢得团队冠军，奖杯太大，他们的小背包都装不下。

赛后，震惊的俄罗斯国际象棋管理者伊戈尔·博洛京斯基（Igor Bolotinsky）找到菲奥娜，对她说：“我儿子是国际象棋高手，但他像你这么大的时候没你厉害。”

乌干达代表队回到坎帕拉那天，卡滕德去机场接了他们。他想祝贺菲奥娜，但她忙着和队友嬉笑，之前他从未见过她如此。他意识到，这一次菲奥娜做回她本该是的孩子了。

但是，当菲奥娜、本杰明、伊万回到卡特韦庆祝胜利时，心理发生了转变。客车的窗户紧闭，背包被推出视野范围。笑脸变得严肃，严肃是贫民区的面具。3个孩子讨论谁该保存奖杯，结果是3个人都不能，因为肯定会被偷。人们在“乌干达、乌干达、乌干达”的欢呼与吟唱中欢迎他们。

但是也有人问他们一些奇怪的问题：你们是乘坐银色小鸟去的吗？你们是待在室内还是灌木丛里？为什么你们还回来？“这让我明白，对他们来说，去另外一个世界然后回来是一件多困难的事，”体育救助组织的主任罗德尼·苏迪斯（Rodney Suddith）说，“苏丹对贫民区的人来说也如月亮一般。3个孩子没法和他人分享他们的经历，因为他们没法联系起来。起初我很困惑，继而令我伤感，随后我又想，他们做的真的是件好事吗？”

那天晚上，菲奥娜离开庆祝现场回家，有人问她：“你要跟你妈妈说的第一件事是什么？”

菲奥娜说：“我需要问她，我们的早饭够吗？”

* * *

她是谁？菲奥娜是想证明她不比其他人好，还是她比其他人好？想象一下，地球上最缺乏安全感的少女脑海里发生的一场心理拉锯战，而她此刻坐在离家将近5000公里的棋盘边。

菲奥娜第四场比赛的对手是安哥拉人索尼娅·罗萨利纳（Sonia Rosalina），她一直盯着菲奥娜的眼睛，后来罗萨利纳说那是她下棋时遇到过的最有斗志的眼睛。比赛的大部分时间菲奥娜都处于下风，但是不肯认输。她追了回来，有机会打成平局，但在关键时刻，她下得太消极、太保守，不像她的风格。经过了3个多小时，走了144步，菲奥娜不情愿地投降了，承认在最需要的时刻失去了勇气。她发誓再也不会如此。

* * *

无论国际象棋让菲奥娜·穆泰西走了多远，卡特韦那个长宽各10英尺的家始终是她的归宿，终极弱者的生活仍然是她的常态。尽管通过体育救助组织的资助，菲奥娜重返校园，但她也只是刚开始学习读书写字而已。而且，菲奥娜还面对一个潜在的危险，也许会让她的生活更加艰辛：她的父亲死于艾滋病，她妈妈担心她常年生病是因为她是艾滋病阳性，但她害怕去测试。菲奥娜也从来没测试过。

菲奥娜说她梦想未来能为她妈妈在卡特韦外建一栋房子，这样她就永远不用搬家了。当问到哈丽雅特她女儿能否逃离贫民区时，她说："我从来没想过。"乌干达的大学不会因为国际象棋而发放奖学金，而且没有捐助者介入，参加2012年在土耳其伊斯坦布尔举办的国际象棋奥林匹克竞赛也不太可能。

有人催促卡滕德描绘一下菲奥娜走出卡特韦的现实蓝图，他只能想到他将要开设的学堂，国际象棋项目的孩子们可以通过教授富人家孩子们下棋来挣钱。他说他希望菲奥娜能借助国际象棋走出一条逃离贫民区的路，让他那些学国际象棋的孩子可以效仿。要做到这一点，菲奥娜必须要站在其他乌干达人（无论男女）都不曾实现过的世界舞台上。

* * *

2010年9月30日，汉特—曼西斯克和奥林匹克竞赛期间的每一天都一样的寒冷而沉闷，菲奥娜讨厌俄罗斯的天气，但是喜欢宾馆房间、干净的水、一日三餐。她害怕4天后又要回家，回到必须为食物而挣扎的日子。

她坐在棋盘边，戴着白色针织帽，穿着黑色大衣、大几号的米黄色羊毛靴子，这些都是Mzungu的馈赠。她的对手是埃塞俄比亚人哈蕾杰韦娜·阿贝拉（Haregeweyn Abera），和菲奥娜一样，也是非洲少年。这是菲奥娜第一次在比赛中见到和她相仿的人。她从阿贝拉身上看见了自己。比赛中她第一次感到毫无畏惧。

菲奥娜执黑子，一直很耐心，在比赛的前20步逐渐发力，直到创造了一个进攻的空隙。突然间，她感觉回到了神爱教堂，压迫、压迫、压迫，致使阿贝拉的棋子不断回缩，直到无子可走。

阿贝拉伸出手表示认输。菲奥娜无法压抑自己的开怀大笑，站起来，轻快地跑出大厅，冲进西伯利亚寒冷的空气里。这个来自被人忽视的世界里被忽视的女孩仰起头，向灰如青石板的天空发出一声幸福的尖叫，声音大到惊动了仍在场内的选手。

（刘锐　译）

匿名者

蒂姆·罗杰斯（Tim Roger）

《D杂志》

最佳人物特写奖

一场看不见的战争正在进行，并在网络世界愈演愈烈。这场冲突中最令人生畏的对手之一，就是被称作“匿名者”的组织。在这篇关于布雷特·布朗（Barrett Brown）的人物特稿中，《D杂志》将“匿名者”最活跃的灵魂人物之一公之于众。布朗聪明、恼人、危险但也有趣，蒂姆·罗杰斯走进互联网深处，从这个复杂的故事里挖掘出布朗最本质的所在。如果你想弄清楚黑客世界的种种，就跟着罗杰斯爬进“兔子洞[①]”，进入布雷特·布朗的内心世界吧。1974年创刊的《D杂志》在达福地区发行，罗杰斯不仅是他们的明星作家，也是一名优秀编辑。

① 出自《爱丽丝梦游仙境》，主人公从兔子洞跌落，进入了奇妙的世界。——译者注。

迈克·伊斯科夫（Michael Isikoff）来达拉斯的前一个晚上，我收到布雷特·布朗的一封邮件。“显然伊斯科夫没法忍受还有一名记者在这儿，”邮件写道，“但我会偷偷做记录给你的。”

一点背景知识：迈克·伊斯科夫是《新闻周刊》（*Newsweek*）的前调查记者，现在是国家广播公司新闻网的通讯记者。他2月底和一位制片人、一名摄影师从华盛顿飞过来，想和布朗聊聊他与一个臭名昭著的国际黑客组织“匿名者”的纠葛。这个组织最近用他们的“低轨道等离子大炮”攻击了万事达、维萨和瑞典政府网站，因为这些机构对维基解密及其创始人阿桑奇采取了不利行动。这事儿很复杂——伊斯科夫不久就会知道，但是现在可以多说点。

至于我嘛，我第一次遇到布朗是在1998年，当时他16岁，在我工作的一家周刊《遇见》（*Met*）做实习生，现在这家周刊已经不复存在了。布朗和我一直没有联系，不过去年他从纽约回到达拉斯后，我们重新熟络起来，他也替这份杂志写了篇报道。几周以来我一直在和他谈论他在匿名者的工作，包括他们是如何曝光了一家政府网络安全承包商同美国银行的合谋计划，这份计划旨在毁掉同情维基解密的记者的前途；以及匿名者是怎样帮助突尼斯和其他阿拉伯国家的示威者的。我可不想错过伊斯科夫和一个摄制组突然袭击布朗公寓的好戏。

我之前去过布朗位于住宅区的单身公寓，378平方英尺的小套间，光线昏暗，疏于打理。水池里高高堆起一摞脏碟子，厨房的台面上放着一个剥制的山猫标本。布朗是个大烟鬼——手上要么拿着万宝路100S，要么是烟草——整个房间也弥漫着烟味。他的工作台上有一个满溢的烟灰缸，离他摆在公寓“客厅”的床不过几步之遥。两把绿色的露台椅正对着书桌。离开时我的感觉就是，我需要洗个澡。

不过，伊斯科夫大驾光临的那天早上，我发现情况大有改观。布朗的妈妈听说有客人要来，花钱清洗了一遍地板。厨房也变整洁起来了，台面上的山猫标本被一碗新鲜水果取代，标本则挂在了墙上。书桌上的台灯散发出和煦的光芒。布朗的女朋友尼基·勒尔（Nikki Loehr），一名24岁的平面设计师，捧着笔记本坐在他的床上。她的客户克里斯·伯恩（Chris Byrne）是达拉斯的一位艺术商，为了把这地方弄得更漂亮，她从他那儿借来了一幅价值上万美元的彼得·索尔（Peter Saul）的装裱画作。布朗当然是不会同意的。山猫标本？没问题；高档艺术品？电视台的人会误会的；所以这幅画只能躺在他的衣柜里。

伊斯科夫带的摄影师和制片人是第一批穿过前门的；然后是伊斯科夫自己，

衣冠楚楚，头发灰白。我们握了手，感觉有点不自在。

好客的主人开始替我们相互介绍。“蒂姆是我的朋友，”布朗对伊斯科夫说，“他正在写一篇报道，你们想抢地盘就抢吧，不过今天是我戒鸦片第四天，所以别扯上我。”他的男中音音量低语速快，咕哝起来和世界上最差劲的拍卖师别无二致。

嘟囔完了这一段介绍，布朗走到外面二楼的小露台上抽起烟来，我、勒尔、伊斯科夫和他的摄制组被扔在一边。这帮从华盛顿特区来的家伙目不转睛地看着我。

“他刚刚说什么？”制片人问道。

“布雷特说我是他的朋友，还有今天是他戒鸦片的第四天。”

布朗一直断断续续服用海洛因。大概是一年前的一个晚上，他在麦金尼大街上的“一刻钟酒吧”遇见了勒尔，他告诉勒尔他“过去”是个瘾君子——“过去”这个前缀是相对而言的，为了管住他的毒瘾，医生给布朗开了“舒倍生”（Suboxone）。这种半合成类鸦片剂原本应当口服的，布朗却把含片制成溶液注射进体内追求更好的快感。就在伊斯科夫来之前的周日，布朗给我看了他手臂上的针孔；他说他的舒倍生快用完了，他攒着最后一片就是不想在这么重要的电视采访期间被毒瘾折磨。结果伊斯科夫把采访时间从周二改到了周四。布朗等不了了，现在他很痛苦。

看起来伊斯科夫和他的团队很难消化这一切。布朗刚刚说毒品什么的是在开玩笑吗？这个朋友又是干什么的？他要给布朗做全程翻译吗？如堕五里雾中的他们，根本就顾不上什么“抢地盘”。还好，布朗吸完烟就回来了，开始从头介绍“匿名者”。摄影师手忙脚乱地打起灯光，制片人替布朗和伊斯科夫别上了麦克风。我溜进厨房，一边吃着布朗母亲买的葡萄，一边还能看见整件事情的进展。

头五个小时，布朗解释了“匿名者”这一概念。（这个采访阶段最后是以一段摄影师漫步在附近圣路易斯郊区的自行车行的花絮收尾的。）这段采访搞得这么复杂的原因有以下几个。一是通往爱田机场的航线正好经过布朗住处的上空，布朗小声的咕哝时不时就淹没在西南航空的喷气客机的轰鸣声中了，制片人被逼无奈只好关上了露台的滑动玻璃门。整个房间在摄像机灯光的作用下瞬间就热了起来。采访过程中布朗还一根接一根点烟，房间闷热得无以复加。

二是，布朗的电脑配置让摄像变得异常艰难。他的父母曾经给了他一台东芝宇宙系列的大屏笔记本，但是布朗先是拿它来打电动，后来又把一瓶胡椒博士

（Dr. Pepper）洒在了键盘上。所以它是不能再用了。布朗平日都在一台索尼影音集成笔记本上工作，笔记本小得像一个玩具。据布朗说显示屏长20英寸、宽16英寸，不会影响他办公，但是布朗带着伊斯科夫逛因特网中继聊天室（IRC）的时候，伊斯科夫就得眯着眼睛凑上去看，匿名者的大部分工作都是在这里完成的。（我用iPad从几英尺外的厨房紧随其后，当他们进入一间匿名者们用于讨论他们在利比亚运作的聊天室时，我打了一行字："替我向伊斯科夫问好。"伊斯科夫问布朗："这是谁？"布朗笑了："是我认识的一个作家。"他们换到另外一个聊天室以后，我又冒了个泡："伊斯科夫显然是替政府办事的。"所以其实我也没帮忙。）

最后一个原因，是这个主题本身就难以理解。主流媒体有时把匿名者当成一个组织或一个集体——《基督教科学箴言报》就说过它是"一个激进分子的神秘小圈子"——但从本体上而言匿名者并不存在。它没有等级制度，没有领导阶层。所以就算彭博社和其他人称呼布朗为这个组织的代言人（再一次地，这压根不是个组织），布朗也拒绝承认他在匿名者内部担任任何职位。

"匿名者不是一个东西，它是一个过程。"布朗告诉伊斯科夫，"我不能给匿名者代言，因为压根就没有人能给我授权。"

每当向一个网络菜鸟解释匿名者的时候，菜鸟都不可避免地会产生困惑。这于布朗是一种享受，他的态度时而真诚，时而讽刺，如果你不是认识了他一段时间，真不知道该信他哪一句话。不过要是你对他的了解更进一步，这甚至更困难了。

"你得记住，"布朗斜倚在那把绿色露台椅上，手指夹住烟头背在身后，"我们是共济会会员。我们有的只不过是幽默感罢了。当你秀肌肉的时候，得有点儿幽默感才行，否则就成了联邦调查局了。"说到这儿，布朗已经有点半开玩笑了。

之后，当伊斯科夫被匿名者用的一些网络术语弄得晕晕乎乎的时候，布朗说道："我觉得我们为英语做的贡献比乔叟更多。我们应该获得一枚奖牌的。奖牌呢，迈克？"他这完全就是在打趣了。

我是这么觉得的。

* * *

2006年，布朗第一次在网上与匿名者合作，尽管当时并不存在一个非正式组织——更加不是一个什么拒绝承认自己存在的正式组织了。那时有的只不过是一些游荡在戏剧大百科（EncyclopediaDramatica.com）、4chan随机版上的孩子，他们对神秘的日本网站文化和爆乳照兴趣颇浓。“在那里每个人都是匿名的，”布朗并没有直接说他们是匿名者，“一切都从恶搞开始。”

布朗曾经是他口中“恶作剧精英战队”中的一员，他们竭尽所能，要让人们在虚拟身份下也过不舒心。他们开发出一款“武器”能够不断产生巨人马里奥的图片，直到这个虚拟世界的某些区域瘫痪；他们会进入音乐会大声尖叫，任谁都不能阻止他们；他们闯进夜店，专和那些穿动物皮毛的人争辩。

但是，直到2008年汤姆·克鲁斯（Tom Cruise）带着狂热的眼神赞颂教会的一段尴尬视频在YouTube上疯传，而教会试图移走这段视频之前，匿名者并没有聚集起来成为一种夺人眼球的现象。匿名者认为这是信息审查，作为回应，他们发布了自己的YouTube视频，一个电脑合成的声音从快速移动的云层上端传来，对教会宣战。这场战争——Chanology计划，至今仍在进行。

匿名者弄垮山达基教会（Church of Scientology）和其他对手的手段发展到后面无所不包，既有线上的也有线下的。但组织的主要武器仍是“低轨道等离子大炮”——为了方便起见，下文中我会把匿名者称作一个组织，尽管已经有好几位团队成员反复向我强调它实际上并不是一个组织。低轨道等离子大炮，简称为LOIC，是一款软件。现在，你可以从很多提供公共访问的服务器上下载并安装这款软件，一旦启动这款软件，你就成为了僵尸网络的一员。

一个僵尸网络是指一定数量的电脑——可以是上百台，也可以是遍布在这个星球上的成千上万台——遵循中央控制的指令。匿名者出现以前，僵尸网络一般是由一些坏家伙组建起来的，比如说俄罗斯的黑手党之类的组织，他们偷偷植入恶意软件，在使用者毫不知情的情形下将他们的电脑变成“僵尸网络”中的一个“僵尸”。每台“僵尸电脑”每秒钟可以对目标网站发出数千个服务请求。所以当你正忙于TPS[①]报告的封页时，僵尸网络正在耗尽一家公司网络的系统资源并摧毁它的网站，而你的电脑正是其中一员。这种攻击网站的行为叫作分布式拒绝服务攻击，或者叫作DDoS攻击。不怀好意的人利用DDoS攻击勒索钱财，但他们也可以用僵尸网络发送垃圾邮件来盗取用户的个人信息。2009年，杀毒软件公司

① TPS是“事物处理系统”（Transaction processing systems）的英文缩写。——译者注。

赛门铁克（Symantec）称，他们在互联网上检测到了将近700万个僵尸网络。

匿名者是第一个建立可操作自愿式僵尸网络的组织。通过在你的电脑上运行LOIC软件，你实质上就已经向匿名者宣誓效忠，你向这项事业贡献了你电脑的部分处理能力。匿名者之间大体达成的共识促成了这项事业——或者，如果你愿意你也可以把它称为一个目标。

如果说山达基教会成了匿名者第一个公开承认的主要目标，维萨和万事达则给了匿名者第一次大屠杀的机会，这次胜利让他们受到了全世界的瞩目。去年，在国土安全参议院委员会主席乔伊·利伯曼（Joe Lieberman）的敦促下，PayPal贝宝冻结了维基解密的账户；亚马逊也不再允许该组织租用它的服务器；维萨和万事达停止处理该组织收到的捐赠，刊文宣称他们采取此行动是因为维基解密参与了非法活动，而压根不管维基解密还没有被指控为犯罪。匿名者以代号“报复行动”回应了他们。

是哪一个匿名者成员首先建议将万事达作为LOIC的目标的？无从得知。但他们当时是在人人可以加入的因特网中继聊天室里讨论这件事的——这个聊天室，实际上，现在仍然是人人可以参与的。匿名者用IRC是因为它能够隐藏身份，也因为它形成了一道技术准入壁垒。尽管人人都可以参与到对话当中，但只有某一类人会这么做。因为你需要下载软件，还需要学习术语等等。

事实上，有时匿名者会发起一个网络投票来决定DDoS攻击的目标，可谓十分民主。但是“低轨道等离子大炮”攻击目标的最终决定是由IRC的频道管理员做出的，这位管理员也是个匿名者，不过他有权宣布频道的官方主题。就像奥威尔（Orwell）笔下的动物庄园一样，所有的匿名者都是平等的，但有一些要比其他人更平等。显然，很难确切估计这些作为精英匿名者的频道管理员的数量；布朗告诉我可能有十来个人。当那些热播——别把他们叫成领导——改变了一个IRC频道的主题时，这个频道上所有“装备”了LOIC的电脑就会自动向目标发起攻击。这也就是疏于防范的公司（还有政府）被打脸的时候了。

匿名者僵尸网络的一大优点就是它永不休眠。如果是非自愿的僵尸网络，用户晚上睡觉时就会关掉他们的“僵尸电脑”，“僵尸军队”永远不能尽全力攻击；而匿名者的僵尸网络规模或许不大，却能打出一记重拳。

当匿名者于2010年12月8日利用LOIC发动对万事达网站的“报复行动”时，他们闯入网站约5分钟。维萨在30秒钟之后崩溃。匿名者锁定的目标只是公司的网站，并非处理信用卡交易的服务器。这场攻击的关键在于，匿名者意识到维萨和万事达将他们的服务器放在同一个综合区域，这使得他们不堪一击。匿名者也曾讨论过攻击亚马逊，但是亚马逊的服务器存放在遍布全球的数据中心里，一个服务器被攻破，操作线路就会自动更改。所以亚马逊仍旧运行良好。维萨和万事达就没这么幸运了。

扳倒信用卡巨头需要多少台电脑呢？想要确定一个精确的数字是不可能的。不过在“报复行动”达到最高潮的4个星期里，格雷格·胡什（Gregg Housh）称LOIC被下载了60,000次。胡什今年34岁了，居住在波士顿地区，但他出生在贝德福德（Bedford），16岁以前都居住在得克萨斯北部。他深知匿名者是怎样运作的，不过他说他从不参加匿名者的任何违法活动。攻击万事达之后的那些日子里，大部分向记者解释的任务都落到了他的头上。他并不介意和媒体接触并使用真名，因为作为Chanology计划的组织者之一（他和其他一些合作伙伴在YouTube上发布了那个带云层的第一段匿名者视频），他的名字因山达基教会提起的诉讼广为人知；20多岁的时候他也因为盗版软件在联邦监狱服刑了3个月。当局对他已经是相当熟悉。

“人人都知道格雷格愿意和当局对话，”胡什说，“很多新闻机构，如纽约时报啊，不想采用来路不明的消息。他们的政策不允许。”12月10日当天，也就是攻击万事达的“报复行动”两天后，胡什接受了37个采访。“我得告诉你，兄弟，我在家工作，所以接受采访要容易些，但采访还是太多了。这时候布雷特就像耶稣基督一样出现了替我分担了一些，真好。”

胡什在网上认识布朗是去年2月份，正是布朗在赫芬顿邮报上发表了为匿名者在澳洲的行为辩解的文章之后。澳大利亚政府当时正意图禁止三类网络色情图文：贫乳（澳大利亚分级委员会认为这无异于未成年色情）、女性射精（被认为是排尿的一种）和涉黄动画（咄！）。作为回应，匿名者发起了“乳头风暴行动”，这一行动不仅包括一波击溃政府主要网站的DDoS攻击，还有大量发送给政府官员的涉黄邮件、传真和恶作剧电话。布朗在他发表在邮报上的文章中，解释了匿名者行动的大背景。威廉姆·吉布森（William Gibson）1984年发表的科幻小说《神经漫游者》（*Neuromancer*）曾让“网络空间”这一术语不胫而走，布朗引用了这篇小说，在名为《匿名者，澳大利亚和民族国家的必然衰败》的文章中写下了下面一段话：

很长一段时间我都对派生出匿名者的亚文化和让匿名者得以存在的新型传播

结构兴趣颇浓。我现在肯定，这一现象，数十年来一直在发生，是社会发展最重要的一页，却从未被报道过；而这个待考证的社会发展将有望对民族国家造成威胁，甚至可能在某一天取代民族国家，成为全世界最根本的、相关度最高的人类社会组织。

别忘了布朗是在谈论向政府官员发送女人贫乳的照片。还是在澳大利亚。

“这是一篇关于民族国家及其颓势的有趣报道，”胡什说，“我发现他有些地方写得光怪陆离，有些地方又非常有意思。你要是看看现在正在发生的几个例子——突尼斯、埃及、利比亚还有其他国家——那他可能就有点未卜先知了。”

胡什给布朗发去一封电邮，表示他很喜欢赫芬顿邮报上的那篇报道，而且布朗看起来要比大多数钻研此话题的记者更懂匿名者。

布朗回应道：“那是因为我就是匿名者。”

* * *

迈克·伊斯科夫采访的一周前，布雷特·布朗和我坐在“一刻钟酒吧”的屋顶露台上，或者，更准确地说，是我坐着；布朗像一只困兽般踱来踱去，一支接一支地抽着烟，喝着“科德角”（Cape Cod）[①]。他喜欢“一刻钟酒吧”，因为他没有车，而公寓到这儿就几步路；他可以带上他的索尼影音集成笔记本，一边抽烟喝酒一边把工作做完。这边的招待认得他。

那是个已经有闪闪发亮的汽车涌入麦金尼大街向北驶去的工作日的清晨。露台完全归我们享用。布朗套着一双牛仔靴，一件蓝色条纹牛津布衬衫随随便便塞在牛仔裤里。他的行头一成不变——他有一打一模一样的蓝色牛津布衬衫；他只穿靴子，因为他懒得烦神去学怎么好好系鞋带。（尼基·勒尔告诉我说，做布朗的女朋友有时让人精疲力竭，因为她必须努力让他的生活不偏离正轨。比如说，布朗的心不在焉可以达到不能“给自己系鞋带”的程度，我当时认为她在开玩笑。现在看来她没有。）

布朗踱着步子讲述他仅仅29年的生命里所累积的闪光点时，很难不让人给他冠上“说谎者”的污名。他通常会以这样的一段奇闻轶事开头：“我有一次

① 一种鸡尾酒。——译者注。

不得不从达累斯萨拉姆（Dar es Salaam）[①]一辆行驶中的出租车上跳车。”不过他又会接着说他曾和乔治·W. 布什的两个女儿一起去普雷斯顿霍洛区（Preston Hollow）[②]小学上学，我告诉他我妈妈在普雷斯顿霍洛区小学教布什的两个女儿，他记起来了。

“我是普雷斯顿霍洛区小学的桂冠诗人！”他告诉我，三年级的时候，他用校长办公室的电话从达美乐比萨店点了一份比萨，分给了全班同学。他并不是想捣乱，他只是不知道有规定说不能订比萨。但他的英语老师狂怒不已，把他打发到了校长办公室，他在那儿经历了某种形式的暂时停学。就在这段时间里，他写了一首关于陷入麻烦的诗。“问问你妈妈关于我的事。”布朗说道。

“布雷特·布朗？哦我的天哪，”我妈妈立即就想起了她20多年前带过的这名小学生，“我已经不记得那帮学生了，但是我记得他。是的，他曾经是桂冠诗人。现在那首诗不在我这儿了，不过我曾保留了很多年。”

就像和我妈打的这通电话一样，我打了好几个求证电话。我不得不得出结论，布朗说的大部分东西都是事实——即使听起来并不可信。

他在高地公园（Highland Park）[③]无忧无虑地长大，他的父亲罗伯特·布朗来自得克萨斯东部的一户有钱人家。“我最早来达拉斯的时候就已经挣了很多钱，”罗伯特说，“我最后在全州拥有价值5000万美元的房地产。但我却像很多人80岁的时候那样陷入困境。我债台高筑，几乎倾家荡产。”

部分由于财务上的捉襟见肘，布朗7岁的时候他的父母离婚了。他和他母亲在奶奶家的一间屋子里住了几个月，直到她母亲能够独立谋生。据凯伦·兰卡斯特（Karen Lancaster）说，她的儿子很小的时候就具备了“道德义愤”的能力：“他6岁的时候发现根本没有圣诞老人，为此大发雷霆。他并不是为没有圣诞老人生气，他是对我失望。他说：‘你骗了我。你怎么可以编出这么一个故事呢?’”

兰卡斯特说她儿子患有严重的注意力缺陷障碍症（ADD），课堂对他来说是一种折磨。但是他如饥似渴地独自畅游在书海中，初中时就涉猎了艾茵·兰德（Ayn Rand）和亨特·S.汤普森（Hunter S. Thompson）[④]的著作。

---

① 坦桑尼亚前首都。——译者注。
② 位于达拉斯的著名富人区，据媒体报道小布什曾在此购买住宅。——译者注。
③ 芝加哥富人区。——译者注。
④ 艾茵·兰德和亨特·S. 汤普森两人均为美国著名作家。——译者注。

差不多在那段时间，布朗也开始探索在线网络所具有的诸多可能性。那时大约是1995年，我们今天所知的互联网还没有诞生。当时，电子布告栏系统风靡一时，用户通过调制解调器拨通聊天室的电话号码即可登录。13岁时，布朗找到了一个改变他一生的BBS。在这里他可以和女孩对话。数年以后，这段经历为他在《纽约新闻》上的一篇小品文提供了有意思的材料。

“早在我们聊天的时候，”布朗写道，“特蕾西告诉我，我要是想的话，可以摸她的胸。我回复她说这很对我胃口，我也会考虑其他类似性质的提议。接下来的几个月里我就得以进到二垒，接着是三垒，最后我们就可以互相磨蹭对方的生殖器了。”

高中的时候，在达拉斯圣公会学校，布朗继续特立独行。高一的时候他和另一个朋友组建了“客观主义俱乐部”。“他们那时就开始了自己的非暴力反抗，并且瞒着我们，”兰卡斯特说，“艾茵·兰德是一名无神论者，而他却在圣公会学校上学。他们决定不在礼拜堂唱赞美诗。结果，我们不出意外地接到了关于这件事的电话。”

之后一年，布朗在去纽约的一次郊游上和圣公会学校的一名女生发生了性关系，陷入了麻烦。然而，行政部门无法证明这一行为确实发生了，所以他只是被暂时停学（他靠画二战时期的连环画打发这段时光）。1998年的夏天，他到《遇见》来实习。在头版上一篇简短的《欢迎实习生》特写的照片中，他戴着太阳镜。稿件里写道：“布雷特在室内戴着太阳镜。去年他是达拉斯圣公会学校的一名高二学生，但是明年他不打算回去了。他已经为自己赢得了名声：一个大声清着自己喉咙的年轻人，把痰吐在编辑的私人垃圾桶里。他声称在纽约的百老汇失去了童贞，上个星期还撞坏了他母亲的切诺基吉普车。我们问他在《遇见》学到了什么，布雷特回答：‘成年人在孩子不在场时的真正表现。’不过布雷特是个聪明、勤奋的孩子，他将永远获得我们的最优推荐。”

他的母亲保留着那份剪报。她说如果他不是已经决定退学和他父亲去达累斯萨拉姆旅行，布雷特对他在纽约所作所为的大肆吹嘘足够让他被开除。就是在达累斯萨拉姆，布朗从一辆行驶中的出租车上跳了下来——然而因为他吐字不清，我不是很清楚他为什么要跳车。1998年夏天的达累斯萨拉姆是个危险之地，8月份的时候，肯尼亚首都内罗毕（Nairobi）及达累斯萨拉姆的美国大使馆分别受到汽车炸弹袭击，224人死亡，5000多人受伤。很多美国人第一次听说了奥萨马·本·拉登的名字，布朗说他在街上看到了尸体。

对罗伯特·布朗来说，坦桑尼亚之旅原本应当获利颇丰。他是个专猎大块头的猎手，在之前的几次探险中，他已经留心到了从未被采伐过的广袤阔叶林。他和他的合伙人们携带了价值100多万美元的锯木设备，打算做木材出口。但是腐败的政府毁了他们。当7个装载了设备的船运集装箱停放在达累斯萨拉姆的码头时，罗伯特·布朗说他简直不知道该向哪个官员行贿。项目停滞的这段日子，布雷特·布朗发现他有了大把的时间可以学习得州理工大学双信贷函授的网络课程，这使得他拿到了高中毕业学位并且获得了大学学分。当布雷特的父亲花光了最后一笔钱以后，他们回到了美国。

布朗搬回去和他母亲同住，并且在因伍德剧院找了一份工作。他在那儿做爆米花、检票和清扫剧院。他记得有一天晚上和他发生了关系的那个圣公会学校女孩的父亲来到了剧院，一点也不高兴见到他。他不工作的时候就读书，或者同放学后去他家的霍卡迪（Hockaday）女子学校①的女孩儿一起喝威士忌。

米尔娜·哈里兹（Mirna Hariz）就是这些女孩中的一员。布朗最终进入得州大学奥斯汀分校后，她也在那儿逍遥快活。“我们过去一直在他的房子里消遣，”她说，“有一天他有一场考试。我们说：‘布雷特，我记得你过会有一场考试。’他回答说：‘我不去了。’然后我们说：‘你打算后面补考吗？’他答道：‘不，我再也不去学校了。’他此后再也没提过这件事，就是这样。”

辍学以后，布朗来往于纽约、奥斯汀和芝华塔尼欧（Zihuatanejo）之间，接连接了几个写作和自由撰稿的活儿。他被在线杂志*Nerve*炒了鱿鱼，他说是因为他“不肯妥协”。他替美国在线写稿子——不过之后就不写了。2007年他和乔恩·P.阿尔斯通（Jon P.Alston）合作出版了《成群的古代巨鸟：现代神创论背后，智能设计和复活节兔子》。艾伦·德肖维茨（Alan Derschowitz）②称其继承了“从托马斯·潘恩（Thomas Paine）③到马克·吐温运用幽默感揭穿虚假面孔的传统”。

2009年12月以前，布朗都住在哈里兹纽约市家里的沙发上。她成了一名律师，搬到纽约市来，为那些在世贸中心双子楼废墟上吸入颗粒而身体抱恙的急救

---

① 霍卡迪女子学校是得州最负盛名的私立寄宿制中学之一。——译者注。

② 艾伦·德肖维茨是美国当代最伟大的律师之一，曾为辛普森杀妻、克劳什·冯·彪罗杀妻、克林顿绯闻与弹劾等轰动全球的大案成功辩护。——译者注。

③ 托马斯·潘恩，英裔美国思想家、作家、政治活动家、理论家、革命家、激进民主主义者。——译者注。

工人打官司，他们因为拿不到长期医保而提起诉讼。哈里兹的公寓位于布鲁克林的威廉斯堡（Williamsburg）小区。

“哈里兹有两条规矩，”布朗说，“‘不许注射毒品，不许在我的床上乱搞。’我很快就破了这些个规矩。”

他不光是破了规矩，他某种程度上还就此自吹自擂。他在《纽约新闻》上匿名发表了一篇报道，是关于他在哈里兹公寓和一个女孩的一段邂逅。那个女孩让他在他们第一次约会时假装强奸她。一段摘要：

> 这段约会一开始进展顺利，不过当我开始释放一些危险信号的时候，就表现得不太正常——比如说不得不和这个女孩用一个杯子喝伏特加，因为我把公寓里所有杯子都打碎了，它就成了一段难忘的经历。有一段时间，我让她看我正在玩的电游《矮人要塞》，游戏里我假装自己是一大群生活在要塞里的矮人。最后她的态度软和下来，我们发生了关系，真是妙不可言。

他的约会对象写了一篇姊妹篇，同样是匿名的，文中写道：“他身上有一种吸引人的、健康的东西。十足的美国范——他代表着牛仔靴、四分熟的培根芝士汉堡，还有周一橄榄球之夜[①]——我完全抵抗不了。”

在威廉斯堡的生活并不是每一天都这么放荡。哈里兹记起来有一次回到家发现布朗正在和她口中的“街头恶棍”玩篮球。“一个瘦得皮包骨头的白人和一群黑人大块头一起玩篮球，”哈里兹说，“他就过着这种凯鲁亚克（Kerouac）[②]式的生活。他出去就是为了冒险。”

但是布朗并不怎么出去。到这个时候，他已经深深介入了匿名者支持维基解密的行动当中，每天弓身坐在电脑前进行着马拉松式的工作。

“我试图让他和我一起出去，去酒吧逛逛，但是他不肯，”哈里兹回忆说，相反，他会待在家里，注射海洛因，“当他陷入幻觉的时候，他唯一做的事情就是工作。他并不是开始在那儿自HIGH，做出一些危险的事情，他会边吸毒边工

---

① 周一橄榄球之夜是美国全国橄榄球联赛在ESPN的直播。从1970年到2005年，它在ABC播出。——译者注。

② 杰克·凯鲁亚克（1922—1969），是美国“垮掉的一代”的代表人物，代表作《在路上》。——译者注。

作。我起床了，他嘴里叼根烟坐在电脑前面；我回家了，他还是坐在同样的位置上工作；我凌晨4点钟上床睡觉，醒着的时候，他还是坐在那儿。”

这正是布朗为赫芬顿邮报写“乳头风暴行动”稿件以及向格雷格·胡什坦承他也是匿名者的时候的状态。但是直到几个月前布朗才真正为公众熟知，那是在针对维萨和万事达等网站的DDoS采取“报复行动”之后。荷兰当局很快在海牙逮捕了一名16岁的男孩，仅仅因为认定他是Jeroenz0r——IRC的一位管理员（也就是决定“低轨道等离子大炮”攻击对象的匿名者之一）。匿名者决定很快将信息散布出去——按照匿名者的说法，万事达处理给3K党的付款却不处理给维基解密的付款，而匿名者认为维基解密和3K党志同道合，是合法的新闻事业。其实，胡什说过在匿名者发起的某些DDoS攻击中，他们的唯一宗旨就是敦促媒体发问，这样匿名者就有了一个可以讨论其日常工作的论坛。

通过“报复行动”，匿名者组织了一个大型论坛。但是只有一个真正的发言人利用这个机会，别忘了当媒体打进电话的时候，可怜的格雷格·胡什正在家试图完成一些真正有报酬的工作。

这时候，普雷斯顿霍洛区小学的前桂冠诗人布雷特·布朗出现了。

* * *

晋升为某个不存在的组织的非官方发言人，对布朗来说似乎是件光荣的事儿，他可以写信回家告诉他父母不必担心了。不过这事儿也有缺点。

首先，也是最明显的，没有职位就没有薪水，也没有医疗福利和养老保险。

其次，他现在成了匿名者口中的“公开匿名者”。这个词本身并没有贬义，只是表示那些使用自己出生证明上的名字，公开承认自己是匿名者的人。我曾经通过IRC和一些匿名者聊天，他们很满意胡什和布朗对媒体所做的解释工作，对布朗而言，这份工作包括写作有关这个组织的报道，为遭到突然搜查的成员组织合法辩护。一位匿名者的黑客告诉我说，胡什和布朗“只是有说服力的旁观者，所以他们有权亮明身份”。但是也有人讨厌公开匿名者。

“做这种事一点也不酷。”胡什说，“大约75%的当事人很愿意有人去拨正媒体的导向；15%的人压根什么都不在乎，对我们这种人不屑一顾，好像公开匿名者和媒体都是一路货；另外10%的人每天都想毁了你的生活，攻击你、散布关于你的谣言。”

胡什称那些对他不满的匿名者将伪造的聊天日志递交给美国联邦调查局，意图指出是他在运作匿名者。匿名者们对布朗也展开了人肉，在网络上公布了他的个人信息来降低他的公信力，并让他难堪。

而且激怒这10%匿名者的不仅仅是他们放弃匿名这件事。布朗相信匿名者是一支正义的力量，它有能力也有责任去推翻高压统治，根除注定会腐化的民族国家。匿名者在突尼斯和其他阿拉伯国家的行动中，布朗是一名急先锋。他为巷战和急救写的手册被挂在匿名者控制的政府网站上，很多是关于埃及抗议者的有序组织，匿名者使用“脸书”通过垃圾邮件批量邀请了数千名埃及人参与抗议，使得他们可以在“脸书”上协调一致。

这一类型的工作使得一个匿名者被人为地道德卫士化。我同推特账号@冒牌格雷格·胡什的用户网聊过，这名推特用户说，真正的格雷格·胡什认为她叫杰妮弗·埃姆里克（Jennifer Emrick），但这名用户却说他的名字是唐纳德·瓦萨兰亚（Donald Wassalanya），尽管我没法从政府的备案材料中找到这个名字。真胡什说这名用户也许是埃姆里克——或者其他人，IRC上的其他匿名者告诉我说埃姆里克就是冒牌胡什。无论如何，冒牌胡什好像是替那10%说话的。

“格雷格希望你们生活的世界里，匿名者是一支正义的力量，是一种可以被推销的东西，”冒牌胡什说，“我们做这些事情是因为我们能做到，我们觉得做这些事很有趣，而非因为它是正义或者正确的。在我们的社会里道德占有一席之地，但在匿名者这儿没有道德的位置。”

冒牌胡什称布朗在利比亚和其他地方的所作所为是“坐在扶手椅上的抗议”，对抗议影响甚微，“这不过是看起来体面并且自我感觉良好罢了”。

最后一个缺点就是布朗在匿名者新的公开角色。他有可能被逮捕，因为布朗喜欢自吹自擂。就像他在普雷斯顿霍洛区小学的那首诗，和《欢迎实习生》小插曲中那段跌宕起伏的纽约市郊游，还有《纽约新闻》上那篇报道里对米尔娜·哈里兹第二条规则明目张胆的破坏一样，布朗现如今既然是公开匿名者，他就开始打电话给匿名者的敌人们和几个联邦当局（有时这两者等同），告诉他们他有多酷。当然了，他明面上不是这么说的，他说打电话是为了帮忙。

几个星期以前，他同美国国家安全局的一名女士对话。他说自己是出于礼节联系她，好让他们知道匿名者拥有一份“震网”（Stuxnet）病毒的拷贝版。这有可能是迄今为止最不出名但又最复杂的恶意代码了，是世界上第一个武器化的病毒，去年被发现延滞了伊朗大部分核项目。一些人认为是以色列政府研制了该病毒，也许还有美国从旁协助。匿名者拥有病毒拷贝——意味着布朗也有一份震网病毒的拷贝，就存在他看起来无害的索尼影音集成笔记本上——在某种程度上已经被拔掉了尖牙。

不过它仍旧是震网病毒呢，而这病毒现在就在“一刻钟酒吧”。

你可能会感到惊奇，这个既是匿名者又是公开匿名者，一边玩《矮人要塞》一边进行他活色生香、险象环生的约会的家伙，怎么会拥有震网病毒的拷贝版呢？下面我们就先稍稍技术性地解释下匿名者到目前干得最棒的一次行动，再看看史蒂芬·科尔伯特（Stephen Colbert）[①]是怎么说的。

* * *

2月4日，也就是当局对匿名者中牵涉“报复行动”的40多名成员开展突然搜查的几天后，总部位于加利福尼亚州的一家政府网络安全承包商——HBGary联邦公司的首席执行官亚伦·巴尔（Aaron Barr）走上台前，主动要求成为匿名者的目标。巴尔接受了《金融时报》的采访，声称他使用社交工程[②]在“脸书”等网站上“钓鱼”，已经获知了匿名者领导人身份。巴尔告诉《金融时报》的记者，他会在即将来临的安全会议上将他的发现公之于众。

布朗说巴尔把什么事都搞错了。他将要公布一些无辜人士的名字，而联邦调查员会马上上门搜查他们。尽管如此，匿名者还是发了一篇通讯稿承认受挫，稿件部分由布朗执笔。接着，就在第二天，他们发动了攻击。他们使用了某种叫作SQL注入[③]的东西，入侵了HBGary联邦公司官网的数据库。匿名者的黑客们在那里有所发现，布朗在之后为《卫报》写的一篇稿件中称之为“难堪的大杂烩”：马虎大意的数据库，带有明显安全缺陷的系统运行软件，编译糟糕的密码——最糟糕的是，多个系统使用同样的密码。

几个小时之内，匿名者摧毁了HBGary联邦公司和它的母公司：HBGary公司。

2月24日，这次黑客行动已经成为了国际新闻，科尔伯特根据此事编了一个

---

① 美国知名夜间脱口秀主持人，其主持的《科尔伯特报告》曾获得12项艾美奖提名。——译者注。

② 黑客术语，指利用人性弱点和人际交往上的漏洞来非法获取资料的黑客行为。——译者注。

③ SQL的全称为结构化查询语言，黑客在输入的字符串中注入SQL指令，如果应用程序设计不良忽略了检查，注入进去的指令就会被数据库服务器误认为是正常的SQL指令而运行，因此遭到破坏。——译者注。

长段子，他是这么说的——巴尔告诉《金融时报》他收集到了匿名者核心领导人的信息，包括他们当中很多人的真名，以此来威胁他们。现在，用黑客的行话说，匿名者就是个马蜂窝，而巴尔说："我要把我的命根子插到那东西里。"

在转播中科尔伯特称匿名者攻破了巴尔的网站，盗取了他的邮件，删除了HBGary公司几千兆的研究数据，用下流话在巴尔的推特账号上灌水，并远程清空了他的iPad。"他的愤怒的小鸟才刚刚打到3星，"科尔伯特说，演播室里一阵爆笑，"之后匿名者公布了巴尔所有的邮件——包括一封他妻子的邮件，'我会提起离婚诉讼'——还公布了巴尔在魔兽世界的网名：sevrynsten。没错，他们把他线上线下的生活都毁了。"

就在科尔伯特说完这些玩笑话4天以后，巴尔辞去了他在HBGary联邦公司的职位。

自然地，黑客行动一小时过后，布朗就给巴尔打了个电话。他播放了一段对话录音给我听，他总是保留这些录音把它们当成战利品。对话到后面价值就不大了，大约10分钟的时候布朗冷冷地来了一句："看来，你们在安全会议上有的说了。"（HBGary之后决定退出会议。）

针对HBGary的黑客行动最终的结果不过是一场恶搞——是建立在他人痛苦上的欢笑，是那些不以道德卫士自居的匿名者唯一认可的动机——不过正是这次恶搞让匿名者得到了"震网"病毒的拷贝，因为防病毒公司迈克菲（McAfee）[①]的某人将它发到了巴尔的邮箱。而且，70,000封HBGary电邮（匿名者将它们发布在文件共享服务比特流[②]上）中藏有更重要的东西，有明显的证据显示，几家有权有势的公司在策划一个大范围的阴谋，一旦实现，结果可能就是犯罪。HBGary联邦，与另外两家和联邦政府签了合同的安全公司——Berico科技和Palantic科技一起，正在精心准备一份有利可图的宣传，以推动实施"数字化反间运动"，对付那些批评美国商会的人。何威（Hunton &Williams），这个在华盛顿特区有着良好人脉的法律事务所，同时是其客户美国银行的代表，也在招揽这份生意。被黑的邮件显示3家网络安全公司正在起草一份类似的提案，目标就是

① 迈克菲是全球最大的专业安全技术公司，总部位于加利福尼亚州的圣克拉拉市。——译者注。

② 比特流是一种内容分发协议，它采用高效的软件分发系统和点对点技术共享大体积文件，并使每个用户像网络重新分配结点那样提供上传服务。——译者注。

维基解密的支持者。这份提案是代表美国银行做出的，因为美国银行有理由相信它将成为该组织下一个泄密目标。

随着2月份临近尾声，《D杂志》即将付印，大约有12名民主党众议员呼吁对何威和其他3家网络安全公司展开调查，声称被黑的邮件看起来“揭露了一场运用破坏性技术对付商会批评者的阴谋”，包括“针对有言论自由的公民的潜在违法行为”。

“没错，我们的人违法了，”布朗说，“我们这么做的时候，我们是在进行非暴力反抗，我们这样做是合乎道德的。”

但是匿名者的成员都是匿名的。所以可能有些坏人在推波助澜。坏人会讲道德？

“我们不对人们做背景调查，”布朗回答，“匿名者里当然有坏家伙，他们可能在企业层面上做坏事，可能做一些平常的坏事。但是他们和我们在一起的时候，他们是在伸张正义。”

某个时刻他告诉我，他在试图“告诉这些孩子当个坏人并不是那么酷”。他几乎就是在开玩笑了。

可能吧。

迈克·伊斯科夫来达拉斯之前的周日下午，布雷特·布朗和我在亨德森大街“老和尚”酒吧的露台上吃早午餐。或者，更准确地说，是我在吃早午餐。布朗只点了咖啡和橙汁。他对女侍者很礼貌，每次她给他满上的时候，他都要说“请”和“谢谢”。他抽着烟，装束仍然是靴子加蓝色牛津服。天气好极了。

我们转到了关于未来的话题，以及他的前途。他并不喜欢讨论这个。他说他不喜欢做计划，“希特勒倒是一肚子计划”。

我们谈到了他未来是不是要找一份真正能谋生的工作。钱对他来说无足轻重，亲眼看着他父亲损失了那么多钱，他觉得金钱不过是昙花一现。不过他正在为一位洛杉矶的制片人提供含片疗法，他另一本书也快出版了。

我告诉他我很担心他吸毒和不停抽烟这两件事。我忍不住想教育他，我依然把他当成那个会听进几句好话、到处吐痰的16岁实习生。我把勒尔告诉我的话说给他听了，他要扩大影响，他要开始接触他人，以及他不能再使用海洛因了。总之就是这些话。

“可能听起来很蠢，”他说，“很多规则对我并不适用。我的海洛因成瘾和其他人非常不一样。”

他接下来就变得有点严肃了。“我现在做的每件事情都比以前要健康，”他说，“过去我自己卷烟，现在他们都有滤嘴了。我现在做这些鬼事情，我去圣路易斯自行车行慢跑，我和女孩约会，还要怎么样?”

（胡越　译）

找寻写作的“引路人”

威廉·金瑟（William Zinsser）

《美国学者》

最佳评论（数字媒体）奖

正值耄耋之年的知名作家威廉·金瑟携手《美国学者》网站，为周刊专栏撰写评论文章。其著作《如何才能妙笔生花》被奉为经典。金瑟对数字科技心存疑虑，他试图帮助学者在喧嚣嘈杂的网络世界中找到一方净土，但很快就发现如何让自己的作品焕发新时代的气息更加重要。2011年末金瑟不再为专栏供稿，可他之前发表的优秀作品为《美国学者》赢得“数字媒体类”国家杂志大奖立下了汗马功劳，这位老牌博客撰稿人的真知灼见也备受推崇。

写作是从模仿开始的，因此我们都需要一个写作的模板。当我们提到一个作家，并想模仿其写作风格时，我们总会感叹："我也想写成那样。"但是最好的模板也许来自与自己写作领域不同的男女作家。1974年，当我在撰写《如何才能妙笔生花》（*On Writing Well*）一书时，我就以一本与写作及英语这门语言均毫无关联的书籍作为模板。

最初我模仿的是《纽约先驱论坛报》《纽约时报》《纽约太阳报》的体育记者写的文章。其中《纽约太阳报》是棒球迷争相追捧的一份午报，我深深记得每当爸爸下班回到家，我都会第一时间从他的手臂中抽出报纸，迫不及待地看威尔·韦奇（Will Wedge）和W. C. 海因茨（W.C. Heinz）的最新见解。威尔·韦奇每天都会用不同的笔名（我最喜欢的笔名是"老童军"）发表3篇文章，W. C. 海因茨后来成为了万人敬仰的杂志记者和小说家。这些体育记者对我的影响就像是福克纳和海明威之于文学爱好者的意义，他们教会了我直抒胸臆却不乏温情的写作风格。我一直以这样的风格进行写作，直到青少年时期，我遇到了E. B. 怀特，是他开启了我另一段写作旅程。

怀特平实的写作风格透出温文尔雅的气质。他在《纽约客》周刊上发表的散文为人们的内心带来平和。他如同诗人一般，对节奏和韵律了如指掌，将美感发挥到极致；他也知道如何在句子中运用俚语或方言却又不影响文章整体给人的优雅感觉。我将他奉为一位睿智的长者，当他以朴实风趣的语言与我"交谈"时，我思忖着"可能我也能成为一位年轻的智者"。在接下来的20年里，我为风格独树一帜的《纽约先驱论坛报》和当时销量最好的杂志供稿，我延续了这种看似漫不经心，实则用心良苦的写作风格。我认为我将沿用这样的风格一直写下去。

1970年，我进入耶鲁大学教授纪实写作课程。在那期间，我几乎没有创作过新的作品，但我一直在思考如何帮助人们妙笔生花，通过文字表达热忱。教学并不是单纯沿袭文学巨匠的理论，而是亲自指导深受写作困扰的人，帮助他树立信心。

1974年的夏天，我向妻子抱怨灵感枯竭，她安慰道："你应该写一本教授如何写作的书。"她的建议着实令我大吃一惊，但细想之下倒也觉得可行，尝试将教学课程融进书本的想法是个不错的提议。但要写成哪种类型的书呢？当时最火的是E. B. 怀特和小威廉· 斯特伦克（William Strunk Jr.）合著的《文体指要》（*The Elements of Style*），这本书是怀特在康奈尔大学的英语教授斯特伦克在1919年撰写的，随后由怀特改进完善。我不禁担忧：怀特是对我影响最大的作家，我该如何超越他呢?

但是当我翻开怀特的著作，细细品读的时候，忧虑之情也逐渐褪去。这本书主要是告诫读者写作的要求和禁忌，书中并没有提及如何将这些写作原理融入形式多样的纪实写作之中。而我教授的大学课程恰恰讲的就是这些内容，我想出的书也将聚焦于此。我出书并不是为了和《文体指要》一较高下，而是对其进行补充。

想到这里我的写作框架也逐渐清晰明了，摆脱了斯文加利（专用催眠术控制人心，使其唯命是从的小说人物）的束缚，我顿感如梦初醒。我终于明白虽然E. B. 怀特是一位大师级的散文家，我也早该停止模仿他的写作风格，甚至放弃有朝一日成为另一位E. B. 怀特的念头。尽管我俩从未谋面，我们之间显然不尽相同：怀特是事件的被动旁观者，他的世界是《纽约客》的办公室、曼哈顿中部的自家公寓和缅因州的农场，三点一线，俨然从纷纷扰扰的尘世中"脱颖而出"；而我是怀揣冒险精神的参与者，不惜长途跋涉，只为探索变幻莫测的人和事。现在我从事教育行业，每一位学生都拓宽了我的视野。我将用自己的亲身经验，而非老师授课的口吻来撰写这本书。

我的书需要参考另一种写作模板，只要是我欣赏的思维方式，任何男女作家的作品我都来者不拒。我效仿的是作曲家亚历克·怀尔德（Alec Wilder）所著的《美国流行歌曲的伟大创新者，1900—1950》（*American Popular Song*：*The Great Innovators*，*1900—1950*），这本新鲜出炉的著作是我备感相见恨晚的珍品。每一位收藏家都希望寻觅到自己领域的《圣经》，怀尔德的新书对我弥足珍贵。我深深陶醉在这些优美动听的歌曲中，它们也荣登《经典美国歌曲集锦》。

怀尔德研究了数千首歌曲的乐谱，从中选择了300首开拓音乐新境界的标志性歌曲，分别出自杰罗姆·克恩（Jerome Kern）、哈罗德·阿伦（Harold Arlen）、乔治·格什温（George Gershwin）、欧文·柏林（Irving Berlin）这四位先锋作曲家之手。怀尔德在书中列举了乐曲的相关章节来佐证他的观点，并罗列出最具独创性和感人至深的乐句。但是令我感动不已的不只是怀尔德的博学多才，更是他倾注的满腔热情，仿佛他在书中呐喊："这只是我的个人观点——认同或是反对由你决定。"

因此我领会到自己将要动笔的教授写作的书籍可能也只是一家之言，认同或是反对都由读者决定。像怀尔德一样，我会引用心仪的纪实文学作家笔下的章节来证明我的观点。首先我要声明一点，书中的文字表达灵活多变，并不拘泥于刻板的规则限制，比如我会使用“你会看到”“不要忘记”之类的表述，仿佛直接和读者对话，带领他们一同回顾我的记者生涯的成长和感悟。

年逾半百，我终于找到了自己的写作风格，也清楚地认识到我梦想成为人们心目中朝气蓬勃、机智诙谐的专栏作家和评论家。可梦想终究没能照进现实，我成为了一名教师，教育是我事业的全部。无心插柳柳成荫，教育的熏陶促使我的风格、品格和性格融为一体。

写作的权利

因我长期教授回忆录写作课程，也常常撰写回忆录，所以人们总是问我知不知道又有新的回忆录出版了。这看似交流询问，实则是抱怨又一部糟糕的回忆录问世了。最近令他们愤恨不已的是《纽约时报》专职编辑尼尔·根茨林格（Neil Genzlinger）在书评专栏发表的一篇文章。

他的文章充斥着陈词滥调，毫无新意，类似的文章从15年前回忆录热潮爆发以来就屡见不鲜。这只是朋友们懊恼不已的原因之一。真正令他们怒火中烧的是根茨林格装腔作势的笔调，字里行间透出矫揉造作的气息。他写道：“很抱歉说得这么犀利”——我深表怀疑——“但是抵御洪水迫在眉睫，因为我们的树木已经所剩无几。”根茨林格借喻林业，批评回忆录泛滥成灾的严峻问题。

根茨林格在书评中讽刺3部回忆录是垃圾，他认为这些作品犯了写作大忌，“写作对象是你闻所未闻的人物，写作手法索然无味，乏善可陈，显然作者并没有意识到他们精心构思的起承转合竟如此司空见惯，也不知道有多少前辈早已写过……这就是回忆录菜鸟常常闹出的笑话……没人想要重蹈你的覆辙”。其言下之意是：别写你那愚蠢的回忆录，想都别想。

很抱歉说得这么犀利，我绝不认同剥夺他人撰写回忆录的权利。我们每一个人来到人世，就拥有写作的权利，在漫漫人生旅途中我们的所思所想、所感所为都渴望能够留下印记，这无疑是人类最深切的憧憬之一。回忆录面临的问题并不在于应不应该写平庸无奇的回忆录，而是应不应该出版。一旦要出版这些回忆录，校对审核是否过关才是问题的真正症结所在。《纽约时报》可以更加有效地使用版面，而不该浪费这么多“树”刊登这样一篇炒冷饭的诡辩，因为我们的“树”已经告急。

20世纪90年代中期，回忆录第一次声名狼藉。那时作家坚持宣扬社会普遍认可的谦逊品质，对羞于言表的行为和难以启齿的感受避而不谈。随后谈话节目诞生了，捅破了这层羞涩的窗户纸。一夜之间，任何记忆都没有高尚卑劣之分，任何家庭都没有和谐失调之差，电视、杂志和书籍都充斥着这些内容，目的只是取悦广大民众。回忆录成为了新的精神良药。每个人和他的家庭都在与酒精、毒品、百废待兴、虐待、疾病、年迈的父母、问题儿童、相互依附，以及其他新型综合征的抗争中备受煎熬，同时压抑的负面情绪都肆意发泄在父母、兄弟姐妹、老师、教练，及其他任何不幸误解他们的人身上。受害痛苦的内容成为了回忆录新的主题。

没有哪一位读者能够忍受声嘶力竭的叫嚣，所以这类回忆录很快就被人们抛诸脑后。历经大浪淘沙，得以流传至今的优秀作品无不传递出爱和宽恕的正能量。像弗兰克·麦考特〔《安吉拉的骨灰》（*Angela's Ashes*）〕、玛丽·卡尔〔《说谎者俱乐部》（*The Liars'Club*）〕、托拜厄斯·沃尔夫〔《这个男孩的生活》（*This Boy's Life*）〕、皮特·哈米尔〔《酒醉金迷》（*A Drinking Life*）〕和罗素·贝克〔《成长》（*Growing Up*）〕这些文学巨匠，他们一生坎坷艰辛，可却从困苦之中感悟出家庭破碎背后更伟大的真理。他们的文字并不是受害者的哭诉，字里行间都在诉说着，每个人都出自“淤泥”，我们得以幸存就应该肩负起描绘人生、活出精彩的责任。

每个人撰写回忆录的初衷不尽相同，很多时候并不是为了出版。比如给子孙后代留下你曾经的记忆，让他们看看自己都继承了哪些优良品质就是一个很好的原因。不妨以此开头：时光的飞逝总带给我们不断的惊喜。我想最悲哀的事情莫过于听到孩子们抱怨，“我真希望早些从母亲口中得知当年的故事”。

当从小到大生活的城镇或社区发生了翻天覆地的变化时，有心人会用回忆录记录下它们的原始风光。比如美国的一些退休老教师，翻看他们的作品，仿佛穿越时光，回到过去。在每个小镇的图书馆和历史学会，总会有些书架上堆放着这些随意写下的珍贵回忆录。

同时，写作也是有效的记忆搜寻的过程，连昂贵的精神分析都无法比拟。你一提起笔，潜意识里的点点滴滴都浮现在脑中，找回了那些早已遗忘的故人和故事。回首往事，回味记忆，乐亦无穷。

命运多舛，不幸、失败、病痛和意外不期而遇，此刻写作无疑是抚慰心灵最好的一剂良药。无论是接踵而至的又一轮手术，还是身患阿尔茨海默症的伴侣再一次犯病，写下这些悲惨的遭遇，文字的陪伴都会让你感觉不再孤单。

这类回忆录大多因文笔不佳而无法出版，或是生硬粗糙，或是自怜自哀，读者很难从中汲取有益的养分。但这并不影响你写作的自得其乐。别去担心你的挥毫泼墨会浪费那几棵树。

内容创作

我一直都在关注一个名为The Atavist的应用程序，该程序是“长篇新闻”（字数6000字以上）深度报道的网络乐土。曾经是美国纸媒点睛之笔的杂志，如今也难逃印刷媒体逐渐黯然失色的命运。

开创新闻报道形式的鼻祖——约瑟夫·米切尔（Joseph Mitchell），对我们这代记者影响深远。米切尔在《纽约客》上关于纽约海滨老前辈们的报道看似轻描淡写，实则别具匠心。我不禁感慨只有约瑟夫·米切尔才能写出这样的佳作。

战后时期涌现出一批颇具冒险精神的编辑，他们打破了米切尔规整的报道模板，开创了“新新闻”的全新报道形式。也就是作者化身自己笔下的演员，将已经发生的既定事实和自编自导自演的剧情巧妙融合在一起。

威利·莫里斯（Willie Morris）在《时尚芭莎》上全文刊登了诺曼·梅勒（Norman Mailer）的纪实小说《夜幕下的大军》（"Armies of the Night"），该书将诺曼·梅勒的写作风格发挥得淋漓尽致。无独有偶，《时尚先生》的编辑哈罗德·海斯（Harold Hayes）和克莱·费尔克（Clay Felker）从不束缚盖伊·塔利斯（Gay Talese）和汤姆·伍尔夫（Tom Wolfe）“走钢丝”般冒险的“新新闻”写作，至今都为人津津乐道。50年后，塔利斯的《弗兰克·西纳特拉感冒了》（"Frank Sinatra Has a Cold"）和伍尔夫的《令人振奋的兴奋剂实验》（"The Electric Kool--Aid Acid Test"）都成为了大学教科书上的传世经典。

虽然身处“新新闻”的黄金时代，以《纽约客》和《滚石》为代表的部分杂志却游离在外，长篇报道的记者意识到市场的萎缩，于是也开始寻找新的网络家园。The Atavist应运而生，布鲁克林的3个年轻人为记者们创建了一个新家。The Atavist发表的文章不仅没有字数限制，更融合视频、照片、音频、配乐和其他电子辅助功能，为读者提供沉浸式的阅读体验。3位创始人称其为“内容创作系统”。

内容创作？这不正是我们常说的“写作”吗？我一生都在进行内容创作。我常把搞笑逗趣的内容加工成一个个形象生动、妙趣横生的故事，这恐怕也是其他作家惯用的伎俩。狄更斯就是一个典范。以阿瑟·柯南·道尔（Arthur Conan

Doyle）、阿加莎·克里斯蒂（Agatha Christie）、雷蒙德·钱德勒（Raymond Chandler）为代表的优秀犯罪小说家们也同样如此。有人曾问埃尔莫尔·伦纳德（Elmore Leonard）是怎么让自己的小说读起来犹如行云流水般顺畅愉悦的，伦纳德一语道破内容创作的天机：“因为我从不多啰唆一句读者会跳过的内容。”

身为写作老师，我从不因为科技的飞速发展而烦恼，却因术语困扰不已。近年来我在哥伦比亚大学研究生院新闻学系教学，我发现学生的文章杂乱无章、惨不忍睹，可能是因为他们并不是来学“写作”的，所以也不用心。他们认为新闻学该学的是“新媒体”“数字媒体”“电子新闻学”“摄像”和其他魅力无穷的新技术。新闻学被贴上了各种花里胡哨的标签，导致学生都忘记了其本质是朴素的内容创作。他们的作业满是注释和引用，核心的故事却空洞无比。

这都是因为现在人们获取信息的方式被完全颠覆，听风就是雨，电视随意一瞥就是新闻，人们不再讲究写作的逻辑性和连贯性，前言不搭后语的现象比比皆是。当然我不是站在诺贝尔文学奖的高度高谈阔论，而是分析连最基本的讲故事都成问题的原因何在。学生的写作水平每况愈下，也反映出逻辑思维能力同步衰退。美国的每一位英语老师都和我一样，见证着这一令人痛心的过程。

虽然学生令我头疼不已，但我仍常常告诫他们，“身为一名记者，你终究要会讲故事”。我们每一个人也同样如此。讲故事是人类沟通交流最原始的方式，从穴居人的蛮荒时代步入现代文明的摇篮，引人入胜的故事不胜枚举。金凤花小姑娘小憩醒来发现床脚边出现了3只小熊。这是怎么一回事儿？故事接下去会怎么发展？我们总想知道答案。

作者们！请切记我们还等着揭小熊的故事呢。创作接下去的故事吧。

（沈逸　译）

鸭子录像带

乔尔·斯坦因（Joel Stein）

《时代》

入围专栏与评论奖

不管是尝试安东尼·韦纳（Anthony Weiner）[①]式的性感自拍，还是为成为美国家庭人寿保险公司下一个广告形象代言鸭试镜，或是纪念金·卡黛珊（Kim Kardashian）[②]的短命婚姻，乔尔·斯坦因都运用美国"国家杂志奖"评委所谓的"糊涂智慧"解构过度的流行文化。斯坦因是不是《时代》荣获"2012年度杂志奖"的原因之一呢？引用《时代》里的一句话，"以至高无上的权威与精神捕捉世界的骚乱"。评委们还提到："《时代》的独到之处在于别具一格的报道、强大的摄影技术、睿智的评析、经典的构思和些许幽默。"仅仅是些许？斯坦因"伟大专栏"的读者或许不以为然。

---

① 安东尼·韦纳，美国众议员、纽约州民主党人，美国"艳照门"事件男主角。2011年6月8日被爆出丑闻，他利用社交网站"推特"将自己的不雅照传送给一名21岁的女大学生，韦纳最初声称他的邮箱账户被黑客攻击，但最终承认他在网上认识一些女性，并向不止一名女性发送了这些照片。一个星期后韦纳辞职。——译者注。

② 金·卡戴珊，美国娱乐界名媛、著名服装设计师、演员、企业家。金·卡戴珊是著名的O.J.辛普森案中已故律师罗伯特·卡戴珊的女儿。2007年因为"性爱录影带"事件而爆红。——译者注。

我走路不像鸭子，说话也不像鸭子，不过如果美国家庭人寿保险公司来电，我会叫起来像只鸭子。

同大多数人一样，我渴望成为全球偶像。可惜很不幸，我的书《教你成为全球偶像》于1950年出版，那个年代你在《时代》杂志写专栏就能出名。现在获得名气变得更简单了——参加"美国偶像"①选秀、给惊讶的小猫拍视频、做一名名副其实的家庭主妇，但这些也是需要努力的。我又发现，在代言鸭子的公关灾难②以后，大型跨国公司美国家庭人寿保险公司（Aflac）在寻找其他人为其广告中的鸭子配音。我只需要鸭子般嘎嘎叫出公司的名字，全美国人民就得每小时从电视上听到我一次。没有什么比代言大公司更有影响力的了。诚然，做一名政客或电影明星会使人获得极大的满足感，但是你能马上清晰地描述出哪个贵族文化名人呢？是托马斯·伍德罗·威尔逊（Thomas Woodrow Wilson）、玛格丽特·杜蒙（Margaret Dumont）还是花生先生③（Mr.Peanut)?

我来到加利福尼亚州圣塔莫尼卡市的一个前期制作室，同一个名叫安妮塔·冈萨雷斯（Anita Ganzales）的应征者一起坐在走廊上，她也是11,200名应征者之一。两周苦练下来，搞得冈萨雷斯嗓子痛。她戴着一顶棒球帽，帽子上贴着一只毛茸茸的鸭子。她还有一个影集，里面是她家院子里各种鸭子的照片。在副导演凯特·恩格伦（Kate Enggren）告诉我们题目之前，我就觉得这些有点太过疯狂了——她让我们在脑海中构思一个关于鸭子的故事，但不能告诉任何人，然后通过学鸭子叫的方式表演出来。我的思维一直停留在她说的"不能告诉任何人"上面。

---

① 《美国偶像》（"American Idol"），原型是英国电视节目《流行偶像》（"Pop Idol"）。2001年英国电视台推出选秀鼻祖节目《流行偶像》，首届落幕便挖掘出了3名歌坛优质偶像：威尔·扬（Will Young）、葛瑞·盖斯（Gareth Gates）和达拉斯（Darius），一时间偶像旋风席卷全球。FOX广播公司慧眼识珠，以7000多万美元买下节目版权并加以适当改编，从2002年起每年主办一届，目的是发掘新一代的美国歌手，获得当季冠军的选手即为该年度的美国偶像，能获得一纸价值百万美元的唱片合约。——译者注。

② 该公关灾难是指，为代言美国家庭人寿保险公司（Aflac）的鸭子配音的演员因为在推特网上拿日本地震和海啸开玩笑被解雇。之后，该保险公司就推出新配音演员的公开选拔活动，并通过视频和音频的方式在网络上直播，所以，观众看到了很可笑的场景——候选人陆续走进录音房间并学鸭叫。有趣的形式招来成千上万的人前来参加选拔。——译者注。

③ 托马斯·伍德罗·威尔逊，美国第28任总统；玛格丽特·杜蒙，美国演员；花生先生是指风靡全球的绅士牌坚果系列食品的形象。绅士牌坚果系列1906年由意大利移民Amedeo Obici所创立，花生先生的形象则于1916年面世，现时所见的花生先生为第三代形象。2000年被卡夫食品收购。——译者注。

为了知道冈萨雷斯的故事，我不惜对她使用了记者惯用的文字伎俩，包括直接问她故事是什么。她说："这是一个鸭妈妈找鸭宝宝的故事。"我不是一个心理学家，但了解她的影集、帽子和故事后，我十分确信她触动了我。我从显示屏上看了一部分她的试镜，透过两层墙壁我听完了整个故事。她听上去像极了一只鸭子，同时又有点像正在受水刑折磨的罗西妮·巴尔（Roseanne Barr）[①]。我决定采取一种不同的方式来讲故事。我的故事是一只鸭子发现印刷业已到垂垂暮年，不得不作践自己，一遍遍地发出像人类一样的巨大噪声，最终它受邀在公司鸡尾酒虾自助餐会上发出这一噪声。

我走进一个房间，并在里面录了像。其实这对于美国家庭人寿保险公司的决策程序来说多此一举，特别是想到这只鸭子之前一直都是由与阿什顿·库彻（Ashton Kutcher）[②]气质截然相反的吉尔伯特·高特弗雷德（Gilbert Gottfried）扮演。表演老师詹姆斯·里斯（James Reese）让我抓住鸭子的特征，然后说"Aflac"。我照做了，但是里斯并不满意，他告诉我："开心一点，别那么白兰度[③]。"我在表演的时候的确很白兰度。

然后恩格伦让我"弄点好玩的把戏"。我表演了尼克松版鸭子和基辛格版鸭子讲话，却因此两遍都把"Aflac"说错了，联邦通信委员会听到了估计要来罚我款了。最后里斯让我假装在自助餐会中穿梭，然后用我最大的音量学鸭子叫，这个绝对不在话下。那一刻，我不仅仅在假扮一只鸭子，而且在扮演一只鸭子的时候脑海里也正在想着那只鸭子。录音师说我是他一天中看到的最好的一个。至于摄像师怎么想我就不管了。

我很兴奋是因为尽管每条广告的酬劳只有445.3美元，但加上重演版权费[④]，全年加起来就能达到6位数。我打电话给了美国家庭人寿保险公司总裁丹尼尔·阿莫斯（Daniel Amos），这家大公司跟鸭子密切相关。但是似乎那些商业广告并不

① 罗西妮·巴尔，美国演员，她的成名之作是非正常家庭情景喜剧《罗珊娜家庭生活》，她在里面为女一号。——译者注。

② 阿什顿·库彻，美国好莱坞著名演员、制作人。主要电影作品有：《蝴蝶效应》《新婚告急》《整编特工》《乔布斯》等。——译者注。

③ 马龙·白兰度（Marlon Brando，1924—2004），美国好莱坞影坛巨星，20世纪最伟大、最富有传奇色彩的演员之一。出演影片有《男儿本色》《欲望号街车》《萨巴达万岁》《恺撒大帝》《码头风云》《教父》等经典之作。他塑造的形象硬朗、不羁、放荡，游离于主流群体之外。——译者注。

④ 重演版权费（residuals），电视广告片、电视片等每次重映时给演员和作者的报酬。——译者注。

如预期效果好。

阿莫斯没有看我的样片，但他对我说“听说一切进行得很顺利”。我警告他我是一个有时为了出名胆大妄为、不考虑立场的专栏作家，因为我知道高特弗雷德被辞退就是因为在推特上调侃日本地震。这是非常敏感的事情，因为贵公司75%的业务在日本。阿莫斯承诺：“我们会和你合作。”我发誓只会冒犯穷到买不起他们公司任何产品的国家。

然后我让阿莫斯给我学鸭子叫。他听起来还不错，像一只很富有的鸭子，暴饮暴食把自己的肝脏都吃了。这是11,200个人渴望发出的声音。我觉得原因并非经济形势不好，而是因为脸谱、推特、视频网站使我们越来越渴望受到更多人的关注，是因为人们期盼的名声大众化并没有实现。

然而，其他11,199个人都忘记了，如果不是高特弗雷德开了一个无礼的玩笑，没有人知道他就是美国家庭人寿保险公司的代言鸭。这是我坚守这份工作的原因。除非他们开始为新的“詹米玛大婶”选角，否则我确信我可以通过这一角色名声大噪。

不再对卡戴珊幸灾乐祸

我明白名人婚姻有多不易，因为我就身处其中——我娶了乔尔·施坦因[①]的老婆。我也知道当公众发现我婚姻私生活细节时会多伤害我们，其实我一把这些写出来人们几乎就会马上知晓。我很同情金·卡戴珊，因为我们都在E！娱乐频道出现过，都为同一个公司设计香水，都制作了性爱录影带，只不过她的里面还多了一个人。

金已经申请与职业篮球运动员克里斯·亨弗里斯（Kris Humphries）离婚，对此我深表同情。要取笑她真是易如反掌，比他们72天婚姻还要长的东西可以列一个清单了：莎拉·杰西卡·帕克（Sarah Jessica Parker）[②]的脸，恐怖电影中黑人的寿命，万圣节凯西·安东尼（Casey Anthony）[③]家门前“不给糖就捣乱”的队伍。

---

① 乔尔·施坦因，美国记者，为《洛杉矶时报》及《时代》供稿。——译者注。

② 莎拉·杰西卡·帕克，好莱坞女明星，因出演热门电视剧集《欲望都市》，连续3年赢得金球奖电视剧类最佳女主角奖及艾美奖的肯定。——译者注。

③ 凯西·安东尼，美国佛罗里达州人，2008年轰动全美的“凯西杀女案”主犯。——译者注。

之所以这样说是因为我在推特网上输入“比金婚姻更长的东西”就看到这些笑话了。

本人的名人婚姻持续时间是卡戴珊的近50倍，不过我们折腾得够久，所以知道事情多久会变糟。就在他们分手26天前，金和克里斯还在《艾伦秀》[①]上重温了他们的誓言；分手两天前金还盛装打扮，在纽约一俱乐部的万圣节派对上跟其他人一样欢快地舞蹈，放荡本性表露无遗；之后，在她递交离婚协议书的前几个小时，她在推特网上记录下了自己的悲伤：“我们的商店#KardashianKhaos#明天早上9点在拉斯维加斯梦幻金殿大酒店开门营业。我们太激动啦！！Kardashian Khaos来啦!”

如果因为这对小夫妻的婚姻没长过他们床垫的试用期而责怪他们就大错特错了。我们创造出了一种婚礼文化，婚姻没有婚礼重要，婚礼没有拉斯维加斯单身女郎派对重要，单身女郎派对没有“脸谱”上的派对照片重要。我们读《人物》[②]杂志，花钱看E！娱乐频道的特别节目《金的童话婚礼》，因为我们是仍旧迷恋于公主梦的成年人。当然大家心里都明白，作为一个直男，我用“我们”只是为了表示友好。

接下来我们先撇开金和克里斯的婚礼不谈，来看看婚姻中的日常生活吧，不过在看过了他们几百万美元的婚礼之后，婚姻生活听起来一定单调沉闷。与婚礼不同，婚后生活中，他们要和认识的人一起用餐。如果在一起更久一些，他们可能要开始为婚礼礼物写感谢信了。

我可爱的老婆卡桑德拉想逃跑，因为她明白最重要的环节不是婚礼而是蜜月。愚蠢的我反对这一想法，因为我被洗脑了，觉得如果错过了婚礼，就像错过毕业舞会一样，会抱憾终生。我还想着如果我老婆在她最亲爱的家人和朋友面前向我做出了承诺，那72天之后她就不好意思离开我了。

事实上金是很负责的，趁着还没有孩子，还没对丈夫产生情感依附便早早离

---

① 《艾伦秀》（“The Ellen DeGeneres Show”）是美国CBS电视台的一档热门脱口秀，主持人Ellen DeGeneres以其轻松诙谐的主持风格备受青睐。——译者注。

② *People*是时代华纳媒体集团旗下杂志。自从1974年创刊以来，《人物》杂志已经成为美国文化的一部分。每个星期，《人物》都会以图文并茂的方式报道名人和普通人的故事。《人物》杂志最初的创办宗旨就是讲述平凡人的不凡故事，但除了报道普通人，也报道明星，每期杂志的封面人物都是读者希望获得更多了解的人。——译者注。

了婚。而且她离得很漂亮：在她递交离婚协议书当天的新闻发布会上，她说了一些丈夫的好话，甚至把他的名字说对了。“我觉得金不应该为结婚或者离婚感到尴尬或羞耻。”史黛西·莫里森（Stacy Morrison）说，“她该难为情的是她的婚礼。她把本该留在古代的头盔带了回来。”史黛西是婚姻和名人方面的专家，她曾是《新娘》（*Modern Bride*）杂志的编辑，是《分崩离析：一位乐天派的离婚地狱之旅》[①]的作者，也是我的编辑。

所以我希望金不要介意大家略微的那些幸灾乐祸，因为她职业生涯一直是完美无憾的。我希望她明白我们喜欢名人超短的婚姻，因为我们会在心底里疑惑，他们是否已经找到更好的生活方式了。他们跳过了麻烦环节。他们的生活里都是蜜月，没有婚姻。我之所以能够写这句话，是因为结婚近10年后，卡桑德拉对我已兴致索然，都不再阅读我的专栏了。

我对婚姻马马虎虎，觉得第71天一切顺利，就会有第73天。惭愧地说，我都不完全确定我们现在是第多少天了。不过多亏了金做榜样，我以后要更加小心翼翼，不要让婚姻走向亲情，变得毫无激情。我准备问问卡桑德拉想不想雇个人给她做晒黑喷雾，留些独处时间对着摄影机说说话或者所有的时间都拿来陪父母和兄弟姐妹。我要让她相信，男人都喜欢大屁股。如果这些都做得恰到好处，我想她可能会让我把摄影机拿出来用，那我会立马摄制我自己的真人秀。

（徐英杰　译）

① 英文原文为"Falling Apart in One Piece: One Optimist's Journey Through the Hell of Divorce"。——译者注。

霍河之窗

凯伦·罗素（Karen Russell）

《西洋镜：小说纵览》

最佳小说奖

“光芒万丈”——美国“国家杂志奖”的评委如此赞誉短篇小说《霍河之窗》。小说讲述了一个11岁男孩骑行高草大草原的故事，亦是美国西进移民拓荒西部、恶境求存的骇人寓言。《霍河之窗》发表于《西洋镜：小说纵览》之时，作者凯伦·罗素年届而立，其另一部在2011年广受好评的小说《鳄鱼女孩》最早也是以短篇的形式刊于该杂志。《西洋镜：小说纵览》杂志由弗朗西斯·福特·科波拉自1997年创刊以来，已八次入围并于2001年首次荣获“国家杂志奖”之“最佳小说类奖”。

“快，备马，迈尔斯！”乔纳斯·齐格纳先生叫道。他原来是蓝水槽齐格纳家的男人，现在是高草大草原的拓荒者，将来会是内布拉斯加州上160英亩土地的拥有者。大多数情况下，我被允许叫他“父亲”。

“去看看你妈妈有没有把窗子准备好。巡查官今晚就到。这会儿他已经在火车上了，你能想象吗?”

紧张兴奋在我体内流窜，要是我有尾巴，一准摇了起来。不出一个钟头，我就得动身上路，策马疾驰而去——因为要是这独眼龙巡查官真在碧彩丝的铁路支线下了车，他雇辆驿站马车，1点钟前后就会在来霍克斯河定居点的半路上了，说不定傍晚就能到我家农场！我想，哪怕耶稣本尊驾到也不见得会比巡查官来更轰动。耶稣来了只怕要大吃一惊，这儿干土旱地的可没有水能让他在水上漂的[①]。

“听好了，迈尔斯，”爸爸继续说，“你哥来了——”

没错，彼得穿过冬麦折射的金光，正洋洋得意迈步走来。今年的麦子稀稀拉拉，谈不上收成，一绺绺从土里钻出来，就像爸爸头上疏朗朗的金发。我父亲有“拓荒者伤疤”，棕色的手掌皮上刻着一块肉粉色星星形状的疤，是常年握犁耙柄烙下的印；彼得也有一块，指节后面磨破了皮，红肿着怎么也愈合不了。所以不必说，待我长成了男子汉，自然也会有一块。（如今的我还只是齐家小崽，年纪11，来西部不过五年。虽说我长胡子的速度还没有乔纳斯先生从田里变出麦子的速度快，可我擅骑术。）

爹跪低身，把两只沾满尘土的手搭到我肩上。“你哥是来了，可我想派你去，让你去帮助我们那些邻居。儿子，就是你。我信任你在马上的本事。我知道你会把那窗子当性命一样来保护。”

“我会的，先生。”

“我刚从巴德·史迪克赛尔那得到消息——你有两站目的地。巡查官要去两家，先是弗洛理森特家，再是史迪克赛尔家。上天保佑，希望他会照这个顺序来吧，因为他要是决定先去史迪克赛尔家,那……”

我打了个哆嗦，点点头，想象着史迪克赛尔一家窝在土洞屋里不知所措的倒霉样子。

“史迪克赛尔家连玻璃渣子都没有，你可不能让他们失望，迈尔斯。”

① 《圣经》的4卷福音书中均有记载耶稣在水上行走、救门徒于暴风雨之中的神迹。——译者注。

“我知道，爸爸。”

“还有，一旦他家通过验收，你知道怎么做不?”

“嗯爸爸，那样的话我就——”

“就把窗子收回来，捆进麻袋里头。叫巴德老婆帮忙。然后你把巡查官的脚搁到马镫子上，带来咱家门前。”

“可如果巡查官撞见我从史迪克赛尔先生那儿拿回窗子，咋办？要是他发现我们骗他，会不会收回史家的地?”

爸爸紧紧盯着我看，我听得见他脑瓜里齿轮转动的咔咔声。“你想变成男子汉，是不是，迈尔斯?”

“是的，先生。很想。”

“那就动动脑筋，儿子。耍耍花招。我可啥也想不出来。”

时间越发紧迫。我感到它在我胸腔里加速，和我怦怦的心跳律动一致。一群崖燕从屋前的草垄飞起，我的目光也随之投入灰蒙蒙的天色里。

“嗨，”彼得从身后走来，一把将我的头圈进胳膊——他臭臭的，浑身汗酸味儿，精瘦得皮包骨，“忙活啥呢?”

于是爸爸又解释了一通，说明天日头升起之时，这地就名正言顺归我们了。彼得咧嘴笑了，笑容和父亲的一样英俊，一样张大了嘴露出一排牙。我也笑了，和他们一样的笑法，父子三人像在照镜子。

“明天吗?”

“说不定今晚。”

他们身后，妈妈从我家的土洞屋里钻了出来，她穿着件蓝裙子。见我们仨凑在一块儿，她便顺着扬尘的犁沟跑来，仿佛一滴滚落的眼泪——我想，妈妈是甘愿化作水的，只要她能的话。

从9月7日起，这片土地上就没落过雨。那天午夜我们得了半英寸的雨水，天一蒙蒙亮爸爸就下地去播麦种。播下去的种子后来大多在地里烤熟了，而长出来的那几株也都只有可怜的两三片叶子。上个礼拜麦秆子都被烤得发白了，泛起成片的白光。“水！”爸爸冲着天空那张蓝色巨嘴咆哮——这张嘴是那么远以至于对爸爸的拳头完全无动于衷。

爸爸咕哝着，说这鬼天气早晚会把我们烤瘪，变成火种。自降下那场最后的甘霖起，爸爸天天不停息地犁火障，每每累到站不牢了才停。此刻，妈妈疯了似的冲着那些颤颤的麦秆子叨叨起来，好像它们是她口渴的孩子。我哥假装没听见她说话。

“验收日，”爸爸在妈妈靠近时朝她嚷道，声音低沉，“他上火车了。”

“巡查官吗？谁说的？谁又自以为要通过验收了？”

“巴德说的。我们都这么以为，丹尼尔·弗洛理森特，巴德，还有我们齐家。”

爸爸凑近妈妈，像是要去亲她，同她讲起了悄悄话。可妈妈从他嘴边撇过了耳朵。

“别！咋的，你疯了吗，乔？巡查官是谣言，烟雾一样虚的东西！我给你保证，是不会有这么个人来这儿的。到底要等多久你才会相信？10年？什么？你还想冒险让——”她朝我看过来，声音低了下去。

齐格纳农庄静下来了，爸爸一声雷鸣般的咆哮撕破了这寂静：

“你这个靠不住的女人！你怎么能这么说，我们在这住了5年了！安了家，熬过了干旱、冰雹，熬过了蝗灾，薇拉——”

彼得在一边点头。我只得踮着脚绕出一家四口围成的半月形圈子，往畜棚去。给诺尔套马具的时候，我听到妈妈还在念叨个不停：“哼，我可没聋，我听见你给孩子扯谎，说什么‘千真万确’。”

“巴德·史迪克赛尔不是骗子。”我安抚着诺尔哆嗦的马屁股，“别害怕。妈妈她发疯了。我们会找到巡查官的。”

好几户西来的移民撤的撤，死的死，如今史迪克赛尔家成了咱家最近的邻居。他家的农庄在18英里外。巴德原先在俄亥俄州赛尔蒙那儿的农场打零工，后来在1872年的时候来到了这，与我家是同年移来的。这个巴德离通过验收、领到土地真不过只差了一口气。1. 巴德申领了一块湖边的地产。2. 地里盖了间棚屋，10英尺长20英尺宽。 3. 他在这里已经住满五年，挺过了四个明晃晃灼人的旱季——“上帝的雨去哪了？”史迪克赛尔夫人同我娘嘀咕。4. 他还种了60英亩翠绿的苜蓿，养了两个漂亮女儿和30只讨人嫌的火鸡，那鸡头一个个红通通的像是被蚊子叮过抓挠过的肿块，招人厌恶。《宅地法》上的每项要求他们史家都达到了，唯独最后一条没头没脑的规定——拥有一扇玻璃窗——还使命未达。我父亲管这规定里的窗子叫“官老爷墙上的亮晶晶”。

再往南去，新铺的铁路线上来来往往的货车里，多的是铁丝、水晶灯和裁好的墙面板。可在霍克斯河定居点，一块铅玻璃窗还是样稀罕物，几乎比此地的雨水还少见。尽管如此，来霍克斯河定居的家家户户都在自家土屋的墙上留了方的圆的各种洞，留给将来安窗用。有的人家用蜡纸糊住墙上的开口，史迪克赛尔家则挂了一张上过油的水牛皮。一次我在他家过夜，这水牛皮帘子被风刮了一夜，好像它试图同我讲话：啪啦啪啦啪啦啦。

“我知道你不属于这里，”我回道——我同情它，“可他们并没有玻璃窗来填这个空。这片蓝灰的高草海里，只有一个窗子，那是属于我们齐家的。”

“听着，迈尔斯，”爸爸妈妈再三叮嘱我，语气和他们诵读《圣经》时一样，“你要知道，这扇窗子是注定造福这里每个移民的。我们只是它的管家。”老早前，爸爸就给它取名为“霍河之窗”，发誓会借给每个需要它的人。（我有时想，爸爸妈妈是指望我唤起他们的善心，好提醒自己不忘诺言。这就像我和动物说话，对着拉玛和诺尔说，也是为了撇去贪念——有谁不想用霍河之窗集齐草原上片片梦幻的紫光？）爸爸说通过验收前，我们家的墙也不能安上这窗子，因为它太过珍贵，太过脆弱。所以我们当它是钻石一样藏在土屋里。

我家住在草坡上挖出的一个土洞里——为这我已经写了三封信给我那远在宾夕法尼亚蓝水槽的斗鸡眼堂兄贝利，一遍遍描述我的新家，无奈他怎么也搞不清状况。堂兄贝利数数要用手指头，一次他问我天堂里长着翅膀的天使是吃鸟食还是吃巧克力派这样的“人食”；土洞屋子的概念完全击败了他的智商。他再三写信来问卧室、房门、衣橱和阁楼的情况。“不是这样的，贝利，我们全家住在同一个房间，”我不耐烦地回信，“是一个泥巴做的土球。草原上没有足够的木材来做墙壁，所以我们直接从草地里挖了进去。我们住的是一个洞穴。”

“是一个坟墓。”彼得说，他这个玩笑我一丁点也不喜欢。这儿是我们的家，尽管看起来确实就像是泥地打了个饱嗝豁拉出来的。地板是土，屋顶还是土，被内布拉斯加的红太阳烤得又干又硬的土——但要是往后老天还准备下雨的话，吸进泥里的雨水又会一连几日成片地浇下来，劈头盖脸。野李树干支起的床架上铺着块床垫，炉灶头上母亲用她母亲传下来的、起了球的亚麻桌布罩着，要不然蜥蜴、田鼠、鼹鼠、黄蜘蛛之流就大珠小珠落玉盘，掉进食物里。（虽然妈妈总恨恨地说这回要再上了丰收的当，地里还是没收成的话，就索性掀了桌布，叫那些龌龊东西统统掉进汤里：“麦子一点没长高呢，乔，家里的两小子在长个，要吃肉才行。”）

爸爸、彼得和我一起掘出了我们家的土屋。爸爸拿开荒犁凿出6英寸见方的厚土块——当地人戏称为内布拉斯加大理石，用来垒墙，每铺三层错开一点，弄成斜纹理。到了夏天，屋里热得出奇，好像全世界都在这儿呼气。我们还掘了个土畜棚给马队、猪群和拉玛用。拉玛是头怕热的赫尔福德牛，它的侧腹通红通红，像是有人朝它泼了一桶滚烫的染料，上面还有一道闪电花纹。拉玛嚼泔食的时候带着远古的错愕神情，大白脸上瞪出来的一对眼睛十分哀怨。说真的，它的眼睛倒和妈妈的有几分像。

我的马儿是诺尔，这匹小母马从两岁起就是我的坐骑了。它通身乌黑，性子沉郁，与父亲的马队格格不入。一跨上诺尔的背，就再没人比我更高大威武，比彼得整整高出一摞松饼那么多来。我给诺尔安上马鞍，讲了讲我们这天的行程，听到"巡查官"这个词的时候它两只耳朵耷拉了下来。

畜栏后面，爸爸像摇玩偶似的把妈妈前前后后一通摇晃。

"说他是谣言，啊？就算是，那我死活也要从谣言的袖口管里给他挤出两只手来。巡查官是真实的，我们齐格纳家也是。明天日出之时我们就有了家园，只要你振作起来，把你的信仰捡起来。信仰，大小和啥一样来着——去他的。一粒什么种子大小的信仰。能移山。《圣经》里说的是什么种子，薇拉？苹果种子还是南瓜种子？"

"乔，是芥菜种子。耶和华可用不着烤馅饼。"妈妈的声音是颤抖的，跟着身子在一起摇晃。"迈尔斯才11岁，"她慢慢说道，"史迪克赛尔家，连你都要骑半天才到……"

爸爸望向我，我避开了目光，心下盼他能一把摇走妈妈的疯癫。我只等跨马上路了。

妈妈从不对我嚷嚷。可最近她的声音怪吓人的，连她乐呵着在自家井边哼个小曲，也别扭得很。那种嘶哑，听来就好像是泥土自己在用沙子漱口。倒不是病了，若要说她得了病，那其他人也都半斤八两好不到哪儿去——都是因为这沙尘。妈妈总在哥和我跟前故意捏起嗓子，想要憋出点轻快的语调。她的眼睛发黄，凹陷得很厉害，说话每发一个长音，肋骨就在裙子里起起伏伏。这两年来她再没胖过。

我是齐格纳家最后一个出生在宾夕法尼亚的孩子。出生在霍克斯河这里的3个女孩，埋葬在伽玛草丛下的一小片地里，就在我家60英亩麦田边上。除了7月里的蓟草和大朵的向日葵，埋她们的那方地上再没长过什么别的东西。妈妈不允许别的东西长上去。她认定要是我们一直待在蓝水槽，她的3个女儿就能活下去。鼻子高高的，眼睛蓝蓝的——"像你一样，迈尔斯。"个子高高的，身板细细的，和妈妈家里的女人们一样。这也是我想象中3个妹妹的样子。她们越长越高，白皙的大长腿交缠着，直向月亮伸去，像一把把麦子做的剑。她们在夜间抽芽拔节。有几个夜晚天热滞闷，我热醒了，透过厨房的窗洞，看见妈妈跪在那坟地上除草，三姐妹就在她身后摇摆。她们盯着我看，容颜有着百岁的沧桑。她们清楚自己失去了做女孩的机会。中间那个妹妹对着我笑，她的白牙发光，比铁耙子还闪亮，她还冲我招招手。不晓得她知不知道我是她哥哥。

血红的晨光降临，妈妈在灶头忙活，窜动的火苗映照着她的脸。我并不敢问她究竟我看到的是不是梦。

看见妹妹这事自然也不可说给爸爸和彼得听，诺尔也不行——它是匹马，受不得半点惊。最近我祷告的时候也没提这事儿，要是说了，上帝在天堂告诉妹妹说我很怕见到她们怎么办？我有时讲给猪听，平安夜的时候它横竖要被宰掉的。

"我不会有事的，妈妈。"

"他不会有事的。"

"乔!"

"那你想让我叫彼得去吗？"爸爸冷冷说道。

"哎，乔，他不能去。你晓得的。"妈妈咬住嘴唇，像拉玛一样。

我哥不大对劲。他靠不住。几个礼拜前，乌云没来得及落下一滴雨就又飘散开去的时候，我哥消失了整整3天。骑马回来的时候，他的双手是湿的。"不是我的血。"他向爸爸保证。妈妈让我走了4里路去打井水，可再下个礼拜三才是我们家的大洗之日呢。而且每次用水我们兄弟俩还是排在末尾的——留好喝的水、烧饭的水、地里用的水之后，才轮得到我们洗澡。

彼得16岁了，可那天晚上他像个孩子似的乖乖任妈妈给他抹掉身上的黑血；我呢，更是差点像孩子似的哭出来，因为水槽里珍贵的清水被彼得溅出了许多。

我有点怕彼得。

"那我去。"爸爸身子朝后一缩，像条毒蛇昂了起来，张开金色的兜帽。我闭上眼睛，看见畜棚的土墙角边那悸动的蛇影：蛇头跟着某种旋律摇窜，嘶嘶喷溅毒液。四周明明寂静一片，可我却听见了它咯咯作响的躁动。

"乔。"

"甭说了，宝贝，你没错。彼得不可以去，我们也不能让迈尔斯冒这个险——那谁去呢？要么我去，要么我们白白丢了机会。通不过验收，就别想得到那块埋着我们女儿的地。"

妈妈走去取窗子。

我们夜夜祷告，祈求霍克斯的家家户户都能通过验收，墙上挂起土地局颁的地契。本来，妈妈那张紫红色的书签位置以天气为转移，不同的天气夹在《圣经》的不同章节。可过去一年半来，它常驻第68篇赞美诗第9行所在的那一页。那页上面，妈妈说，天确确实实下雨了。

透过土屋的窗洞，我看见重重光影里妈妈弯着腰。尘土在地面上打圈飞旋，像是小小的尘暴，刮擦着她的脚踝。她俯着身背对着窗，背上是一排凸起的脊椎骨头。妈妈今年31，但这块土地给她画上了太多沧桑。她成天在土洞里钻进钻出，打扫本就是尘土做的地板，擦洗餐盘——日复一日盘子早已磨得光滑如卵石，抖落地毯上的尘泥。此刻妈妈犟犟地哼着小调，对着搁在腿上的窗子，不肯抬头。她把发辫的末端舔湿，拧成光滑的一股，轻轻掸拂着窗子表面，像水彩画家在作画似的。这扇玻璃窗现在是我家唯一一样干净的东西，它的大小和挂画差不多，四周是一圈一英寸宽的彩色玻璃。外圈包着的两条槽形铅条，分别呈橙色和宝石蓝色。可在我眼里，当中的玻璃窗板才是它的最美所在——那般澄澈透明。

妈妈拿碎地毯布和粗麻布裹好它，“再见，迈尔斯”，随后她同我简单道别。

我们把我的货绑到马的侧腹，用半打绳子绕成一个结套到马鞍上。爸爸把我的腿拗出一个扭曲的角度夹住窗子，警告我身子的重量不许压上去，窗子旁边也不能压。我已经蠢蠢欲动，等不及要体验马儿携玻璃窗飞驰的那份刺激。随后爸爸交给我一个信封，像刚才对妈妈那样对我咬耳朵道：“一点小贿赂。”他说，“告诉巡查官，齐格纳家里还有更多在等他。”

“好吧。”我皱皱眉，“真有吗?”

爸爸猛一捶诺尔的屁股。

骑至农场围栏处，我忽然生出一点不安。“爸爸！如果他们不肯还我们咋办？”我叫喊道，“史迪克赛尔家——万一他们不肯还咋办?”

“那你就得快逃，因为这样的人不会是我们的邻居。他们肯定是怪兽，伪装成了史迪克赛尔家的人。不过你逃跑前一定要抢回窗子。”

我也许也应该问他，如果妈妈离开我们了咋办？如果彼得一直好不起来又咋办?

驾着诺尔缓缓绕过那棵橡树——方圆几里草原上唯一的树——的时候，我没有回头看。风儿吹着我们向前，扫下树上最后几片残叶，像雨一样飘落在我们身边。10月的云朵忽闪着，是马蹄形的。我俯身躲开树枝，伸手去触碰垂得最低的那条，以求好运。转身向父亲致意的时候，我看到他和母亲一起在僵枯的麦丛里轻轻摇摆，像是在舞蹈。父亲的大手紧紧揽住母亲瘦弱的腰，母亲把脸埋在父亲的脖子里，她的黑发瀑布般散落下来，盖过父亲衣服上成片的泥垢。直到后来我才意识到，妈妈其实是在哭泣。

＊ ＊ ＊

我们在内布拉斯加遇到的第一户地主便是亨利·尤瑟斯家。5年前，那时我们才搬来霍克斯河定居点不过几个礼拜，就去参加了他家的野餐会——尤瑟斯太太命名为“狂欢一小时”。我们去晚了，不过正赶上巡查官。当时的我是个小鬼头，一切都还记忆犹新：炽热的落日、鲜红的麦子——尤家为了验收割来的，茫茫草海里鲸背形凸起的土洞屋子，还有尤瑟斯先生——封了土地的新王。

“他做到了。”爸爸吹起口哨欢呼道。

“哦天主啊，你俩一定如胶似漆。”妈妈同尤瑟斯太太打趣道，不过她声音很轻，因为她们身边围满了尤家的小孩。尤家的小孩那样多，多得仿佛有成千上万个似的，成千上万张小嘴要靠这160英亩地吃饭。那天他们齐刷刷穿着黑裤子，打着黑领结，仿佛是一个个侏儒出殡人。

“巡查官把每个娃儿的手都给握了一遍，”亨利·尤瑟斯好不得意，“恭喜他们一个个得了地产，成了绅士。他可是个怪家伙，乔纳斯。打仗的时候瞎了只眼睛，他在瞎眼的眼窝上遮了块深绿色的丝布。他拿‘玻璃窗条款’这么当回事，我看，这绝对不是什么巧合。”

于是我们第一次见识了霍河之窗：那无上荣光、充满魔力的玻璃窗，它把屋内屋外的世界接连为一体，用光明装点了尤家的土屋。在蓝水槽，玻璃窗千千万，不稀罕，人们的目光从来是穿透玻璃窗，而从未停留在玻璃窗上过。我们倒吸了一口气。

记起这些，我又感到一阵恶心。大概是因为当时每个人脸上咧着嘴的笑容，因为那个排场：巡查官的验收清单，10美元的登记费，美国总统的亲笔签名——其实是手写体印章盖上去的，充作亲笔签名。透过窗子，我们看着尤瑟斯太太把地契塞进桦木框里，一齐衷心鼓掌。那样的气氛让我困惑不已。我们要受苦受累、忍饥挨饿地等上5年，就为了这么张薄纸片？为什么呢？这是要证明什么呢？谁又在乎华盛顿特区怎么想呢？

“恭喜恭喜！”妈妈笑着祝贺尤瑟斯太太，她脸上那副少女神气我可从没见过。她竟还感动得落泪，搞得我们好不尴尬。“孩子们，他们终于向他们证明了。”

“向谁?”

“谁？向每一个人，迈尔斯！东部的那些人说他们在这里挺不过一年。还有华盛顿那些人。巡查官会亲自向总统提交这些文件。来，你过来和我一起祷告——”

那个时候，妈妈从不提宾夕法尼亚几个字，只说“谢天谢地总算解脱了”。我们刚刚西行而至，一路上雨云浓密，葡萄般挤在一起。那时我的妹妹们，既还没生在妈妈的肚子里，也还没埋在黄泥地下；我们的犁闪着金属光泽；蓝水槽运来的家具都还装在箱子里没有拆封。

“迈尔斯，要是我们想把这里变成自己家，就得走程序，和这里的所有其他土地申领人一样。明白吗?”

知道爸爸在远处听不见，我回道：“妈妈，我真不明白。”

“尤瑟斯家挺过了1868年的蝗灾，又遭了两回雹子，还烧掉庄稼作燃料。他们从纽恩美克家手里接过了这块地。你知道吗，迈尔斯，多少人来了又走，逃回了东部。可是亨利·尤瑟斯家熬过来了，还过得不错——他们坚持住了，领到了土地。这还不值得庆祝吗？你的心难不成是石头做的?”

可是，妈妈，那时我有话说。因为，几个钟头前还没通过验收的尤家农场，我猜，和这个通过了验收的尤家农场看上去不会有啥两样——一样是赤着脚的小孩在他家的土屋边上跑闹，一样是远处的小麦在风中摇曳。玻璃窗里变幻的场景，也和原来一样的真实或不真实。

* * *

在土地局办土地优先购买申请的时候，我们并不知道经年的干旱正要来到。从7月那一天起，过半的霍克斯河移民被迫放弃了申领的土地，撤回东部。留下来的男男女女，他们播种，他们坚守，用父亲的话说（他是咬着牙说的）：“我们是胜利者，迈尔斯。我们的根扎稳了。我们齐格纳家初来时细皮嫩肉，没啥经验，可如今我们都染上了尘泥的棕褐色，霍克斯河的颜色。通过验收意味着坚守阵地、站稳脚跟，意味着赢得地契——160英亩公有土地变成私有地产。清清白白，分文未花，你就得到了这块地。谁也赶不走你。这就成了自己家。”

几年下来，爸爸这套理儿一再缩水，和这里的一切事物一样缩得只剩下了个芯子。有时爸爸在我们的宅地边闲荡，会突然大叫一声：“老子见识过比旱灾更厉害的饥荒！”这个声音此刻雷鸣般回响在我的脑中，我驾着诺尔，诺尔欢快地扬蹄飞奔于干土地上。

“诺尔？”像爸爸一样，我凑近诺尔的粉色耳窝低语，“我们会找到巡查官。不过我告诉你个秘密：我也弄不懂他们为什么非要那张纸。这个地方早是我们的家了，都这么多年了。”

* * *

起初天气晴朗。诺尔小跑而行，我让它跑快点。我们疾驰的身影下，囊鼠和更格卢鼠此起彼伏，角云雀在草间鸣唱，扑腾着圆鼓鼓的身子，活像蓝水槽虚荣的老牧师珐德。很快，火红的须芒草将我们重重包围，赤烈烈一片。这片草地上常有鬼祟出没的郊狼，今天却一只也没碰到，老鹰倒看见了两回。然后是3英里枯草地，诺尔的后腿被蹭得痒痒的。每次它一打喷嚏，我就放开缰绳转而抓牢锻铁的窗框，隔着包裹的粗麻布，窗框抓上去就和鹿腿一样纤细骨感。就算爸爸再生100万个儿子，也不会有一个是比我更好的镖师。

我们跑进了高草地，被高草吞噬淹没，正好躲开正午的骄阳。谁知钻出来的时候，黑暗竟笼住了整片天空，遮天蔽日，天上剩下的最后一线黄光也愈来愈黯淡。变天了，我想。这时我们来到了林带——西伯利亚榆树和棉白杨这两个树种在内布拉斯加并不罕见，不过疯长到这般高的还真是见所未见。前方天上是数不尽的成群的飞鸟，空气因而变得异常湿咸，刺激着诺尔的大鼻孔，它的两只耳朵也卷拢了。一阵寒意逼来，顺着诺尔瘦削的肩膀急流而下，也刺痛了我的脖颈。正午到1点钟的短短时间里，气温骤降了20来华氏度。远处传来依稀可辨的拍击声。“啊，诺尔。”我对着它的耳朵咕哝。天色愈加黑暗。

雨？

我狠狠踢了脚软乎乎的马肚子，好像马刺能刺爆乌云似的，没准还真能：天空仿佛被什么击中，又一次响起奇迹之声，接着雨便劈头盖脸泼下来了。止也止不住，就像是尸体里汩汩冒出的鲜血。我伸出舌头去接雨水。雨水浇到我的头顶、诺尔粗糙的毛上，泼淋奔涌而来，闪闪发着光亮，水晶般澄明莹亮。水帘击打着高草地，我和诺尔喘着大气继续前行，人声马嘶合成一段二重唱：

雨！雨！雨！

我们渐渐深入风雨，雨水淌过霍河之窗的图景也随之在我脑中慢慢浮现。

雨水会赋予它怎样的光泽呢？“天啊，我非瞧一眼不可，诺尔。”我对马儿耳语道。这不就是我在这些年的干旱岁月里憧憬过不下1000遍的画面吗？

减速勒马，我爬下马背，把诺尔拴到一截红色树桩上，那树桩就像烧开的水壶，不住地往外溢水。诺尔盯着我，大眼睛滴溜溜转动。我解掉绳结，松开麻布包裹。雨水浸透了我激动发颤的双手，我扯开点包裹着的碎地毯布，把霍河之窗的一小角暴露雨中。伴着一声美妙的丁零，第一滴雨打到窗子上，这让我觉得自己好像是个艺术家。很快露出的窗角集满了宝石似的雨珠，我掀开包布，整块玻璃窗暴露无余，浮印出水光流动的草原雨景。

我合上眼，看见自家土屋外，爸爸妈妈浑身湿透，他们依旧在舞蹈，但这支雨中舞充满喜悦欢欣；看见牛儿拉玛在畜棚里滚着水灵灵的眼珠子，望着天上真正的闪电；看见泥土块从土屋顶上剥落下来；看见土屋在暴风雨里崩塌解体成一堆烂泥。我们会睡到外面，亲眼看着地里的麦子抽条长叶，结穗重生。我倾斜窗子，倒掉积在上面的冷雨。强烈的情感在我的内心翻滚奔腾，膨胀得无比巨大，此刻，我多么渴望能和妈妈分享这份湿答答、绿油油的喜悦啊。

那决堤了的天河一定是整条儿流进了地里。我也不知自己在此地呆站了多久，抬头一看，发现横扫草原的滂沱大雨之中有一个身影，他在我们眼前的须芒草丛里急速穿行，瞬间又消隐其中。

“弗洛理森特先生?”

可明明从这里到他家，快马加鞭也要一个小时。如果这人就是丹尼尔·弗洛理森特，那么看来从复活节野餐后他真的大变了样。

于是我迅速收拾好玻璃窗，跨上马背。我扫了眼地面，检视是否有石块或者木棒可用作武器，心想要是身边带着彼得那把小口径来复枪就好了，哪怕带把随身小刀也行啊。

“喂?”

那黑影又倏地穿到柳枝稷丛里。我掉转马儿，想要追赶，直到我发现这个影子其实根本不是在雨中奔逃，而是绕着我们转圈，像盘旋的秃鹰，像钟上的指针。

“弗洛理森特先生？是您吗？”我咽了口口水，“莫非是巡查官……?”

影子在外圈打转，我们在他内圈打转，像齿轮似的彼此随对方转动而转动。陌生人影时而出现在视线里，时而又消失不见；要是这家伙真是巡查官，那么看样子他并不急着同我会面。说不定这是额外的考验——好像我们的耐心还有待进一步证明。5年，3个女儿，半英寸的雨水，去年冬天零收成的小麦——这些数字，连堂兄贝利也能数得一清二楚。“巡查官！”我顶着隆隆雷鸣又喊了一遍。诺尔颤颤发抖，我想大概它也觉察到了那家伙的眼神与不怀好意的旋转。

回过神来我发现自己早已冻得瑟瑟发抖，双手冰冷刺痛。然后，一片冰凉的雪花落上了我的鼻尖。雨转雪了。

暴风雪会来得这么早吗，在10月下旬？草原上还有这等事？即刻我便后悔自己向天发问了，老天似乎急于答复我的疑问，忽然间他对人类的问题异常关切。“跑起来，诺尔。”我告诉马儿。我们还得经过尤瑟斯家的地呢。

* * *

我是唯一清楚霍河之窗来历的人。

有一次，爸爸喝掉一品脱啤酒后不小心说漏了嘴，还叫我保密。那是个恐怖的故事——差不多两年前的12月，一天晚上，当时我们以为巡查官要到访我家农场。可那时我们距《宅地法》要求的五年居留期满还差18个月，而且家里并没有玻璃窗。急疯了的爸爸骑马去尤瑟斯家借，到了那却发现他家人去楼空，满目衰颓。

畜棚地板上零落散满了各种杂物。外头，3头饥饿的索斯曼猪撕咬着尤瑟斯太太的淡红色裙子。土屋里四下横陈着大堆皱巴巴的衣物——其中就有一团的儿童领结。屋内黑黢黢的，一窝斑纹黑野兔卧在饭桌下舔舐长腿。床柱被一只狼蛛结网包围，蛛网形似戴了手套的小手。唯有那土墙上的窗子还一如从前地熠熠闪光。

于是爸爸取走窗子，回到家告诉妈妈那是他换来的，从一个要回得克萨斯西部经营农场的人手中换来的。

扯谎！当时我这样想道，差点没忍住要大笑起来，我猜爸爸一定是在逗我们玩。第一眼我就认出来这是我们邻居家的玻璃窗。

我等妈妈来戳穿他，可她的反应却让我大吃一惊。只听她柔声道：“哦，可亏了你——”嗓音里分明带着小女孩似的娇羞，眼神则是做梦一样的迷离，然后她便把手伸向了窗子。彼得也一样，咯咯笑着去摸它，就像那是天上刚掉的热馅饼。再也没人提起我们的朋友尤瑟斯一家。当我们齐格纳家四口子胜利游行般扛着窗子进土屋的时候——妈妈欢快地哼着小曲儿，彼得连眼睛都在笑，可我的脑海里却怎么也摆脱不了尤家那些小孩，他们质问我为什么沉默不语，为什么要想方设法把他们忘记。

爸爸也只是对我一人坦白过，说自己眼红那张还粘在尤家墙上的地契——但他只拿走了窗子，不想因为占用别人家的不祥之地，落得领不成自己家那块地。而在我看来这恰是最说不通最可怖之处：有谁会弃自家160英亩土地不顾？尤家到底遭遇了什么？“有啥分别呢，迈尔斯？”爸爸已经喝得大醉，两眼放光，“走也好，死也好，一个样。”

后来每次只要爸爸提到“得州西部”，他就猛朝我眨巴眼。我呢，想到长埋黄土下的几个妹妹，也不动声色地给他眨回去。

“有一点我没搞明白，迈尔斯，”那晚到了最后，爸爸已醉得舌头打结，含糊道，“不知是不是尤瑟斯先生走以前又种了新作物。起初我看到麦子后头那排作物心想，哎呀，亨利清楚我们多么缺木材，他种了树啊——几十株奇形怪状的小树，十字架样子的。当中一根树干。小树苗，不会错的。只有一株长到了一英尺半，其他的都矮小得多。那些细树干都是乳白色的，真滑稽。我说儿子，那样的树爹可从没见过。再一个，那片白树丛里，半片叶子都找不见。可不管是什么东西，谁会在大冬天的去种它呢，种到冻实了的地里？于是我跪下一瞧，发现每条横枝都打着结扎在树干上，白树枝末梢也有许多节头，竟像是动物——甚至是人的……”

看到我的脸色后爸爸含混了过去，很快他就打起了呼，留我独自对着这个谜心神不定。现在，我想我们离那片乳白色树丛已经很近了，昏暗的天色与缰绳上的雪花让我心存感激——没时间下马走进树丛里，去证实我的猜想了。

原谅我们，原谅我们，骑马跑过尤家的荒屋时我在心里念叨，只见那个空窗洞斜睨着，雪花飞旋出好看的形状。

我们绕一个结冰的深红色河床行了五英里，河床里扭动着几十条黑蛇，像一股流速缓慢的邪恶水流，诺尔受了惊吓。再后来我就弄不清方向了。太阳也没了影踪。气温持续下跌。我们来到一道陌生的河堤上，窗子像马刀似的在诺尔肚子上震得嘎嗒响。

“天啊，这是哪儿，诺尔？”我引导诺尔登上一座小矮坡，就在这时暴风雪袭来了。

狂风刀子般割着我们裸露的皮肤；我好像在风声里听见了妈妈的呼喊，召唤我回家。可勇猛如我怎会掉马回头，况且我根本已经不辨归途了。从地面的高草到低垂的天幕，白雪的音阶愈来愈高，声音愈来愈尖。“驾——驾——驾。”我伏在诺尔耳边呻吟，想让它来决定去路。恍惚间我已来到弗洛理森特家中，烤着火取着暖，与巡查官一同享用大鸡腿、苹果酒和饼干。弗家的地契晾在厨房桌子上。“先生，”我告诉他，“路上确实碰上不少麻烦，不过一切都是值得的……”野樱树的树枝割破了我的左眼睑，顿时鲜血直流。我越是揉，血浆越是浓稠。我几乎什么也看不清了。我们在雪中穿行，此刻说不清究竟是外部的风雪更冷还是内心的绝望更冰，内外合而为一了。我紧了紧夹着窗框的膝盖。忽然诺尔腾跃而起，疾驰向前，我迅速松开缰绳，抱住马脖子。茫茫飞雪吞噬了来踪：回头一看，竟仿佛我们从未存在过似的。

暴风雪里的诺尔像一支离弦的箭，朝目标物飞射出去。我想，谢天谢地，它一定是嗅到了谷仓的味道——可等它抽过下颌时，我才发现冰层早已蒙住了它的眼睛。原来它完全是在瞎窜啊。

我很确定我们是在受罚——我不该下马，不该拿出窗子，哪怕一秒也不该。凌厉的雪片击打着我们。“哦，我的宝贝，可怜的宝贝，”我唤着诺尔——这个声音我自己也认不出了。彼得要是听见了我此时的语调，准保笑掉大牙，爸爸更不用说，肯定是厌恶极了——“诺尔，我的宝贝，小心肝……”温柔的话语从我嘴里流淌出来，这本是奥拉奶奶的口吻，上次听到还是在蓝水槽表兄家的玫瑰色沙发上呢。我多么希望这些话能变成指南针，引领我的归路。

我抓住诺尔的缰绳猛拽，调整成顺风方向。打在身上的风雪更急了。我想牵马走，可积雪那么深，根本寸步难行。诺尔大口喘息，马腹剧烈起伏，皮毛上的汗沫结成了一层冰碴。它的睫毛已经僵硬，我的脚趾也已冻麻。

马儿越来越瞎，我也无能为力——它那紫黑色眼仁的外圈结了冰。每次我试图帮它撬掉眼上的冰，它都痛得不住呻吟。缰绳绞到一起，诺尔开始横冲乱窜。怨怒愤恨包围了它，它张嘴要来咬我。幸好我还有一只好眼睛，躲了过去。诺尔咬了个空怒得暴跳起来，抬起两条前腿。仿佛慢镜头一般，我眼看着窗子松开，那盖满冰雪的包裹重重击打马腹；我感觉自己翻滚着摔下马鞍，又糊里糊涂滚到了蹿腾的马蹄之下，眼看着窗子侧滑而落的瞬间，我一把抓住，窗子的一角顶到了胸口——再后来我便双手抱着窗子躺在雪地上，眼睁睁望着诺尔越奔越远。

我终于明白了，这是个彻头彻尾的噩梦。诺尔飞身驰骋于白茫茫风雪中央，留我独自在寒风里喘着粗气。我把窗子紧紧抱在胸前，嘬吮着冻僵了的拇指。此刻，喊叫似乎是我唯一想得到的应变办法。“诺尔。”我嘶喊一声，却什么都没听到。它她彻底消失前的最后一刻，我注视着它奔跑的姿态：像是黑色的火柴头划擦着一堵雪墙，奇怪的是怎么也点不着。

巡查官先生，我希望您也被这鬼天气困住了。还有弗洛理森特太太，别等我们了，开饭吧，要是您正好从墙上的窗洞看到有人路过，能不能告诉他我迷路了?……

忽然间我回过神——抓着的那玩意儿不会摔碎了吧？我怕得连看也不敢看。（我竟看见母牛拉玛积满尘埃的骸骨，看见自己的手指穿进它头骨。）打开麻袋的刹那，我顿悟到关乎自己命运的惊人真相：窗在我在，要是窗碎了，我再不回家。窗子若有什么差池，我宁愿去死，也不愿回去土屋的。这点我原先从没想到过。

哦，谢天谢地——完好无损。我顺着光滑的窗面上上下下摸了两遍，然后封好包裹，甩到背上。头顶是黑天一片，无尽退伸开去与地平线相交，此刻竟像是天地倒悬了——因为地平线并非往常蓝绿色的草原，而是一个巨型雪锥。风狼仍在狂啸。我的两块眼皮愈发沉重得像铁一般，却不是因为睡意来袭；大雪教会我如何深沉地呼吸，每次吸气都要隔上好长一段时间，中间还跟着一阵撕心裂肺的咳嗽。手背上也满是鲜血——因为摔下马的时候我磕掉了几颗牙。其中一颗就在左眼边上，浸在一摊黏稠的血泊里。雪下啊下。到明天，我想，焦渴的草地必定能饮尽这些雨雪，连同我下巴上的血水也都吮得一干二净。大片金色的麦田从未来的三四月向我挥手。

顶住，是爸爸嘶嘶低语的声音，我抹了把眼睛。

我在这里做什么？我要把玻璃窗带去哪里？本来不是还有一匹马吗？至于马的名字，我是无论如何也想不起来了。

我只想保住窗子，挨过这场风雪，别的都在其次。我蹲在麻袋上，像一只吃草的兽——皮肤不过是另一层防护罢了，已然失去知觉。很快衣服也湿透了。眼睛也被冻住，看不见了，我只能用双臂守护着这扇窗。草原上卷起层层冰浪，我紧紧握住窗子好像抓着一只小筏子。可怕的画面在我脑海里盘绕回旋，冻死在畜舍的动物，抑或是被医生锯断的冻黑了的手指头。快想一行《圣经》里的诗，赞美诗！唯一想起的却是妈妈哼的小曲，那个有气无力、调不成调的嗡嗡声。几个小时过去了，也可能只过了几分钟，或者已经过了几个昼夜，我完全丧失了判断时间的能力。世界漆黑黑一片。

* * *

醒来的时候，脸上春河融冰般流下许多水；眼睛也解冻了，“咔”的一声睁开来。气温已上升，阳光洒下，在我手背上画出一个叉形，握拢来竟有些许灼烧感。头下枕着的硬邦邦的玩意，此刻看得分明，正是那窗子。我转过头，发现周围是光秃秃的树枝和蓝宝石般的薄冰。还有一个人，望着我。

我坐起身。50码开外，金色的雾气之中有一个身形瘦弱的男人向这边走来，很快就走到了眼前。有救了！可没等喊出“救命”两字，我又把它咽了回去。这人看上去比我还糟得多，那憔悴的脸上除了两个湿润的眼窝、一张嘴巴子和几处擦破了皮的粉色伤口，黑乎乎一片，好像刚从什么爆炸事故中死里逃生。起初我只当他的皮肤被烧焦了，可是光一照我才明白过来，其实是因为他在泥地里躲雪的缘故。他的衣衫和裤子也因而肮脏、发硬，领口的浊泥还没干透，一点点渗下来。两个膝头各一块茶碟大小的污痕，可知他是跪在地上的。只是，什么样的人会在暴风雪时外出务农呢？就连爸爸也不至于这样疯狂。是什么驱使一个人在这种天气出来？

他慢吞吞朝我走来，摘下帽子。

“巡查官?”

我俩同时喊出这个词。于是两人你瞪瞪我，我瞪瞪你。我的嘴里喷出一团团白气。他倒好像不怎么呼吸。

“您好，先生。”我费力伸出去一只发麻的手。痛和麻又流回僵硬的手臂，侵入骨头里，我咬咬牙忍住了——脸上还奇迹般挂着礼貌的笑容。“我想我们都弄错了，先生。”（“礼貌会在最意想不到的时刻找上你。是吧，迈尔斯？”有次妈妈喃喃说道，那时我发现她正对着一杯子蚱蜢道歉，因为她马上要把它们投进煤油里淹死。）

好吧，这个陌生人一点没有回报我的友好。我是迈尔斯·齐格纳，我本打算自报家门，但又本能地按下话头。我也不问他的姓名，忽然间从五脏六腑泛起的一股恶心告诫自己我也没兴趣知道。

我很清楚从未在这一带的人家里见过此人——可他偏偏又穿着干农活的衣服，两个袖口捋到手肘处，打扮和霍克斯河这带的人们相仿；而且同爸爸一样，他也因为长握犁耙手上长出了“拓荒者伤疤”。他是左撇子。一个农夫。他是我们西部移民的一员。难道是霍克斯河定居点的新移民？（不是新来的，我心里幽幽响起一个声音，不是的。）他的眼睛上有叉角羚羊的半月形斑纹。他看上去仿佛几十年来从没闭过眼。

“先生您有没有看见一匹马从这过去呢?”

“没有马。没有骑马的巡查官。也没有挂在巡查官鼻子上的蝙蝠。”他嗤嗤一笑。

“您没事吧，先生？您也迷路了？”

这人丁零咚隆说了一通，我没怎么听明白。他的嗓音又细又高，像是女人或是某种动物的声音。说的内容也根本弄不懂。

“轮子变绿!”

“您说什么，先生？”

“母鹿涂油!”

我艰难地咽了口口水。

“先生，我听不懂您在说什么。”

他在飘着雪子的空中画了个长方形，然后大笑。我发誓我看见从他的嘴里蹦出来一颗小土星子。他的嘴唇毛茸茸、脏兮兮的。

“但我们现在必须清醒过来了，是不是，孩子？这天气多好！听你说的，好像你和我找的是同一个家伙嘛。巡查官马上就到了，你知道的。没错，我相信他马上就到。”

一粒灰尘从他的卷发里吹落。他的头发好像是或者曾经可能是黄色的。忽然间风向转变，我皱起鼻子——随风飘来一阵腐臭味，饲料味儿、骨髓味儿夹杂着恶心的腥甜味儿，闻着很像那窝死在我家土墙里的老鼠散发的恶臭。这人时不时扯两把裤子，他的裤带则是一条缠了两圈的绳子。身板小得可怜，要是再瘦一点的话，他一准儿被风吹跑。妈妈的声音飘进我的耳朵来：“他是个谣言，是烟雾……”可这人的眼睛却实在得很，仿佛两颗弹珠，指甲也是如假包换、折得断的真指甲。他的左手攥着把割草刀。

“这刀真漂亮。”

他对我笑笑。

“您说您也，”我咳了一声，“在等巡查官？就是说，您在这儿也待满5年了？”

这把刀的木刀柄已经褪色了，染上了红花草的颜色。刀锋像一颗大长牙。

“啊！”这人笑道，“比那还久，久到都懒得再去计算日子与四季。太阳，月亮，干旱，饥荒——来来去去，谁还去数它？”说着他又笑了。这时的日头更强了，它在我俩间挪动，却似乎怎么也落不到他身上去。

“那您的160亩地是在哪呢？”

“你站着的地方就是。”

“哦。”可我们这是在哪里呢？“您这还有别人吗？您没有家人吗？”

“也许有吧。”他皱皱眉头，又舔舔他那发黑的嘴唇，好像真的记不得了似的。“是呀！我是有过家的。父母，这不用说。他们埋在东部了。还有妻子……没错！”他微微笑道，“我是有过。一个妻子。不过，她可算不了什么。女人都是没耐心的东西，迈尔斯。还有孩子——我想我们有过好几个孩子。”

他又笑了起来，笑得肩膀一抖一抖的，声音清脆，当啷当啷，像是郊狼嗥叫。他那条舌头真真叫我大吃一惊——本来我半信半疑，猜他可能是个鬼魂，和我几个妹妹一样。可他的舌头鲜红鲜红，像是那张黑脸上的初升旭日。无疑他是个活人。我松了口气，可马上又生出了新的恐惧。

“孩子嘛——那可真是帮废物。”这回开口的时候，他发出粗哑的喉音。

“您不该拿这开玩笑。”

“有啥大不了的？”他咧开嘴，用手肘撞了撞我，“住在这鬼地方，我们就得有点儿幽默感，是吧？”

他笑得前俯后仰，身上的尘土被纷纷震落。我又咳嗽起来，心下一阵恐惧——生怕自己吸进了他身上的粉尘。

“您的孩子都过世了？”

他耸耸肩膀。

“儿子还是女儿呢？”

“儿子和女儿，不错。几个病秧子。不中用的东西。没一个活下来的。”

“那您的妻子呢？”

“她丢了信仰，”他夸张地长叹一声，“丢了生存发展的意志。成了个疯女人，如果这是你想知道的。我只好与她分道扬镳。不得不重新开始呀。”听到这儿我吃了一惊，他这口气和爸爸可是一模一样“我把她赶走了，或者说把她埋下了。西部的土地意味着无限的开端，你说是吧，迈尔斯·齐格纳？跌倒了爬起来，重头开始，填张申请表，重新领块地。”我把名字告诉他了吗？“再挨过几个寂寞的季节，《宅地法》的每项要求我又都达到了，你看看？”

他递来一样东西——是半张纸头。我颤颤接过，认出正是《宅地法》的文本。这纸头的乳白色泽让我惊奇不已，还有上面渗着墨迹的签名——要不是我早知道，一准认定这就是《宅地法》的原本。这么个邋遢的怪人，是上哪弄来这张纸的——像是从总统办公桌上抢来似的？

条款三：再进一步规定，土地局登记员应于本单位土地登记册上记录所有该等申请并将所有该等申请条目登记在册，以此连同登记证明一并呈报土地总局……

这人伸出沾满泥污的手指在纸上沿着词句画过来，最后停留在“玻璃”这个词下。申领土地的每户，不管是棚屋还是土屋，皆必配备一扇真正的玻璃窗——这儿有多少人就是因为这不着调的条款丢了性命。我盯着嵌在他指甲盖下的泥垢和瘀血出神。

“这下你明白了吧，我是真的需要啊，迈尔斯。其他别的要求我全部达到了，可以向巡查官登记了，就差了扇玻璃窗。”他的嘴巴扭曲出一个瘆人的笑容。

爸爸的教导掰开我的下巴，从我嘴里抠出这样的话来：“您听好了，先生。窗子我有。如果巡查官来了，我可以借您用用。我们动手整整，弄得让人看不出破绽，以为它本来就是安在您家的。这样您就能通过验收了。”

“你真愿意这么做？为了我？”

他那张脏脸上的两只眼睛炯炯放出光来，可是看不出他有一丝喜悦——反倒看见他生出一股厌恶，像野火一样熊熊蔓延开来。

我点点头，想到了爹。他好心想让邻舍共享霍河之窗，可我却得为此承担所有风险。

不等我反应过来，我们已经迈开了步子，好像这只是一次单纯愉快的散步，只不过是把窗子送去邻居家而已，再平常不过了。我在脑中想象着弗洛理森特家那块地越过大平原朝我飘来。太阳像一道符咒一样投射到土地上——仿佛暴风雪从未来过似的，仿佛马儿诺尔也不曾走失似的。西部的天这样变化多端，多得叫人忘了刚刚到底经历过怎样的风霜雨雪。

我们走进一块空地，这里种着一排排矮草和白蜡树作防风墙。我还看到另一个东西，应该就是他的土屋，错不了。

他的手指没有骨头。他是尘泥做的。只要再下场雨，他就化归黄土消失不见。

在我们眼前是一堵起伏的土墙——上头每一寸都密密麻麻叮满了苍蝇。这个土屋没设门洞，呆板、沉闷、昏暗，土里还长着些淡红色的根茎，这样一堆土哪里配叫家呢。以这玩意为中心直径50码的地块里，连雪都骤然而止，它里面乃至周边皆是寸草不生，更无鸟鸣。腐臭的死亡气味几乎能点燃我的鼻腔，双眼被刺激得直淌泪。

亲爱的贝利，我在心里写信给堂兄，要是你搞不懂我家的那个土屋是怎么一回事，那么这个土屋你根本就无法想象了。贝利，也许我不能活着从这儿回去了。

“我的老天，先生。”这声尖叫是我全部的反应。

“你要不要去看看我的庄稼，迈尔斯？看看我培育的那几亩地？就在屋子后头。”

我想听他说明种的是哪些常见作物，比如，玉米，比如，小麦、蜀黍、饲草、苜蓿。可他只是笑道：“过来看看。”

于是我任他抓住手臂带过去，转过一个弯的时候我闭牢了眼睛，心想不知他会不会撬开我的眼皮——像我撬诺尔的眼皮一样。

“大丰收，是吧？”他说道，“种这些，没费我一滴水。”

有时我会做这样的梦，天上落下黑雨，我的几个妹妹从土里长出来，个子有10英尺的小麦那么高，然后甩甩她们乱蓬蓬的头发，抖落许多蚊蝇与尘土。像雨一样，她们也轰隆，她们也呼啸。她们苍白的嘴巴张开来，发出嘶嘶嘶的声响。她们那脸蛋长得与我见过的任何面孔都大不一样。待在地里吧，我祈求道。哦，上帝呀，求您让地里只长小麦吧。

待我最终睁开眼来，没法不狠狠揉了把眼睛——好像自己在梦里。眼前的场景熟悉可怖：白色的十字架，有成百乃至上千个那么多，像浪花儿似的从草海里翻滚出来。一把铁锹闪着寒光，横在新犁的那垄地上，那里破土而出的是洋葱头大小、泛黄的疙瘩结头。这下我总算明白究竟为什么那个乳白的颜色让爸爸耿耿于怀，因为这些树根本不是木质的，是人骨头。我的妹妹们还在我脑瓜里嘶嘶嘶。

“明白了吧，”这人说道，他的脸放着光，就和西部这里的每个正午一样明晃晃，“只要巡查官一来，我就拥有了土地——整整160亩，半分不少。”

不，先生，您错了。是土地拥有了您。

他拖着我的手臂回到他那个土堆：“现在，是不是能麻烦你帮我把窗子安到?”

“您觉得巡查官啥时候能到呢？”我和气地问道。

这人笑着搔了搔他的黑眼睛。

我们一起剥掉罩着雪的麻布包裹，取出窗子。就在这一刻，我发现自己想起了家里：一次，我快睡着的时候，有只毛茸茸的狼蛛爬过了我的嘴巴，它的躯干有一副牌那么厚，彼得见了笑得东倒西歪，搞得我也跟着笑起来。爸爸呢，花了整整3个月做了一张桌子并漆成湖蓝色，因为他觉得那颜色能让妈妈心情轻松点。妈妈暗地里拼拼凑凑给她3个女儿各做了一床被褥。常常，我在夜里醒来，土屋静悄悄又空荡荡，可我分明看见我们一家子的梦想沿着矮矮的屋顶牢牢编织在一起。就算给这可怜东西讲上一辈子，他怕是也明白不了，为什么就算没有巡查官盖的章我们齐格纳家的土屋也是一个十足的家，而他这里只是一个——坟冢。

我退后，由他自己来完成最后一步，拓宽窗洞，然后把窗子安进去。他哼哧哼哧着，把固定窗洞的短桩削薄，木屑子纷纷飘落到我们身上。接着他又朝玻璃啐了一口，吐出来一团煤灰色的唾沫，提起衣袖上上下下擦拭起来。

“巡查官一来，看到我这扇窗——”他开始叽里呱啦。而我的胸口裂开一片泥沼，正当中央——是像湿黏的土浆一样将人拉向深处的恐惧感。这恐惧就像泥沼，抓牢我不放。因为这人的声音也是爸爸的声音，是霍克斯河定居点每一个移民的声音——这个声音，在尘土飞扬里忍饥受旱，却能永生不灭；它曾遭埋藏地底，它又经遇过冰雹毒打，可它还是疯狂不休地沉吟着春天、明天。这是希望的声音，这丧失理性、不知疲倦的希望之声（妈妈啊，很快这声音也会从我的嘴里发出）将我们束缚于此，永生永世。

“还给我。”

“太迟了，迈尔斯。”

“我有钱，”我说，想起爹给的信封，“玻璃窗还我，钱拿去，我就走人。”

这人低头瞅瞅我，全然一副被逗乐了的表情；他拨弄着一张1美元纸币，像是在抚弄奇珍异兽的羽毛。我想，此人的年岁想必要比我们这个国家都来得长，他同这片土地一般苍老悠久。“我要它做什么？我要的可不是票子。还有，再怎么说，这窗子也不是你的。偷来的。”

我一阵眩晕，回道：“你认识尤瑟斯那家人？”

“过去认识，算是吧。不过是到了最后才认识的。”

“我没有偷窗子。”

“你是没偷，你爸爸偷的。”

“你还认识我爸爸？”

“要不然你以为我从哪里来，就刚才我们两个偶遇的时候？”

我的目光游离飘忽开去，落在他那把割草刀的刀光上。

“巡查官一来，看见了我这扇窗——”他又念叨起来，语调那么轻快。他是背朝我的，只见那把刀子挂在他屁股上上下下晃荡。我颤抖着张开两腿，准备猛扑向前。我得一下抢过那把刀，动作要快，从背后刺他一刀，再夺回玻璃窗逃去弗洛理森特家。箭在弦上，我仿佛看见白刃划穿他的皮肤，刺进他的肩胛骨，他的肌肉猛烈抽搐起来——啊，我有多么渴望自己能回到蓝水槽，悄悄爬进卧室的窗，在童年的小床上甜睡一觉，不会做奇怪的梦，更不会生出此刻这般荒唐残忍的念头。

正当我僵硬地蹲下身去之时，这人柔声道，“我可记得你说过自己不是贼啊”。

“啥？”我抬起头，看到自己的身影映在窗玻璃上。

“玻璃就是这样，是吧，迈尔斯？”他说，“有时我们会看到自己并不想看到的东西。”

他转过身来，眼底深不可测。

* * *

史迪克赛尔太太透过墙上那个窗洞瞥见一团黑影穿过麦秆达达逼近——看轮廓应是一人驾马而来。她会心一笑，总算松了口气，然后走去门口候着，孩子们也吵吵嚷嚷着围到她身边。眼巴巴绷紧神经等了那么久，直到这一刻，史迪克赛尔太太才发现下巴很是酸痛。漆黑的夜空还在飘着雪，史迪克赛尔太太挥起了苍白的手臂。眼看着骑士的身影愈来愈近，她忖道，齐格纳家那个小子今年真是蹿高了不少呀。骑士的脸蒙着黑纱。

“哎哟，看看是哪个这么能干！”史迪克赛尔太太喊道，“感谢上帝，这只迷路的小羊羔，真叫我们担心坏了。”

一片月光落到马儿的侧腹。

“咦，这不是弗洛理森特家的母马吗？诺尔怎么啦?”

见齐家小子不搭腔，她于是收起微笑，转而轻轻笑了几声，想表现得再热情些。

“是你，没错吧，迈尔斯？这鬼天气我都认不出了——”

就在孩子们冲上去迎接骑士的时候，她隐隐觉得好像该把他们叫回来。

（胡雪娇　译）

王佑吾主

克里斯托弗·希钦斯（Christopher Hitchens）

《名利场》

最佳专栏与评论奖

无论是作为无神论者介绍《钦定圣经》（*King James Bible*），作为新美国人写美国如何轻率地与表里不一且腐化堕落的巴基斯坦政府联盟，还是作为癌症患者，写病魔如何吞噬他的身体却战胜不了他的灵魂，克里斯托弗·希钦斯都是一如既往的口若悬河。众所周知他不信来生，但他的新闻、书信、严明的公开言论永存。他为《名利场》所撰之稿为该杂志赢得了2007、2011、2012年度美国“国家杂志奖”之“最佳专栏与评论奖”。他于2011年12月15日离世。

1924年米里亚姆·A.弗格森（Miriam A. "Ma" Ferguson）当选得克萨斯州首位女州长，随即卷入一场争论中——孤星之州的学校该不该使用西班牙语。不知她是否说了："国王英语既然能满足耶稣的需求，就能满足得州孩子的需求。"我倒真希望她说了。可那个年代，考证是既棘手又敏感的差事。林肯奄奄一息时，一屋子文人和知识分子在旁，那还是无线电报的时代，离好几家报纸的本营不远，可至今我们还不能肯定，这位伟人的脉搏停止跳动那刻，战争部长埃德温·斯坦顿（Edwin Stanton）说的究竟是"他与历史同在"还是"他与天使同在"。

如果用法已习以为常，或者涉及预言、奇迹、神力，那真真假假就更加难辨。光靠猜测得不到事实。耶稣复活猜测不得，不容怀疑。基督教历史头1500年，将神谕用语言包裹，使多数会众不知其意，设专门阶层独霸天谕的诠释，如此奠定权威与权力。

400年前，全盛时期的莎士比亚用不落窠臼的语言征服世人，此时英国正从对欧洲的依附中成长为独立的民族国家。一牧师和学者组成的特别委员会将旧约、新约完整译成英文，并称该版为《钦定圣经》。要稳固王权国土，弥合彼此对抗的英格兰及苏格兰基督教宗派的裂缝，将王权与虔诚的民众维系在一起，这是相当传统的做法。《圣经》中圣徒保罗在《致罗马人书》中说："凡掌权的都是神所命的。1"类似措辞并非都如此高高在上、墨守成规，它们与这句话一道，不断在我们耳畔回响："我作孩子的时候，话语像孩子。2""吃喝快乐。3""不断壮大，暴敛诛求，世上的盐。4""我们在天上的父"。5不敢想象我们的习语、俗语缺少这些用法会如何，更别说礼拜形式了。纵观历史，能作出如此璀璨文篇的团队真是少有。

* * *

詹姆斯一世（King James Ⅰ）①是苏格兰女王玛丽的儿子，他知道自己的前任女王伊丽莎白一世处死了他的母亲。在苏格兰他不得不与质疑王权、憎恨全体天主教徒的极端清教徒斗争。在英国，他面对的是世俗主教，他们敌视清教徒，嫉妒彼此的特权。乐观主义、繁荣富裕和灿烂文化传达一个讯息：亨利·哈德逊

① 詹姆斯一世，是15世纪苏格兰王国的君主，罗伯特三世之子。詹姆斯是斯图亚特王朝第一任真正试图掌握政权的君主，少年时被长期拘禁在英格兰，自己还是诗人。

（Henry Hudson）[①]正朝西北航道起航，环球剧院里莎士比亚引来一群群爱思考的人欣赏那充满力量和公道的戏剧：《奥赛罗》《李尔王》《暴风雨》——可恐惧和不安依然如影随形。1605年盖伊·福克斯（Guy Fawkes）和同伙们差一点炸飞了议会，据说他们和教皇是一伙的。腺鼠疫在伦敦大面积肆虐，正如兰斯洛特·安德鲁斯主教（Bishop Lancelot Andrews，钦定圣经团队领头人）此前的不安之言，虔诚信徒与罪人一样蒙受灾难。这时人们需要上帝温和的指引，才能心生支柱，与灾难和解。

安德鲁斯主教和与其共事的教士、古典学者们负责重译原文为希伯来和希腊文的旧约、新约，以及在这些文本中残存的亚拉姆语段落。这些人深知如此爱国重任能振兴国家。（受“英国昭昭天命”萌芽影响——英国人取代希伯来人成为上帝的选择。）古语表示“人民”“部落”的词中，凡能译成“国家”的他们一概如此翻译。在这一充满自信的“英王式英语”中，“国家”一词出现了454次。上述这些教师学者大多在牛津和剑桥的图书馆碰头，并常以拉丁语做笔记。但这一谨慎而步调一致的项目不久便因政治变化而告终：没过几年，整个国家也陷入内战；在奥利弗·克伦威尔（Oliver Cromwell）治下，清教徒和议会将做出决定，一刀砍下查尔斯国王的项上人头。但译者们的结晶却长存于世。有意思的是，他们的作品不仅极具革命性，更是英国文学迈向成熟的巨大一步。

想象乔治·奥威尔（George Orwell）[②]反乌托邦之作《1984》中最为极端的极权主义。奥威尔笔下，那个神秘的玄奥掌权阶级（围绕老大哥周围的内党）为稳固权力长存而从头塑造语言。在“新话语”中，自由和良心这一类词根本无从表达。稍离经叛道的文字，如伊曼纽尔·戈尔茨坦（Emmanuel Goldstein）[③]的宣言也只有政权内极小部分人才能读到并读懂。我相信，在此，奥威尔——这个宗教改革的大力支持者、清教英雄约翰·弥尔顿诗歌的追随者——正是在借这些英国新教徒为一部分民众能读懂《圣经》而做斗争的漫漫长路做讽喻。

① 亨利·哈德逊是英国探险家与航海家，以搜寻西北航道而闻名。
② 英国著名小说家、记者和社会评论家。
③ 英国作家乔治·奥威尔创作的政治讽刺小说《1984》中的角色。

* * *

直到16世纪上半叶早期，亨利八世因婚姻、砍头问题与罗马教廷闹翻，印制英文版《圣经》意味着快速走向折磨与死亡。这个冗长而热闹的故事，一言以蔽之就是托马斯·莫尔（Thomas More）爵士与威廉·廷代尔（William Tyndale）爵士[①]——在此很自豪地提一下，他早前叫威廉·希钦斯——之间的针锋相对。他们的斗争绝对称得上“彻头彻尾”。廷代尔从来遵守清教精神，将“ecclesia”（教友，教堂会众）译成“the congregation”（会众）而非“the church”（教会），表自主群体、神圣不可侵犯、凌驾于法律之上等意。这使莫尔大为光火。英格兰教堂里国家选派的教士只诵读经书。一听到“Hoc”或者是“corpus ”（“这是我的身体”那段），在场文化不高的人或不耐烦的工匠就窃窃地嘲笑，蹦出句土语“Hocus-pocus”（花招骗术）配那佶屈聱牙让人烦躁的诵读。莫尔冷漠公正，一边有“老大哥”教皇撑腰，一边带领着间谍、审讯者组成的内党，负责看管英吉利海峡防止费尽心机的走私人员携带廷代尔的手稿入境，廷代尔不得不在流亡中翻译、印刷。拷问台、绳索等刑罚对新教徒毫不吝啬；廷代尔终究被抓获，遭扼死，并被公开焚尸。〔希拉里·曼特尔（Hilary Mantel）[②]的历史大作《狼厅》（*Wolf Hall*）讲述的刺激又可怖的故事几乎要抹尽托马斯·莫尔“佐国良相”的“圣徒”光辉。以我之见，做得太好了。比起自己所受之苦，莫尔施加于他人的苦难更为荒唐更为残忍。〕

《圣经》的其他译本，包括马丁·路德（Martin Luther）亲译本，慢慢开始发行了。其中英文版的《日内瓦圣经》（*Geneva Bible*）比《钦定圣经》更能体现加尔文主义和清教主义精神，也是首批清教徒为逃避英国文化宗教迫害逃往美国普利茅斯岩时所带的版本。米里亚姆·A.弗格森州长有一点讲对了：能自然而然地接受一部英语《圣经》，且无须抗争即能将圣书译成大众版本，当时的美国是头一个也是唯一的一个。

问题来了，究竟哪部英文版应作为正确版本被采用呢？走了不少弯路印了一些错书后， 1611年英国国教秘密会议做出决定，几乎原封不动地采用威廉·廷代尔的优美文本。他们迫不及待地做出妥协求取稳定，不无讽刺地为威廉·廷代尔——这个文学史上最伟大的离经叛道的颠覆分子——赢得了身后名。

---

① 16世纪著名的基督教学者和宗教改革先驱，英国宗教改革家和《圣经》译者。
② 希拉里·曼特尔，英国女作家，2009年凭借历史小说《狼厅》获得英国布克文学奖。

在《一个土生子的札记》（"Notes of a Native Son"）中詹姆斯·鲍德温（James Baldwin）①写道，“我揣测，也许《钦定圣经》，小小教堂的虚夸辞藻，以及黑人话语中的讽刺、激烈，永远被一笔带过的东西与今时今日的我相关；不过我不会拿生命一赌”。身为一个黑人牧师的儿子，自己也曾做过牧师，见证了《圣经》在美国口头流传之广，鲍德温在写下这些的那一刻，应该也是“一笔带过”了。而且他十分清楚，的确曾有不少人为《圣经》章节献出过生命。过去是，现在也是。翻译中的点滴差别和细枝末节之所以如此重要，原因即在于此。比如，《以赛亚书》7：14云：“因此，主自己要给你们一个兆头，必有童女怀孕生子，给他起名以马内利。6”圣灵预言马利亚圣灵感孕的记载由来于此。而希伯来原文的“almah”只有“年轻妇女”之意。希伯来语中另有专门词汇表处女之身。线索不仅在字里行间。要翻译就得诠释，甚至定下规矩。〔顺便一提，1952年美国“新修订标准本”（Revised Standard Version）将“童女”改为“年轻妇女”。原教旨主义者一直到1978年才在如今通行的“新国际本”（New International Version）中做出更改。〕

* * *

亚当·尼科尔森（Adam Nicolson）所著的这方面的好书《上帝的秘书们》（*God's Secretaries*）中提到一个更为重要的例子。圣徒保罗（Saint Paul）在首封《哥林多前书》（*the First Epistle to Corinthians*）中提请读者注意基督教之前背道的犹太人的命运。他如此描述那可怕的惩罚，“他们遭遇这些事，都要作为鉴戒。7”在1611年“鉴戒”是“警戒”“引以为戒”的简化，甚至可说是“教训”。而希腊版原词“typoi”，实际是“例子”或“典型”之意，暗示犹太人为他们的特质遭到永久惩罚。这种残酷解读始于圣徒奥古斯丁（Saint Augustine），之后在罗马天主教本中沿用下来。钦定圣经队伍里最少有一人也想如此传达对摩西民众的集体惩罚，但遭到否决。现存主流文本多用较为仁慈的“鉴戒”一词，原版旁注解释此处也可作“典型”解。这恰到好处地展示了英国人的折中精神。

细枝末节、字斟句酌之处廷代尔②也并非每每都占上风。不少人眼中，“你

① 美国当代著名小说家、散文家、戏剧家和社会评论家。
② William Tyndale，16世纪著名的基督教学者和宗教改革先驱，《圣经》译者。

们要彼此相爱，像我爱你们一样，这是我的命令。/人为朋友舍命，人的爱心没有比这个大的8”是基督教教义的核心，许多基督教徒直到生命最后一刻都将此铭记于脑海。那是《钦定圣经》的用词，而以下是廷代尔的原文：“你们要团结互爱，像我爱你们一样，这是我的命令。/人为朋友赠命，人的爱心没有比这更大的”。廷代尔的版本言简意赅，令人愉悦，钦定圣经团队的改动在我看来收效甚微。廷代尔笔下，耶稣为从普遍约束中寻求通行的节律和规则在黑暗中摸索，颇为动人。钦定圣经学者们、主教们却力图将爱定为铁血规矩。如此，他们强调艰辛的殉道（“舍”lay down，仿佛耶稣独为自己的小团体牺牲）。

相比而言，廷代尔的耶稣更具人文魅力，“赠（bestow）”言外之意：致力友谊的生命本身就是高贵的。顺便说一句，总的说来，在爱的问题上廷代尔是正确的。相隔几章再次出现圣徒保罗《哥林多前书》。多年来，每每在小教堂听到这段，我都思索“善”这一如此乏味冰冷的词是如何带上道德威望的。《钦定圣经》命令我们“如今常存的有信，有望，有善，这三样，其中最大的是善。9”廷代尔笔下贯穿着“爱”，即便你和我一样对希腊语知之甚少，也不得不承认如此诠释希腊原词“agape”更胜一筹。是那个冷漠的大官教士托马斯·莫尔（Thomas More）①首先与廷代尔争论这点。最终莫尔占上风，钦定圣经团队似乎也希望扫除那颇为冒险的、热情自发的、无条件的爱，以严厉冰冷的义务取而代之。自发的爱，总是有丝奇特和幻想的意味，不是吗？就此核心问题，新版《圣经》多弃莫尔和《钦定圣经》，投廷代尔。

代价就是，“爱”似乎过于万能和多愁善感，鲜有版本例外。1966年美国圣经协会《福音圣经》（*Good News Bible*）中有：“事事包容。事事相信。事事盼望。事事忍耐。爱永不止息。16”如此遣词造句如何称得上精雕细琢，如何留得住我们无比庄严的圣谕之精髓？倒像是笑容可掬的戴尔·卡内基（Dale Carnegie）②在宽慰人心。与一切流行一时、时髦、“通俗”而生的东西一样，如此的《圣经》比威斯康星的切达干酪更经不起时间的洗礼。愿意与否，我都得承认廷代尔与《钦定圣经》的结合经得起时间的洗礼。一代又一代的人从中引经据典，这方面能赶上它的恐怕唯有莎士比亚。能读也罢，只能听也罢，它都在脑海、记忆中回响。1940年敦刻尔克（Dunkirk）遭袭的海滩，面对降或亡的

① 欧洲早期空想社会主义学说的创始人，著有《乌托邦》。
② 美国现代成人教育之父，美国著名的人际关系学大师。

生死抉择，一位英国军官发回一封四字电报：“即或不然……”所有收到电报的人一眼就看出其中意思。《但以理书》（*The Book of Daniel*）中，巴比伦暴君尼布甲尼撒王（Nebuchadnezzar）对几个犹太异教徒沙得拉（Shadrach）、米煞（Meshach）、亚伯尼歌（Abednego）说，凡不敬拜他所立金像的，必扔在“烈火的窑中”，他们几位如此回答：“即便如此，我们所侍奉的神能将我们从烈火的窑中救出来。王啊，他也必救我们脱离你的手。/即或不然，王啊，你当知道我们决不侍奉你的神，也不敬拜你所立的金像。[10]”

* * *

缺少如此经典宝库的文化是摇摇欲坠的单薄文化。时刻焦虑着奢望通俗或“贴近”版，就是本末倒置，好比嚷嚷着要莎士比亚唱嘻哈一样。《约伯记》（*The Book of Job*）云：“人生在世必遇患难，如同火星飞腾。[11]”想想这些如何改成推特体？《传道书》（Ecclesiastes）收尾也是英国国教葬礼悼词，如此凄凉精简，如此听天由命——几乎无关宗教，不信教的乔治·奥威尔也在遗嘱中表示要将这段作为悼词：“人怕高处，路上有惊慌，杏树开花，蚱蜢成为重担，人所愿的也都废掉，因为人归他永远的家……银链折断，金罐破裂，瓶子在泉旁损坏，水轮在井口破烂。/尘土仍归于地。[12]”

父亲的葬礼上我选了《新约》（*New Testament*）中同样非布道性质的一节——圣徒保罗《腓力比书》（*Epistle to the Philippians*）中的一段命令：“弟兄们，我还有未尽的话。凡是真的、可敬的、公义的、清洁的、可爱的、有美名的。若有什么德行，若有什么称赞，这些事你们都要思念。[13]”

* * *

这几行文字，充满精神关怀更不乏智慧，还有偶尔几个思辨的“若”和结尾的忠告——第一次读后就从未忘记——牢牢记住，这些是文匠们几经锤炼的辛劳成果。我从书架上拉下美国圣经协会的当代英语本（Contemporary English Version），那是1997年在福音派“保密人”（Promise Keepers）集会上在华盛顿国家广场得到的。该版声称忠实于《钦定圣经》精神，它是如此做到忠实的：“最后，我的朋友们，凡是真实的、庄重的、公正的、纯洁的、可爱的、声誉好的，无论是什么美德，什么称赞，这些事你们都应当思念。[17]”

那语言像块薄饼般平淡无味，也就适合嗜酒者互诫协会在地下室碰头的场合，又如何像16岁那年原版照亮我一样，穿透青少年头脑中挥之不去的浓雾。从“弟兄们”到“我的朋友们”，其中的性别平等之意也许有一丝逢迎讨好的味道，芸芸众生之中，竟说圣徒保罗没有性别歧视，就不仅是冲淡原作韵味更是一种歪曲。20世纪60年代英国国教成功甩掉《钦定圣经》，问世的“新英语《圣经》”“集粗鄙、琐碎、学究气于一身”让T.S.艾略特（T.S.Eliot）[①]震惊。（能写出《致兰斯洛特·安德鲁斯》的作家做出这番评论确实不足为奇。）任何矫揉造作、高高在上、不知变通地用急功近利的白话翻译如泣如诉的韵文的做法，都是这般命运。

艾略特后来离开美国（离开了那毫无生趣、令人生厌、急功近利的家），来到英格兰寻找礼拜以及文学的传统主义根源。《钦定圣经》穿越大西洋而来，慢慢弥补、取代了《日内瓦圣经》，随着新英格兰当地清教徒神权统治渐渐淡去，成为屈指可数的几乎所有美国人都能从中引用一段的书之一。奇怪的是，伪造也因此变得容易。19世纪20年代末，约瑟夫·史密斯（Joseph Smith）[②]开始编造、不知从哪里“翻译”《摩门经》（*The Book of Mormon*）时，《钦定圣经》不离手。他或直接或间接地剽窃了约27,000字，有几篇《圣经》故事几乎原封不动照搬，连那清清嗓子、鲜少引人注意的“于是乎”都至少使用了2000次。这般“借鉴”倒是为他的抄袭平添了几分本身匮乏的格调。不久后，威廉·米勒（William Miller）称基督将于1843年复临，人山人海为之欢呼。他的同伙依样画瓢称1844年才是真正的大日子。谎言终究不会成真。米勒曾在《钦定圣经》中大力搜寻蛛丝马迹，写成旁注，以便日后预言，这些谎言就由来于此。（从一开始，哪部分是神之启示，哪部分不是，就一直有争论，也从不乏有人奋力将《启示录》（*The Book of Revelation*）排除在外。连马丁·路德自己都不承认这是圣灵之作。是又如何，不是又如何，基督教不还是好好地延续下来。）生于新世界而非移植自欧洲的基督教异端邪说最少有三：摩门教（The Mormons）或称后期圣徒（Latter-day Saints）、米勒派（the Millerites）或称基督复临安息日会（Seventh-day Adventists），及其中分裂而来的耶和华见证人会（the Jehovah's Witnesses），都是宗教上统一詹姆斯一世时期的英格兰这种虔诚之举的间接产物。

倒不是抬高统一，可相比任意与无序，统一确有好处。自所谓《福音圣经》

---

① 诗人、剧作家和文学批评家，诗歌现代派运动领袖。
② 摩门教的创始人。

（*Good News Bible*）问世以来，美国出版的英语本《圣经》不下48种。如今，势头依然不减。确实，如今的势头就是出版业口中的“谋利圣经”。包括“夫妻圣经”（Couples Bible）、“操劳妈妈全年新约”（One Year New Testament for Busy Moms）、“极简青少年圣经”（Extreme Teen Study Bible）、“警察圣经”（Policeman's Bible），还有躲不掉的“庆祝恢复圣经”（Celebrate Recovery Bible）。（有一点值得肯定：圣经生意人还真知道“见缝插针”啊。）这种折价的自助精神食量为利益团体甚至个人量身定做上帝的教诲。如此，文化就不再是当年可以毫不费力地领悟林肯“分裂之家”内涵的文化。渐渐拆分《圣经》，不是扫除了疑惑，而是新造了一座巴别塔。

* * *

基督教徒反对《圣经》译成土语，好比天主教徒希望仍用拉丁语做弥撒，伊斯兰教徒视阿拉伯语之外的《古兰经》（*The Koran*）为亵渎神灵——他们害怕神谕的魔力、仪式的力量接受日常之光照射后，就此消失；他们还担心，一旦上帝的启示变得下里巴人、平淡无奇，就很难深入人心、形成威慑敬畏。担心似乎是多余的，至少现在看来如此。即便《钦定圣经》付之一炬，也不会就此在我们的语言中销声匿迹，它在莎士比亚、弥尔顿、班扬、柯勒律治的作品中留下了足迹，也包括日常司空见惯的俗语：“肥牛犊14”（款待），“珍珠丢在猪前15”（对牛弹琴）。《钦定圣经》绝非此前版本智慧的简单相加，而这个文学宫殿、语言宝库，后人也很难逾越。英国国教为改革抛弃该本，实际掏空了这些教堂，也证明宗教是人创的。那些鼓舞人心，不可违背的教义上满满都是人类涂改的痕迹。弗格森也不是完全没道理。她只是不知道值得学习的英语伟人、英语变体、《圣经》故事、不同版本的上帝多得不计其数。

★注释1—15引自《圣经》简体中文和合本，2013年4月（2009年版），中国基督教三自爱国运动委员会，中国基督教协会。

注释16-17引自《圣经》中文新译本，2010年3月初版，2013年1月第三印，环球圣经公会，香港 The World Wide Bible Society LTD。略有改动。

未尽的真相

我曾看到我伟大的时刻闪烁，
我曾看到那永恒的“侍者”拿着我的外衣暗笑，
一句话，我有点害怕。

——T.S.艾略特《普鲁弗洛克的情歌》，查良铮译

生活中的幸与不幸，多是日久就淡了。突如其来的恶性肿瘤确诊似乎也是如此。这种事都让人生厌，甚至索然无味了。对那永恒的侍者的幽灵习以为常了，好比某个要命的讨厌鬼在走廊鬼鬼祟祟，至夜迟迟不肯离去，想伺机插句话。其实我不在乎他是否死死拽住我的外套，好似无声地提醒我，时间到了我该走了。我耿耿于怀的是那暗笑。

再经常不过了，这个病每天恶作剧一样让我尝点苦头，或者嘴里来点怪味儿。不是舌头疼了就是嘴里生疮了。再不尝尝周围神经病变的味道——双脚麻冷？日常生活和小婴儿相差无几，用的不是普鲁弗洛克咖啡厅的勺子，是一小剂一小剂的营养素，耳畔或是旁观者加油打气的好言好语，或是慈母般的主刀医生一丝不苟讨论消化系统手术的声音。运气不好时，感觉自己就是只一动不能动的小猪崽，主人家过分多愁善感，一次只肯吃一块，简直是丧心病狂。不同的是，癌症没那么好心。

目前为止我最沮丧惊恐的是，我的嗓子突然之间变得像小孩（也许是猪崽）尖叫一样刺耳。随后无论粗鲁沙哑的耳语，还是干涩哀伤的嘟囔，都是这样。以前偶有失声征兆，现在是家常便饭了。我刚从加利福尼亚做完几场演讲回来，在吗啡和肾上腺素的作用下我还能“说”出话，在自家屋外想招呼一辆出租车，却一个字也说不出。我站在那儿，呆住了，好比一只傻猫突然无法“喵喵”叫。以前我能在30步开外叫停一辆纽约出租；不用话筒，声音大得能让挤满人的辩论厅的最后一排听众都能听清。还有，也许没什么值得吹的，大家告诉我他们在隔壁开着收音机或电视都能听出我的声音，知道我正“火力全开”呢。

声音和健康一样，总是在失去之后才懂得拥有的真正含义。和所有人一样，我小时候也玩过类似“假如你没有……”的游戏，那时通常都是讨论看不见和听不见哪个更残酷。我都不记得哪次提过突然成为哑巴。（美国习语中，“我可不想做哑巴”也许随时随地引来另一阵暗笑。）被剥夺说话的能力就像一下子性

无能，就像个性被生生切掉一部分。私下也好公众场合也好，曾经我的声音就是我。交谈的全部艺术，寒暄招呼、礼节客套：讲又长又费劲的笑话前清清嗓子；年轻时为使建议更服众，调低姿态故意压低一个八度等等，都是我难以割舍的一部分。唱歌我一直不在行，以前朗诵还不错，有时还应邀献丑一段。抓对时机就是一切：插一句生花妙语，陡转话锋或引得满座开怀，或伺机揶揄对手，找对时机可真是享受。我以前就是为这些时刻而生的。如今要插话我得另找法子，得忍受听众的"同情"。还好他们也不必听很长时间，我没法一直这么讲，也吃不消。

* * *

人们经常送病人CD，特别是，以我的经验，送伦纳德·科恩（Leonard Cohen）的。最近我学会了其中一首：《若这是旨谕》（*If it be your will*）。歌甜得有点腻，不过词很美，开头是这样的：

若这是你的旨谕，我应就此打住：我应缄默不语，宛如从前一般……

这首歌还是不要在深夜听的好。这副嗓子就是科恩，没有这副嗓子的科恩不可想象。（换个人唱这首歌我也许不屑也不愿听。）有时候我也安慰自己，靠写文章也能一点一点地交流。不过这仅仅因为我到了这年纪。要是往前推几年，我很怀疑失声的我到底能写出多少好文章。约35年前，《卫报》（*The Guardian*）的西蒙·霍格特（Simon Hoggart）——《识字的用途》（*The Uses of Literacy*）一书作者之子——告知我，我的一篇文章很有说服力，但就是很乏味，干干脆脆地建议我"多照说话的方式写文章"。为此我欠他一个大人情。那时听到别人说自己乏味我都哑口无言了，更别谈好好谢谢他了。后来我领会到，害怕自我放纵以及我使用的人称代词本身就是一种放纵。

写作课教到后来我干脆这样做开场白，我说任何能开口说话的人都能写作。这是先放根容易够着的绳子拉他们一把，让他们振奋一下，后面却埋伏了一条令人憎恶的巨蛇："说说吧，这个班上有多少人敢说自己会说话？我的意思是，真正会说话？"如我所料，这句话让他们灰头丧气。我告诉他们大声朗读自己的每一篇作品，最好是读给自己信赖的朋友听。要求都差不多：避免老掉牙的辞藻——如威廉·萨菲尔（William Safire）曾说的，就像躲瘟疫一样，别重复。别造这样的句子：还是个小男孩的时候祖母常给你念故事。除非她那时候千真万确是个小男孩。真是这样的话，你可能已经扔掉了一个更令人震撼的开头。值得听，听得下去的东西往往也值得一读。总之一句话：找准自己的声音。

作为作者，我最满足的评价莫过于：我文中说的就是他自己。仔细想想，这不也是你的心爱的作家吸引你的一点吗？虽然一开始你未必意识到这点。这番满足唯有一场好的交谈能媲美：欣赏言语之中的闪光点，领悟其中的讽刺、细腻，明白脱口而出的贫乏评论就跟打了对方一拳一样。哲学就是这么在讨论中成长的，之后才成文字。诗歌，一开始也只有口之吟诵与耳之倾听。说真的，真正伟大的作家，失聪的罕见。慈爱的德雷佩神父（L'Abbé de L'Epée）[①]的手语系统精巧如此，也无法让哑者摸透那高低急缓间的幽愁暗恨、窃喜欲狂。亨利·詹姆斯（Henry James）和约瑟夫·康拉德（Joseph Conrad）的后期作品实际是口述的，这些绝对算得上有史以来最伟大的口头成就。如果他们能听到别人朗读自己的作品，会不会更受益？索尔·贝娄（Saul Bellow）[②]的《洪堡的礼物》（*Humboldt's Gift*）大部分也是口述的。每位作者写作有自己的语言特色，说话亦是如此，不知作者未经雕琢的说话风格，就是阻断了同情的大洲，以及茶余饭后模仿戏谑的最大乐趣。

* * *

“我所拥有的只有声音。”W.H.奥登（W.H.Auden）在《1939年9月1日》（*September 1, 1939*）中试图接受、反抗那极度邪恶时万分痛苦、沉重地写道。他几近绝望地问道，“谁能使聋子听见？谁能使哑巴发言？”（王佐良译）几乎同时，后来获得诺贝尔文学奖的德籍犹太裔作家内利·萨克斯（Nelly Sachs）[③]发现希特勒这个幽灵让她在文学上失声了：他断然否决一切价值，剥夺了她的话语权。类似观点在我们日常习语中有更为温和的表达。一位鞠躬尽瘁的人民公仆逝世后，讣告总说他为失声群体“代言”。

人的喉咙也发出巨大的祸患：大叫大嚷，嗡嗡作响，抱怨呜咽，号叫，煽动（“最空洞的好战废话”——王佐良译——奥登在该诗中如此形容），甚至暗

① 法国聋教育家。
② 美国作家，1976年获诺贝尔文学奖。
③ 德国作家，1966年获诺贝尔文学奖。

笑。还是有机会，让沉默微小的声音对抗蠢话和噪声的洪流，让智慧的声音和谦虚的声音对话，这是人们渴望的。记忆中最深的智慧最真的友谊，不管是柏拉图（Plato）的《苏格拉底自辩篇》（*Apology*）还是博斯韦尔（Boswell）①的《约翰生传》（*Life of Johnson*），总是那些回响耳畔，充满理性与思想的对话。只有这番置身其中，只有比较对比中，婉转朦胧字字珠玑的好文章才能妙手偶得。我怀念友谊就是回忆那些浑然一体的交谈：就是再谈上一天也不在话下。卡利马科斯（Callimachus）②就是如此将赫拉克利特（Heraclitus）③记在心里的：

他们告诉我，赫拉克利特，他们告诉我你已西归。
他们给我带来痛苦的消息，苦涩的泪水。
回想你我时常，
长谈倦了夕阳，
泪千行。

〔译自威廉·科里（William Cory）英文版〕

他亲爱的朋友如何永垂不朽在他的甜美文字中表达得淋漓尽致：

你悦耳的声音静息了，你的夜莺没有停歇；
死神，带走一切，带不走这些。

结尾也许太过振奋人心了……

医学上，声“带”（cord）就是“褶”（fold），就是一个组织，它往外延伸，接触另一条褶，这样发出声音。可我觉得和“弦”（chord）的联系应该更深：那样的震动搅动记忆，催生音乐，唤醒爱，流下泪，感动人群，煽动大众。我们也许不像我们引以为豪的那样是唯一能说话的物种。但绝对只有我们可将口头交流作为纯粹乐趣和娱乐，与我们同样引以为豪的理性和幽默完美结合。剥夺说话能力就是剥夺一连串的东西：这绝对是心死了一大半。

---

① 英国作家。
② 古希腊诗人。
③ 古希腊哲学家。

我这垂死活着的一年最大的宽慰就是我的朋友们。如今吃喝已不成乐趣，他们来看我就和我聊天，真是太好了。其中一些随随便便就能吸引一屋子人花钱前来倾听：能跟上这群口若悬河之人已然是荣幸了。至少现在我能免费听了。他们就不能来看我吗？能，但也不能。于是我每天都在等候室里，有线电视上播着来自日本的坏消息（通常就看字幕折磨自己），耐心等待轮到我，然后一大剂质子以2/3光速打入我体内。我期待什么？不能治本缓解一点痛苦也是好的。我又想赢回什么？一言以蔽之：说话的权利。

（吴玲玲　译）

杂志中英文对照表

《纽约客》	The New Yorker
《名利场》	Vanity Fair
《时代》	Time
《GQ》	GQ
《大西洋月刊》	The Atlantic
《牛津美国》	The Oxford American
《田野与河流》	Field & Stream
《亚特兰大》	Atlanta
《纽约》	New York
《生活》	Life
《看客》	Look
《纽约书评》	New York Review of Books
《评论》	Commentary
《5280：丹佛高城》	5280：Denvor's Mile−High Magazine
《石板》	Slate
《纽约杂志》	New York Magazine
《国家》	The Nation
《麦克斯威尼》	McSweeney's
《新文学》	New Letters
《佐治亚评论》	The Georgia Review

《最好生活》	Best Life
《发现》	Discover
《西洋镜：小说纵览》	Zoetrope：All-Stony
《D杂志》	D magazine
《美国学者》	The American Scholar
《ESPN杂志》	ESPN the Magazine
《魅力》	Glamour
《男士健康》	Men's Health
《好管家》	Good Housekeeping
《体育画报》	Sports Illustrated
《时尚先生》	Esquire
《乌木》	Ebony
《时尚》	Cosmopolitan
《星期六晚邮报》	Saturday Evening Post
《国家地理探险》	National Geographic Adventure
《旧金山杂志》	San Francisco Magazine
《国家期刊》	National Journal
《新共和》	The New Republic
《国家地理》	National Geaghaphic
《洛杉矶杂志》	Los Angeles Magazine
《弗吉尼亚评论季刊》	The Virginia Quarterly Review
《哈泼斯杂志》	Harper's Magazine
《美国信使》	American Mercury
《党派评论》	The Partisan Review

获奖奖项中英文对照表

最佳特稿写作奖	WINNER−Feature Writing
最佳新闻报道奖	WINNER−Reporting
最佳特定事件报道奖	WINNER−Single−Topic issue
最佳公共利益奖	WINNER−Public Interest
最佳个人服务奖	WINNER−Personal Service
最佳随笔与批评奖	WINNER−Essays and criticism
最佳人物特写奖	WINNER−Profile Writing
最佳评论（数字媒体）奖	WINNER−Commentary，Digital media
最佳小说奖	WINNER−Fiction
最佳专栏与评论奖	WINNER−Columns and commentary
最佳评论与批评奖	WINNER−Reviews and criticism
入围评论（数字媒体）奖	FINALIST−Commentary, Digital media
入围随笔与批评奖	FINALIST−Essays and criticism
入围新闻报道奖	FINALIST−Reporting
入围特稿写作奖	FINALIST−Feature Writing
入围公共利益奖	FINALIST−Public Interest
入围人物特写奖	FINALIST−Profile Writing
入围专栏与评论奖	FINALIST−Columns and commentary
入围随笔奖	FINALIST−Essays

2012年美国“国家杂志奖”获奖及入围杂志名单

年度杂志奖（Magazine of the Year）

授予在印刷出版物和数字平台上编辑表现优异的杂志:

获奖杂志：《时代》

入围名单：《时尚先生》《纽约》《纽约客》《大众机械》

卓越奖（General Excellence）

大众杂志（*General-Interest Magazines*）

授予发行量较大的周刊、双周刊和大众月刊:

获奖杂志：《彭博商业周刊》

入围名单：《GQ》《纽约》《纽约客》《恶习》

女性杂志（*Women's Magazines*）

授予健康和健身、亲子类，以及时尚、服务和潮流生活类期刊:

获奖杂志：《奥普拉杂志O》

入围名单：《魅力》《更多》《真实简单》《W》

潮流生活杂志（*Lifestyle Magazines*）

授予家居、美食、旅行、户外类杂志及都市和地区期刊:

获奖杂志：《家居之美》

入围名单：《津津有味》《乡村生活》《花园与枪》《得克萨斯月刊》

专域类与小众杂志（*Active- and Special-Interest Magazines*）

授予面向特定受众的期刊：

获奖杂志：《企业》

入围名单：《调节器》《田野与河流》《男士健康》《大众机械》

思想杂志（*Thought-Leader Magazines*）

授予具文学性、广博性、专业性的期刊，以及发行量小、受众面广的期刊：

获奖杂志：《IEEE波谱》

入围名单：《美国学者》《光圈》《新共和》《弗吉尼亚评论季刊》

设计奖（Design）

授予综合设计能力强的期刊：

获奖杂志：《GQ》

入围名单：《彭博商业周刊》《访谈》《纽约》《连线》

摄影奖（Photography）

授予摄影及图片方面综合实力强的期刊：

获奖杂志：《时尚》

入围名单：《GQ》《访谈》《国家地理》《弗吉尼亚评论季刊》

新闻纪实摄影奖（News and Documentary Photography）

授予记录新兴事件或话题的图片新闻和照片：

获奖杂志：《哈泼斯杂志》：10月刊，《青春的不公待遇》

入围名单：《哈泼斯杂志》：7月刊，《未知的大迁移》

《国家地理》：6月刊，《童婚》

《纽约时报杂志》：9月4日刊，《从0到104》

《时代》：1月17日刊，《希望之鸟》

特稿摄影奖（Feature Photography）

考察杂志针对特稿故事、特稿摄影或专题图集时的原创摄影及组织能力：

获奖杂志：《纽约时报杂志》：12月11日刊，《妖妇、骗子与杀手》

入围名单：《国家地理》：3月刊，《驯化》

《时代》：9月19日刊，《疗伤群像》

《时尚》：3月刊，《窈窕淑女》

《W》：8月刊，《蒂尔达星球》

特定事件报道奖（Single-Topic Issue）

授予为特定事件提供全面报道栏目的杂志:

获奖杂志：《纽约》：9月5—11日刊，《“9·11”百科全书》

入围名单：《彭博商业周刊》：10月10—16日刊，《史蒂夫·乔布斯》

《ESPN杂志》：9月5日刊，《美国橄榄球职业联赛前瞻：迈克尔·维克专访》

《花园与枪》：10—11月刊，《南部美食》

《连线》：2月刊，《地下世界》

杂志专版奖（Magazine Section）

授予设有旗帜鲜明的专版的期刊:

获奖杂志：《纽约》：专版《战略家》

入围名单：《骑行》：专版《专业技能》

《时尚先生》：专版《魅力男性》

《真实简单》：专版《美食》

《连线》：专版《起始》

个人服务奖（Personal Service）

授予有关卫生保健、人际关系、亲子教育、职业规划和个人理财等报道:

获奖杂志：《魅力》：6月刊，《有个秘密，一天杀死四位女性》

入围名单：《好管家》：6月刊，《断裂》

《真实简单》：10月刊，《假日生存指南》

《红书》：4月刊，《你该做“妈咪拉皮手术”吗?》

《旧金山》：2月刊，《鱼类新学堂》

业余兴趣奖（Leisure Interests）

授予有关美容、旅行、园艺、美食、健身、汽车、雕塑等杂志文章:

获奖杂志：《美味》：12月刊，《意大利裔美国人》

入围名单：《纽约》：4月25日刊，《城市规划指南》

《户外生活》：3月刊，《狙击手学校》

《得克萨斯月刊》：4月刊，《家中盘子》

《连线》：10月刊，《连线：旅行优化器》

公共利益奖（Public Interest）

授予报道国家和地区性重要事件的杂志文章:

获奖杂志：《纽约客》：6月6日刊，《看不见的军队》

入围名单：《5280杂志》：12月刊，《直接失败》

《哈泼斯杂志》：2月刊

《嘉人》：10月刊，《乳腺癌商业链》

《男士健康》：11月刊，《伤之印记》

新闻报道奖（Reporting）

授予具优异综合报道能力的文章:

获奖杂志：《纽约客》：2月14—21日刊，《叛教者》

入围名单：《大西洋月刊》：11月刊，《坎大哈将士》

《洛杉矶》：9月刊，《米特里丝·理查森的遭遇》

《纽约客》：8月8日刊，《抓捕本·拉登》

《名利场》：12月刊，《远方战场的回声》

特稿写作奖（Feature Writing）

授予原创性强，风格鲜明的文章:

获奖杂志：《时尚先生》：10月刊，《风袭乔普林》

入围名单：《GQ》：10月刊，《暂居水上的男子》

《纽约时报杂志》：6月12日刊，《你让我心动：嘿，米奇!》

《纽约客》：4月4日刊，《预言的谋杀》

《滚石》：3月31日刊，《军火与兄弟》

人物特写奖（Profile Writing）

授予关于个人或紧密相连的团体的特稿文章:

获奖杂志:《D杂志》: 4月刊,《匿名者》

入围名单:《ESPN杂志》: 1月10日刊,《生命的棋局》

《男士月刊》: 3月刊,《盲人之目》

《滚石》: 12月8日刊,《圣地亚哥的大脑》

《体育画报》: 11月14日刊,《德韦恩·戴德蒙: 跃动的信念》

随笔与批评奖（Essays and Criticism）

授予有关个人和政治等等的长篇新闻报道:

获奖杂志:《纽约》: 3月16日刊,《纸老虎》

入围名单:《时尚先生》: 5月刊,《装货码头宣言》

《GQ》: 5月刊iPad版,《信息量太大》

《纽约客》: 6月13—20日刊,《水族馆》

《石板》: 2月22日刊,《口吃者: 如何让世界听到他们的声音》

专栏与评论奖（Columns and Commentary）

授予政治社会评论、新闻分析等评论性文章:

获奖杂志:《名利场》克里斯托弗·希钦斯专栏

入围名单:《大西洋月刊》詹姆斯·帕克专栏

《田野与河流》比尔·希维专栏

《洛杉矶》史蒂夫·埃里克森评论版

《时代》乔尔·斯坦因专栏

小说类奖（Fiction）

授予内涵丰富、深刻，文笔优美的杂志小说:

获奖杂志:《西洋镜: 小说纵览》: 秋季刊,《霍河之窗》

入围名单:《大西洋月刊》: 夏季刊,《疤痕》

《麦克斯威尼季刊》: 4月刊,《抱负》; 8月刊,《东北王国》

《弗吉尼亚评论季刊》: 秋季刊,《莫蕾塔》

2012年美国“国家杂志奖”电子媒介获奖及入围杂志名单

卓越奖（General Excellence）

授予电子平台最优秀的刊物：

获奖杂志：《纽约》

入围名单：《大西洋月刊》《娱乐周刊》《高尔夫文摘》《国家地理》

网站类奖（Website）

授予最佳杂志网站：

获奖杂志：《纽约》

入围名单：《大西洋月刊》《人物》《美味》《石板》

平板电脑类奖（Tablet Edition）

授予在平板电脑或电子阅读器上发行的杂志：

获奖杂志：《国家地理》

入围名单：《高尔夫文摘》《GQ》《纽约客》《Spin杂志》

设计类奖（Design）

授予在杂志网站、平板电脑或电子阅读器及App上具上佳视觉效果的杂志：

获奖杂志：《连线》

入围名单：《每日野兽》《日常食物》《国家地理》《纽约客》

网站板块类奖（Website Department）

授予最佳网站板块、频道或微站：

获奖杂志：《每日野兽》

入围名单：《大西洋月刊》《发现》《外交政策》《体育画报》

实用App奖（Utility App）

授予移动客户端上的实用App：

获奖杂志：《时代》：PopuList

入围名单：《烹饪之光》：Quick & Healthy Menu Maker

《娱乐周刊》：viEWer

《诗》：Poetry

《纽约》：The Cut on the Runway

个人服务类奖（Personal Service）

授予电子平台上的服务类新闻：

获奖网站：皮肤癌中心，（MensHealth.com）

入围名单：五周获得新生，（AARP.org）

退休人员税收指南，（Kiplinger.com）

男人美食家，（MensHealth.com）

尝试的真相，（Redbook）

报道类奖（Reporting）

授予电子媒介优秀报道：

获奖者：《连线》：《FBI这样教特工："主流"穆斯林"暴力又激进"》

入围名单：《The Atavist》：《教唆者》

《IEEE波普》：《福岛及核威力的未来》

《琼斯母亲》：《占领华尔街系列报道》

《滚石》：《杀人小队》

评论类奖（Commentary）

授予电子媒介观点类专栏：

获奖者：《美国学者》：《星期五的津瑟》

入围名单：《CNET》：《莫莉之声》

《每日野兽》：《新闻周刊与美日野兽》

《纽约客》：《有关本·拉登死亡的评论文章》

《滚石》：Taibblog

多媒体类奖（Multimedia）

授予利用互动和多媒体报道事件或主题的媒体：

获奖者：《外交政策》：《卡扎菲档案》

入围名单：*The Atavist*：《漂浮》

《高尔夫文摘》：《有关2011高尔夫大师锦标赛的报道》

《大众机械》：《着陆》

《石板》：《总统竞选》

视频类奖（Video）

授予在电子平台上出色地使用视频的杂志：

获奖者：《纽约时报杂志》：《我家人对于极端学校教育的试验》

入围名单：《5280杂志》：《制鞍人》

《GQ》：系列报道《告诉》的三段视频

《纽约时报杂志》：《触摸邪恶》

《石板》：《为什么是金而不是氩》

致 谢

2012年是美国“国家杂志奖”创立46周年。创立人于1963年成立美国杂志编辑协会，一个主要目的就是为新闻杂志设立奖项。而当时借鉴的范式自然就是创立于1917年、向报纸新闻工作者致敬的普利策奖，后来，ASME的确与普利策奖的管理机构——哥伦比亚大学新闻学研究生院（Columbia University Graduate School of Journalism）合作，创设了美国“国家杂志奖”。

1966年，首个美国“国家杂志奖”颁给了《看客》杂志，肯定“其高水准的编辑工作、丰富的想象力和期刊诚信”，尤其是它对“种族问题”的处理方式。同年，《纽约客》因刊登杜鲁门·卡波特（Truman Capote）的《冷血》（“In Cold Blood”），《科学美国人》（*Scientific American*）凭借有关城市化的报道，《乌木》杂志因其《美国白人问题》（“The White Problem in America”）特刊而被授予“特别荣誉状”（Certificates of Special Recognition）。

自此，“国家杂志奖”不断成长——2012年已有30多位获奖者，包括《纽约客》、《企业》（*Inc.*）、《IEEE波普》（*IEEE Spectrum*）、《每日野兽》（*The Daily Beast*），以及《时尚》、《美味》（*Saveur*）和《奥普拉杂志O》（*O, The Oprah Magzine*）等杂志。收录在本书中的文章都是2012年的获奖及入围作品，但这仅是你随时能在便利店、机场、网络或电子设备端上读到的优秀新闻作品中的一小部分。并且，似乎是为了证实这一点，杂志读者越来越多——事实上，美国人中十有八九都阅读杂志。

而杂志编辑与杂志读者一样满怀热忱——杂志编委的热情反映在“国家杂志奖”的奖项类别数上。2012年，有270份纸质及电子杂志报名参赛，破历史地递交了1800份作品。从这些作品中，最终产生了分属32个奖项类别的160份入围作品，包括11类电子媒体奖项。本书列出了2012年所有的奖项类别、入围作品及获奖作品，搜索往年入围及获奖作品，可登录ASME网站：magazine.org/asme。

美国“国家杂志奖”所有获奖及入围作品都由ASME特约评委评选。2012年的评委共有360名，包括全国各地的优秀作家、编辑、艺术总监、照片编辑和新闻教育者。在预审阶段，他们分别阅读了十几篇文章或整本期刊，然后集中在狭窄而不加粉饰的会议室长达3天，阅读更多文章。有时往往一天下来仍无法决定提名哪些作品和杂志。但许多编辑却把这次评审视作全年工作的高潮。ASME十分感谢评委们付出的努力，是他们保证了这一奖项的诚信。

在两次颁奖礼中——3月的电子Ellies午宴和5月的“国家杂志奖”晚宴——分别颁出Ellies奖杯后，2012年的颁奖活动正式结束。2012年有300名编辑和出版人参加了午宴，近600位杂志记者和他们的所属机构参加了晚宴。晚宴由布莱恩·威廉姆斯（Brian Williams）主持，他是NBC晚间新闻和洛克菲勒中心（Rock Center）的主播及主任编辑。威廉姆斯先生因该贡献获得了此次获奖的每一份杂志，并用ASME的纪念袋把它们带了回去——他收获的还有出版界同行们近乎恭维的钦慕。

ASME委员会监管“国家杂志奖”的运行，正是他们大大促成了这一奖项的成功。我还要特别感谢《人物》（*People*）主任编辑拉里·哈克特（Larry Hackett），已担任ASME委员会主席两年的他，任期将于2012年5月奖项颁出之际结束。

哥伦比亚大学新闻学研究生院依然是ASME“国家杂志奖”的赞助方。在此我向哥大的同事们致谢：院长、亨利·卢斯（Henry R. Luce）教授、尼古拉斯·莱曼（Nicholas Lemann），以及副院长阿琳·能登吕·摩尔根（Arlene Notoro Morgan)。

接着，我要特别感谢时代公司（Time Inc.）体育组的编辑特瑞·迈克多诺（Terry McDonell），他为《美国最佳杂志写作1——美国国家杂志奖获奖作品》撰写了前言。迈克多诺先生2012年入选了美国杂志编辑名人堂，并在“国家杂志奖”晚宴上接受了这一荣誉。如欲进一步了解他的成就，读者可在YouTube上观看当晚的颁奖视频。作为《体育画报》的主编，迈克多诺在这个夏天的奥运季很忙，所以真的很感谢他为这本书做出的贡献。

ASME成员同样要感谢我们的代理人，McCormick & Williams公司的大卫·麦考密克（David McCormick），他巧妙地为我们赢得了最大利益；我更要格外感谢哥伦比亚大学出版社编辑菲利普·列文索（Philip Leventhal）和迈克尔·哈斯克尔（Michael Haskell）的才华和热忱。

我谨代表ASME感谢美国杂志出版商协会（Magazine Publishers of America，简称MPA）的同事们，尤其是协会主席、《收获》杂志的迈克尔·克林顿（Michael Clinton）。还要感谢MPA董事长及首席执行官尼娜·林克（Nina Link）、弗兰克·科斯特洛（Frank Costello）、霍华德·鲍尔斯金（Howard Polskin）、克里斯蒂娜·蒂诺佐（Cristina Dinozo）、莎拉·汉森（Sarah Hansen）和凯特琳·切尼（Caitlin Cheney）。

年复一年，尽管我似乎总在老生常谈，但真的，没有尼娜·弗图纳（Nina Fortuna）就没有“国家杂志奖”。只要她愿意，便可终身享有ASME成员杂志的订阅权。我还想感谢我在ASME的前辈们——马琳尼·卡汉（Marlene Kahan）以及已故的罗伯特·凯尼恩（Robert Kenyon），在“国家杂志奖”设立的头40年中，他们一直引领该奖项。

最后，ASME感谢所有授权《美国最佳杂志写作1——美国国家杂志奖获奖作品》刊登他们作品的作者、编辑和杂志。杂志出版面临着许多挑战，但新闻杂志却史无前例地蓬勃。仅为这一点，我们就应该心怀感激之情。

美国杂志编辑协会首席执行官

希德·霍尔特（Sid Holt）

（华超超　译）

译后记

大约是在2012年秋季，原《南方周末》图书工作室总监张英来找到我，建议报社翻译出版一套海外非虚构作品丛书，之后我们还谈到普利策新闻奖、尼曼基金会写作课程、美国最佳杂志写作，等等。经过近四年的筹备和努力，“《南方周末》非虚构作品译介项目”授权作品已经开始陆续出版。

很多从事新闻行业的编辑记者都受到海外非虚构作品的影响，或多或少，或强或弱。在他们看来，这些作品显示了高超的叙事技巧、精妙的细节以及结构的完美性，其功能和意义已经超越了传统新闻文体所能承载的范畴，使新闻成为真正的“作品”，而非“消息”或者“通讯”。

我曾经十分清晰地记得，20世纪90年代末，一个同事谈及第一次阅读普利策新闻奖特稿作品时的感受：“新闻竟然可以这样写？”是的，这就是他的诘问，包裹着一种难以名状的惊诧，印象中，那篇作品叫《抱住大树使劲摇撼》。彼时，中国式大特写或者报告文学的风潮在新闻界降温不久，一种“崭新的”写作样式开始受到青睐，并在一些市场化媒体中不断操演和实验。2012年7月，《南方周末特稿手册》出版，新闻学者展江先生在该书序言中称之为“新闻文体范式革命的引领者”，特稿也成为南周的品牌新闻产品之一。

毫无疑问，“新闻文体范式”的创新源头来自域外，特别是美国同行的经验。在此之前，展江先生主译的《新闻与正义》、新华出版社1999年编译出版的《新闻传播学译丛》等书籍，已经在行业内颇有口碑。我们的出版计划，可以说是上述书系的某种延续。这个非虚构作品项目，包括五本美国杂志编辑协会授权出版的美国国家杂志奖获奖作品集，涵盖了该机构每年对上一年度的杂志文章选评的“国家杂志奖”入围与获奖篇目。此外，还有美国哥伦比亚广播公司（CBS）王牌栏目《60分钟》主持人迈克·华莱士、《纽约客》的资深撰稿人圣克莱尔·麦凯尔维等人的作品等。

上述获得授权出版的八本书，既包括专业的新闻作品，也有对新闻机构运作和新闻生产方式的研究和探讨，它们揭示了新闻业面临的困境和冲突，呈现了专业主义的操作方法，其中的若干非虚构作品，即使在今天，也具备旺盛的生命力。

“非虚构作品译介项目”图书得以出版，要感谢以下同仁的不懈努力：原《南方周末》图书工作室总监张英，编辑顾慧薇、陈若愚、潜彬思、刘文慧，特邀编辑华超超；还有目前项目的执行人——《南方周末》经营公司副总经理孟登科、研究院副秘书长张菁等。

朱强

《南方周末》副总编辑